권력의 원리

권력의 원리

—

2021년 10월 13일 초판 1쇄 발행
2023년 9월 25일 초판 3쇄 발행

—

지은이 줄리 바틸라나, 티치아나 카시아로
옮긴이 최윤영
펴낸이 강준규
책임편집 유형일
마케팅 추영대
마케팅지원 배진경, 임혜솔, 송지유, 이원선

—

펴낸곳 (주)로크미디어
출판등록 2003년 3월 24일
주소 서울시 마포구 마포대로 45 일진빌딩 6층
전화 02-3273-5135
팩스 02-3273-5134
편집 02-6356-5188
홈페이지 http://rokmedia.com
이메일 rokmedia@empas.com

—

ISBN 979-11-354-6903-9 (03300)
책값은 표지 뒷면에 적혀 있습니다.

—

• 잘못 만들어진 책은 구입하신 서점에서 교환해 드립니다.

세상을 움직이는 권력과 힘에 관한 최고의 안내서

권력의 원리

POWER, FOR ALL

줄리 바틸라나, 티치아나 카시아로 지음 | 최윤영 옮김

ROK
MEDIA

줄리 바틸라나 Julie Battilana

줄리 바틸라나는 하버드대학교 비즈니스 스쿨, 하버드 케네디 스쿨에서 조직행동 및 사회혁신학과 교수로 재직 중이다. 또 학교 내 '사회 혁신 및 변화 이니셔티브'의 설립자 겸 의장으로 활동하고 있다. 에콜 노르말 쉬페리외르 공립대학에서 사회학 및 경제학을 전공했으며, 동 대학에서 조직사회학, 공공정책학으로 석사를 받았고, 인시아드INSEAD와 프랑스 에콜 노르말 쉬페리외르 공립대학에서 조직행동학 공동 박사학위를 받았다. 바틸라나는 지난 15년간 사회 조직의 변화 정치 분야를 연구하며 전 세계 활동가를 대상으로 공공과 민간, 사회 전 부문에서 자문가로 활동하고 있다. 좀 더 공정하고 친환경적인 사회, 경제 시스템 구현을 목표로 각 분야 연구진과 활동가들이 모인 단체, '직장 민주화 이니셔티브'의 공동설립자이기도 하다.

티치아나 카시아로 Tiziana Casciaro

티치아나 카시아로는 토론토대학교 로트만 경영대학원에서 조직행동학과 교수로 재직 중이다. 보코니대학교에서 경영학을 공부했으며, 카네기멜론대학교에서 조직학 석사, 조직학 및 사회학 박사 학위를 받았다. 대인관계와 조직관계 및 힘의 역학관계에 관한 연구로 전미경영학회로부터 수상한 바 있다. 이후 〈뉴욕타임스〉, 〈워싱턴포스트〉, CNN, 〈이코노미스트〉, 〈파이낸셜타임스〉, MSNBC, ABC, CBC, 〈포춘〉, 〈타임〉 등 유수 매체에 빈번하게 소개됐다. 싱커스50Thinkrs50에 선정되어 세계 최고의 경영사상가로 인정받았으며, 현재 산업 전반에 걸쳐 조직과 전문가를 대상으로 자문 활동을 하고 있다.

— · 역자 소개 · —

최윤영

한국외국어대학교 통번역대학원 한영과를 수료하였으며, 미국 방송국 Voice of America와 기업체에서 다년간 번역 업무를 하였다. 현재 번역에이전시 엔터스코리아에서 전문 번역가로 활동하고 있다.

주요 역서로는 《누가 창의력을 죽이는가: 표준화가 망친 학교 교육을 다시 설계하라》,《큐레이션: 과감히 덜어내는 힘》,《두려움 없는 조직: 심리적 안정감은 어떻게 조직의 학습, 혁신, 성장을 일으키는가》가 있다

내게 길을 열어 준 장 피에르, 마리카, 에밀리에,
늘 계획을 마련해 주고 내 편이 되어 준 로메인,
사회 정의를 위한 집단행동을 이끌어 갈 로우와 노에,
그리고 모든 젊은이들에게
이 책을 바칩니다.
⋮

줄리 바틸라나

늘 나를 사랑과 미덕, 지식으로 감싸 준
우리 엄마 마리아 테레사 여사에게 이 책을 바칩니다.
⋮

티치아나 카시아로

힘*에 대한 오해

간밤에 세찬 폭풍우가 휩쓸고 간 어느 날, 아침이 밝자 양치기는 다시 양 떼 우리로 돌아갔다. 다행히 별다른 피해는 없어 보였다. 그런데 그곳에서 놀라운 광경을 목격한다. 목초지 틈새로 전에 없던 지하 동굴이 드러나 있었다. 호기심에 가득 찬 양치기는 동굴 입구로 들어갔다. 그리고 청동으로 만든 말 조각상 하나를 발견했다. 조각상 안에는 금반지를 낀 시체 한 구가 있었다. 양치기는 금반지만 얼른 빼내 동굴을 빠져나왔다. 그런데 그 반지는 보통 반지가 아니었다. 반지를 끼는 순간 몸 전체가 사람들 눈에 보이지 않는 마법의 반지였다. 이 사실을 알게 된 양치기는 음모를 꾸몄다. 궁전으로 가서 왕비를 유혹해 왕을 죽이고, 결국 왕권을 장악한다.

이것은 그리스 철학자 플라톤의 저서 《국가_Republic_》[1]에 나오는 '기게스의 반지_Ring of Gyges_'라는 이야기다. 이후 이 이야기는 시대를 초월해 수많은 사람의 상상력을 자극하며 비슷한 모티브의 다양한

---

*   원문의 Power는 하나의 용어로 통일하지 않고 힘 또는 권력으로 맥락에 따라 달리 번역하였다. - 역자

이야기로 만들어졌다. 그리고 지난 20세기, 사악한 힘의 속성을 잘 드러낸, 반지를 낀 주인공이 투명인간으로 변하는 또 다른 이야기가 전 세계 독자를 사로잡았다. 1500쪽에 달하는 방대한 분량이었지만 독자들은 흠뻑 빠져들었다. 바로 J.R.R. 톨킨J.R.R. Tolkien의 《호빗The Hobbit》 그리고 《반지의 제왕The Lord of the Rings》이다. 이것은 절대 반지가 절대 권력을 약속하며 반지 소유자를 타락시키는 내용이다.

수천 년의 인류 역사에는 '기게스의 반지'나 《반지의 제왕》 같은 이야기가 수없이 등장한다. 힌두교 문화권에서는 아크사야 파트라Akshaya Patra 배 이야기가 대표적이다. 아크사야 파트라는 식량이 고갈되지 않는 마법의 배로 망명길에 나선 판다바스Pandavas 민족에게 끊임없이 식량을 공급한다. 중동에는 알라딘Aladdin 이야기가 있다. 알라딘은 사악한 마법사의 말을 듣고 마법의 동굴로 석유램프를 찾으러 떠난다. 그런데 그곳에서 무슨 소원이든 척척 들어 주는 요정을 만나게 된다. 베트남에도 비슷한 신화가 있다. 15세기 레 레이Lê Lợi 왕은 '천국의 검'이라는 뜻을 지닌 신비의 검 투안티엔Thuận Thiên의 도움으로 10년간의 긴 전쟁 끝에 중국 명나라로부터 베트남을 해방시킨다. 이뿐만이 아니다. 리하르트 바그너Richard Wagner의 오페라 〈니벨룽의 반지Der Ring des Nibelungen〉에서 주인공 알베리히Alberich는 마법의 헬멧을 손에 넣는다. 헬멧을 쓰면 어떤 형태로든 변할 수 있고 상대방의 눈에 보이지 않는다. 비교적 최근에는 수백만의 독자를 매료시킨 해리 포터Harry Potter 이야기가 대표적이다. 여기에는 죽음에 저항하는 능력을 지닌 세 가지 물건이 등장하는데, 그중 하나인 죽음의 성물Deathly Hallows을 찾는 것으로 이야기는 끝을 맺는다.

이처럼 주인공이 자신의 운명을 통제하고 악당을 물리칠 능력을 더해 줄 마법의 물건을 찾아 나서는 이야기는 어디에나 존재한다. 이런 이야기가 시대를 초월해 등장한다는 것 자체로 이야기에 매력을 더해 준다. 이들은 근본적으로 모두 힘에 관한 이야기다. 영웅과 악당은 자신의 운명을 개척하고 다른 사람의 행동을 변화시킬 마법의 유물을 손에 넣기 위해 서로 싸우고 죽인다. 여기서 궁극적으로 힘이 추구하는 바를 알 수 있다. 그것은 바로 설득이나 강압을 통해 다른 사람의 행동을 변화시키는 능력이다.

언제나 매력적인, 그러나 잘못 이해되는 • ⋯⋯⋯⋯⋯⋯⋯⋯

이런 서사가 시대를 초월해 지속하는 이유는 힘이 그만큼 매력적이기 때문이다. 그래서 끊임없이 책장을 넘기고, 뉴스를 보고, 영화나 TV 시리즈에 탐닉한다. 힘은 전 세계에서 가장 많이 언급되는 내용 중 하나로 소설의 가장 흔한 주제이기도 하다. 그것은 힘이 우리 삶의 본질적인 부분이기 때문이다. 대인관계에서부터 직장에서의 논쟁, 국제 외교, 기업 비즈니스에 이르기까지 힘은 어디에나 존재한다.

우리는 지난 20년간 힘을 주제로 연구하고 가르쳐 왔다. 그리고 한 가지 사실을 깨달았다. 힘은 어디나 존재함에도, 아니 어쩌면 바로 그 사실 때문에 매우 잘못 이해되고 있다는 점이다. 매년 가을, 하버드대학교와 토론토대학교의 첫 수업 시간이면 학생들에게 다음과 같은 질문을 주고 답을 찾아보라고 한다.

어떻게 힘을 얻고 유지할 수 있는가? 승진했지만, 더 많은 힘을 가졌다는 생각이 안 드는 이유는 무엇일까? 어떻게 사람들을 설득해 변화시킬 수 있을까? 힘을 남용하는 상사에게 맞서지 못하는 이유는 무엇일까? 내가 힘을 손에 넣었을 때 남용하지 않으려면 어떻게 해야 할까?

학생들은 우리 주변에서 일어나고 있는 일들에 관해 우려한다. 그리고 자신에게 변화를 가져올 잠재력이 있는지 궁금해한다. 최근 몇 년간 우리는 학생들로부터 다음과 같은 질문을 유난히 많이 받았다. '오늘날의 세상은 눈앞의 모든 것을 너무나 빨리 앗아가는데 내게는 그것을 멈출 힘이 전혀 없는 것처럼 느껴지는 이유는 무엇일까?'

이런 질문을 하는 이들은 비단 학생들만이 아니었다. 세계 각국에서 다양한 연구를 진행하며 우리는 10대부터 90대까지, 고등 교육을 받은 자부터 문맹자까지 모든 연령 및 계층으로부터 비슷한 우려의 목소리를 전해 들을 수 있었다. 리우데자네이루의 도심 병원에서부터 전 프랑스 대통령의 멋들어진 사무실에 이르기까지 학교 내외부에서의 다양한 만남을 통해 우리는 사람들이 힘이라는 속성과 어떻게 씨름하고 있는지 살펴볼 수 있었다.

이렇게 전혀 다른 계층과 연령의 사람들을 만났음에도 불구하고 그들은 대체로 힘에 관해 비슷한 생각을 갖고 있었다. 우선 대부분 사람은 힘을 통해 자신과 다른 사람의 삶을 개선할 수 있다고 믿었다. 그래서 자신이 처한 환경에 더 많은 통제력을 행사함으로써 가족과 직장, 지역사회에서 변화를 끌어내고자 했다. 하지만 그것은 매우 어려운 일임을 그들은 알고 있었다. 성공의 경험에 앞서 늘 치열한 전쟁과 패배의 경험이 존재했다. 그들은 자신이 영향을 미쳐 변화를 만들어 내는 데 힘이 핵심 요인임을 직감적으로 알고 있었다. 하지만 힘이 작동하고 있음을 인정하는 것과 그것이 어떻게 작동하는지를 이해하는 건 전혀 다른 문제다. 이것은 우리 대부분이 힘에 관해 잘못 이해하고 있는 상황으로 이어진다. 특히 다음 세 가지의 오류는 사람들이 힘을 제대로 파악하지 못해 결국 행사하지 못하도록 한다.

세 가지 치명적인 오류 •

첫 번째 오류는 권력은 소유하는 것이며, 일부 운 좋은 사람만 그것을 소유할 수 있는 특별한 특성을 가졌다는 것이다. 따라서 그런 특성을 가졌거나 가질 수 있는 방법을 찾는 사람은 늘 강한 힘을 소유한다는 추론이다. 이런 특성은 서사나 신화에 등장하는 신비의 유물과 다르지 않다. 그래서 사람들은 이 '이상적인 특성'이 무엇인지 늘 궁금해한다. 하지만 우리 삶에서 관계에 대해 한번 생각해 보자. 우리가 어울리는 무리 중에서 특정 집단이 더 많은 통제권을 행사하고 있음을 느낄 것이다. 하지만 무리와 관계없이 우리는 늘 같은 특성과 역량을 발휘한다. 물론 어떤 상황에서는 개인적 특성이 힘의 원천이 된다. 하지만 언제 어디서나 늘 강력해질 수 있는 개인의 특별한 특성을 찾는 것이 왜 시간 낭비인지 곧 깨달을 것이다.

　두 번째 오류는 권력은 위치적이므로 왕이나 왕비, 대통령, 장군, CEO, 이사회 등 부자와 유명한 사람만이 보유한다는 것이다. 사람들은 대체로 권위나 계급을 권력과 동일시하는 실수를 범한다. 매년 가을학기 수업 첫날, 대부분의 학생이 같은 실수를 저지른다. 그래서 학생들에게 자신이 생각하는 최고 권력자 다섯 사람을 적어 보라고 하면 90% 이상은 특정 영역의 최상위 계층 사람들의 이름을 적는다. 하지만 각 영역에서 얼마나 많은 최고 권력자나 CEO가 조직 내 일 처리의 어려움을 이유로 우리를 찾아오는지 알고 나면 여러분은 깜짝 놀랄 것이다. 이들은 권력의 최상층에 있다는 것만으로 팀을 좌지우지할 수 없음을 잘 알고 있다. 고대 그리스 아리스토파네스^{Aristophanes}의 희극에서부터 영국 TV 시리즈 〈몬티 파이손^{Monty Python}〉에 이르기까지 각종 희극 작품은 황제나 대표, 목사, 상사 등 권력자를 조롱함으로써 관객에게 웃음을 선사한다. 우리의 분석 결과는 권력 최상층에 있으면 권위는 얻을 수 있지만, 반드시 권력을 가지는 것은 아니라는 사실을 보여 준다.

　세 번째 오류는 가장 만연한 것으로 권력은 더럽다는 것이다. 그래서 권력을 얻거나 휘두르는 과정에는 반드시 조작이나 강압, 잔혹한 행동이 뒤따른다는 오해다. 셰익스피어의 맥베스^{Macbeth}와 이아고^{Iago}를 비롯해 해리 포터 시리즈의 볼드모트^{Voldemort}, 〈하우스 오브 카드^{House of Cards}〉의 프랭크와 클레어 언더우드 부부 등 각종 문학작품과 영화에 이런 사례가 다수 등장한다. 우리는 이들 작품 속 주인공이 우리와 꽤 비슷하다는 생각을 하지 않을 수 없다. 권력은 우리를 매혹하는 동시에 무너뜨린다. 권력은 마치 불과 같다. 매우 요염한 자태를 뽐내지만 가까이 다가서는 순간 우리를 집어삼킨다. 우리는 권력이 우리의 마음을 앗아가거나 권력 때문에 원칙을 잃게 될까 봐 늘 두려워한다. 기게스의 반지 이야기의 양치기는 계획적인 살인자로 변했고, 《반지의 제왕》에서 절대 반지를 손에 쥔 인물은 점점 악마로 타락한다. 하지만 실제로 더러움은 권력의 속성과 관련이 없다. 물론 권력을 가진 자가 부패할 가능성은 늘 있지만, 긍정적인 목적 달성을 위해 사용되는 에너지도 똑같이 존재한다. 3학년 학생이 반 친구들을 설득해 장애우를 돕는 비정부기구 캠페인에 참여하도록 한다면, 이 학생은 권력을 아주 건설적으로 사용하고 있는 것이다. 팀원들이 좀 더 나은 환경에서 근무할 수 있도록 본사에 자원을 요청하는 팀장의 경우도 마찬가지다.

이런 세 가지 오류는 개인적으로나 집단적으로나 우리에게 부정적 영향을 끼친다. 개인적으로는 커다란 실망을 느끼게 된다. 이런 오류는 내 삶을 통제하고 주변 사람에게 영향을 끼치며 잘못된 일을 바로잡을 수 있는 능력을 심각히 제한하기 때문이다. 그래서 우리는 결국 수수께끼 같은 역학관계에 휩싸인 '사내 정치'에 휘둘리게 된다.

또 집단적으로는 재앙적 결과를 초래한다. 이런 오류는 우리의 자유와 행복을 위협하는 권력 남용을 식별하고 방지하며 멈출게 할 가능성을 대폭 줄이기 때문이다. 우리는 오직 자신의 이익만을 셈하는 소수집단이 공동의 운명을 결정하도록 허용한다. 그리고 때로는 그 사실조차 인식하지 못한다. 역사적으로 다른 사람의 생명과 자유를 완전히 무시한 폭군의 사례는 수없이 많다. 하지만 독재는 여전히 전 세계에서 자행되며 인간의 기본권을 박탈하고 있다. 그리고 민주주의 체제 내에서 어렵게 얻은 자유조차 깨지기가 쉽다. 맹렬한 기세로 자신의 특권을 지키려 드는 소수의 손에 권력이 집중될 위험이 늘 존재한다.

이 세 가지 확고한 오류가 지속하는 결과는 매우 심각할 수 있다. 우리는 다양한 연구와 가르치는 일을 통해 실질적인 권력의 역학을 제대로 전파하고자 힘쓰고 있다. 악에 저항하든 선을 행하든 어떻게 권력이 작동하고, 어떻게 그것을 손에 넣고 행사하는지를 제대로 아는 것은 필수다. 이런 지식을 전달하는 것에 이 책의 목적이 있다. 우리는 이런 역학을 풀 수 있는 열쇠를 제공해 여러분 모두 관계에서, 직장에서, 지역사회에서 각자의 목표를 더 잘 실현할 수 있기를 바란다.

권력을 이해하는 열쇠 •

학기 말이 되면 우리는 학생들에게 권력을 맹목적으로 대했던 지난날을 되돌아보고 수업 시간에 배운 것을 적용해 상황을 분석해보라고 한다. 그러면 학생들은 예상치 못하게 해고를 당했던 경험, 선거에 출마해 적은 표차로 패배를 맛본 뒤 우울했던 경험, 모든 사람이 지지하는 듯한 변화였지만 결국 실행하지 못해 혼란스러웠던 경험 등을 토로했다. 이런 상황은 무척 고통스럽다. 그중 한 학생은 스포츠 관련 회사에 다니다 갑작스레 실직한 경험을 떠올리며 이렇게 말했다. "마치 영화 줄거리도 모른 채 연기하는 배우처럼 느껴졌습니다." 이후 권력에 관한 세 가지 오류를 다루면서 학생들은 서서히 그 '줄거리'를 이해해 갔다. 그러고 나서 되돌아보면 학생들은 자신이 얼마나 상황을 잘못 이해했는지, 얼마나 엉뚱한 리더나 정치인에게 에너지를 쏟았는지, 자신을 그토록 막막하게 했던 힘이 무엇인지 깨달았다. 요컨대 힘을 있는 그대로 보게 된 것이다. 우리는 여러분도 똑같은 경험을 할 수 있도록 돕고 싶다.

권력의 역학을 제대로 이해하는 것은 개인적인 목표 추구뿐 아니라 우리의 집단적인 미래 형성에 효과적으로 참여하는 데도 핵심 열쇠가 된다. 개인의 힘과 집단의 힘은 본질적으로 같다.

집에서든 직장에서든 우리의 일상에서 행사하는 힘은 우리를 지배하는 정치 체계는 물론 우리를 참여시키거나 제한하는 경제 체계, 각종 자연법칙이 지배하는 생태 및 생물학적 체계와 모두 연관돼 있다. 따라서 사회의 권력 분배가 개인의 권력에 어떤 영향을 미치는가와 관계없이 개인의 목표를 추구할 수 있다고 생각한다면 매우 어리석은 일이다.

우리 삶에서 권력이 어떻게 작용하는지 밝혀 가다 보면, 강력하다고 느끼거나 무력하다고 느끼는 일이 초래하는 심리적 현상이 얼마나 실제적이고 중요한지 알게 될 것이다. 그러나 권력에 대해 정확히 분석하려면 분석 대상을 단지 우리가 느끼고 생각하는 것에 국한해서는 안 된다. 다른 사람에 대한 설명도 포함해야 한다. 즉 그들이 누군지, 그들은 누구와 관계를 맺고 있는지, 나는 어떤 관계에 속

해 있는지, 나아가 이러한 관계가 내재하는 더 넓은 맥락을 이해해
야 한다.

이를 위해 우리는 개인 권력의 관계뿐 아니라 조직 및 사회 권
력의 역학에 대해서도 면밀히 살펴볼 것이다. 이를 통해 이들 세 가
지 차원의 권력 연구로부터 통찰을 얻고, 나아가 이론 형성에 영향
을 미친 다른 학문으로부터 역시 통찰을 얻을 것이다. 이들 학문에
는 사회학을 비롯해 사회 및 진화심리학, 경영학, 정치학, 경제학,
법학, 역사, 철학이 포함된다. 이 풍부한 지식을 바탕으로 우리는 오
늘날 삶에서 권력의 다양한 모습과 발현 양상을 보여 줄 것이다.

우리 둘은 여성학자로서 모두 국제적 배경을 지니고 있다. 줄리
는 프랑스 태생으로 현재 프랑스와 미국 이중국적자다. 티치아나는
이탈리아 출신으로 수 년간 미국에서 생활한 뒤 지금은 캐나다에 살
고 있다. 우리는 권력이 시간의 흐름에 따라, 또 문화와 성별, 인종,
계층에 따라 얼마나 다양하게 발현되고 인지되는지 경험을 통해 잘
알고 있다. 이런 변화 양상을 설명하기 위해 우리는 권력과 관련해
다양하고 흥미로운 경험을 지닌 사람들을 대상으로 5개 대륙에서
100여 차례의 인터뷰를 진행했다. 여기에는 브라질 의사에서 사회
기업가로 변신한 사람을 비롯해 폴란드 홀로코스트 생존자, 방글라
데시 경찰, 회사의 변화를 위해 고군분투하는 미국 기업 임원, 세계
적으로 유명한 이탈리아 패션 디자이너, 나이지리아의 사회활동가
가 포함돼 있다. 그들의 목소리가 모두 책에 담겨 있다. 이들의 이야
기는 권력의 작동 원리와 함께 권력을 효과적으로 사용하는 데 필요
한 것을 밝히는 데 도움이 될 것이다.

본격적인 여정을 시작하기에 앞서 • ·····················

500여 년 전 니콜로 마키아벨리Niccolò Machiavelli가 쓴 《군주론The Prince》은 오늘날까지도 권력의 위치에 있는 사람들과 권력을 좇는 사람들에게 마치 교과서처럼 여겨지는 책이다.[2] 마키아벨리가 이 책을 쓴 이유는 권력을 좇는 사람들을 위해서였다. 이것이 《군주론》과 이후 이 책을 흉내 낸 수많은 책과의 가장 큰 차이점이다. 즉 이미 권력을 가진 자들만을 위해 혹은 그들에 관해서만 쓴 책이 아니라는 것이다. 이 책은 역사적으로 그리고 오늘날에도 여전히 권력에서 배제된 집단을 포함해 모든 사람을 위한 책이다. 이들이 그토록 오랫동안 권력을 거부당했다고 해서 권력을 가질 수 없다는 의미는 아니다. 권력은 누구나 가질 수 있다.

앞으로 살펴보겠지만, 인식 가능한 여러 가지 요소는 특정 상황에서 누가 권력을 가졌고 누가 권력을 못 가졌는지 확실하게 설명한다. 이들 요소를 식별할 수 있으면, 마치 어둠 속에서도 앞을 볼 수 있는 적외선 투시경을 착용한 것과 마찬가지다. 그렇게 되면 여러분 주변에서, 가정에서, 직장에서, 정치 및 경제, 문화적 맥락에서 권력 관계를 식별할 수 있다. 이 모든 요소가 권력의 기본을 이룰 때, 누가 왜 권력을 보유했는가를 분석하는 것은 두 가지 핵심 질문에 답하는 데 달려 있다. 단 두 가지 질문. 우리는 이 질문에 답하기 위해 무엇이 필요한지 살펴볼 것이다.

권력의 주인은 바뀔 수 있다. 그러나 사회 속 권력 분배는 매우 굳어져 있어 특정 부류는 사회 구조적 이점을 쉽게 얻어 유지하고 공고히 하는 반면, 특정 부류는 그러지 못한다. 우리는 그 이유를 밝힐 것이다. 그러나 이러한 억압적 위계질서는 사람들이 이에 대항하고자 힘을 합쳐 행동할 때 붕괴할 수 있다. 이 역시 증명해 보일 것이다. 새로운 디지털 기술은 이 같은 집단행동을 촉진하기도 방해하기도 한다. 그래서 기술은 상대적으로 힘없는 사람들이 접근하기 힘든 자원을 손에 넣을 수 있도록 돕는다. 그러나 이런 기술 사용도 아무런 제재가 없으면 권력 집중 현상을 오히려 심화할 수 있다. 기술 역시 권력과 마찬가지로 선하지도 악하지도 않다. 그것이 어떤 목적으로 사용되느냐에 따라 본질이 결정된다. 권력은 다른 사람의 권리와 자유를 침해하지 않도록 과도한 집중 현상을 막고 권력자에게 합당한 책임을 지울 때 궁극적으로 모두를 위한 것이 될 수 있다.

우리는 자신의 열망을 좇아 좀 더 나은 삶을 살고, 다른 사람도 그렇게 하도록 돕는 데까지 너무 먼 길을 돌아왔다. 지난 수천 년간 우리는 철저히 자신의 이익과 욕망에 따라 움직인 수많은 독재자의 변덕과 무시를 견뎌야 했다. 하지만 이제는 많은 사람이 자신의 생각과 의견을 투표로 표현할 수 있고, 내가 원하는 삶을 스스로 결정할 수 있는 민주주의 국가에 살고 있다. 이러한 발전은 늘 새로운 아이디어를 분명히 표현하며 공정한 사회를 지지했던 수많은 이들의 지칠 줄 모르는 노력 덕분이었다. 이들 중에는 유명인도 있었지만, 대부분이 이름 없는 일반인이었다. 또 주변에서 너무 급진적인 아이디어라고 매도하는 시선에도 절대 굴하지 않았다. 그럼에도 민주주의는 커다란 분열을 남겼다. 여전히 불완전해 모두가 같은 목소리를 낼 수 없고, 사회·경제적 불평등도 전 세계에 만연해 있다.

우리가 하나의 종으로서 다른 사람, 그리고 환경과 조화를 이뤄 생존하고 번성하려면, 공평한 권력 분배를 위해 싸웠던 이전 세대의 노력을 이어 가야 한다. 그것은 과도한 권력 집중을 막고 개인과 집단의 자유를 보장하는 유일한 길이다. 이 책을 쓰는 이유는 그 길에 동참하기 위함이다. 감사하게도 우리는 맨 처음부터 시작하지 않아도 된다. 이미 많은 진보를 이뤄 냈다. 책 전반에서 살펴보겠지만, 검증된 아이디어와 해결책은 모든 사람이 권력에 접근할 수 있도록 하는 잠재력을 갖고 있다.

1
장

힘의 근원

지난 2008년 캐나다 토론토에서 리아 그리마니스^{Lia Grimanis}를 처음 만났을 때, 그녀는 팔 밑에 오토바이 헬멧을 낀 채 핑크색 가죽 재킷을 입고 있었다. 재킷은 그녀의 핫핑크색 BMW F650GS 모델과도 꽤 잘 어울렸다. 최고의 실적을 자랑하는 기술영업직 대표의 첫인상은 더없이 강렬했다. 하지만 리아를 만난 건 최신 기술을 논하기 위해서가 아니었다. 당시 리아는 노숙인 여성들이 자신의 삶과 미래에 대한 주도권을 회복할 수 있도록 지원하는 단체 설립에 앞장서고 있었다. 리아가 이 일에 그토록 열정을 보인 이유는 무엇일까? 그녀 자신이 바로 노숙인 출신이었기 때문이다. 리아는 지독한 가난 속에서 최소한의 보호와 안전도 보장받지 못한 채 성장했다. 그래서 과거 자신과 비슷한 처지의 여성들이 자신처럼 변화된 인생을 살아갈 수 있도록 돕고 싶어 했다.

이와 관련해 리아가 성과를 낸 방법을 이해하려면, 우선 힘의 역학관계를 파악해야 한다. 곧 힘은 무엇으로 구성되며 어떻게 작동하는지부터 알아야 한다. 일반적으로 힘은 설득이나 강요를 통해 다른 사람의 행동에 영향을 주는 능력을 일컫는다.*

그렇다면 이 능력을 결정짓는 요소는 무엇일까? 답은 매우 간단하다. 누군가에게 영향을 미치려면 상대방이 가치 있게 여기는 자원에 대한 접근 권한을 통제할 수 있어야 한다. 이러한 통제는 내가 누군가를 통제하든 혹은 누군가로부터 내가 통제를 받든 모든 상황에서 힘의 역학관계를 이해하는 열쇠가 된다.

힘은 어떻게 만들어질까? •

누군가에게 힘을 행사하려면 상대방이 가치 있게 여기는 뭔가를 갖고 있어야 한다. 그것은 보통 상대방이 필요로 하거나 원하는 것이다. 돈이나 깨끗한 물, 수천 평의 비옥한 농토, 집, 자동차 등 물질적인 것일 수도 있고, 존경심이나 소속감, 성취감 같은 심리적인 것일 수도 있다. 다음 내용에서 구체적으로 살펴보겠지만, 이러한 물질적 자원과 심리적 자원의 관계는 서로 배타적이지 않다.

전문적인 지식이나 활기찬 기운, 돈, 실적, 진지함, 네트워크 등 여러분이 상대방에게 무엇을 제공하든 그것은 상대방이 원하는 것이어야만 그것을 통해 힘을 행사할 수 있다. 부모가 아이에게 지저분한 방을 청소하면 쿠키 한 조각을 주겠다고 약속한다고 가정해 보자. 이때 아이가 쿠키를 좋아하지 않는다면 쿠키 상자에 대한 접근

---

* 사회과학에서의 힘의 정의는 부록을 참고.

을 통제하는 것은 별 의미가 없다. 이와 함께 여러분이 제공하는 자원은 다른 곳에서 얻기 어려운 것이어야 한다. 따라서 다음 두 가지를 잘 생각해 봐야 한다. 여러분은 상대방이 가치 있게 여기는 자원을 줄 수 있는 몇 안 되는 사람인가? 아니면 수많은 사람 중 한 명일 뿐인가? 여러분이 그 자원에 대한 접근 권한을 본질적으로 통제할 수 있는가? 아니면 어디서든 쉽게 구할 수 있어 통제 자체가 별 의미가 없는가? 아이는 쿠키를 좋아하지만 주변에서 쉽게 구할 수 있는 상황이라면 부모의 제안에 매력을 못 느낄 가능성이 크다.

상대방이 가치 있게 여기는 것이 무엇인지, 그리고 그것에 접근할 수 있는 대안이 있는지를 알고 나면 여러분이 상대방에게 얼마나 많은 힘을 행사할 수 있는지를 가늠할 수 있다. 그러나 이것만으로 두 사람 사이 힘의 균형을 완전히 파악할 수는 없다. 여러분이 가치 있게 여기는 것을 상대방이 갖고 있는지, 그것에 대한 여러분의 접근 권한을 상대방이 어느 정도로 통제할 수 있는지도 반드시 고려해야 한다. 여러분이 상대방에게 힘을 행사하는 정도는 상대방이 여러분에게 힘을 행사할 수 있는지 여부에 따라 완전히 달라진다.

힘은 늘 상대적이다. 여러분이 상대방에게 힘을 행사하는 동시에 상대방도 여러분에게 힘을 행사하고 있는가? 그렇다면 두 사람의 관계는 상호 의존적이다. 이때 서로에게 힘을 행사하는 정도가 비슷하게 낮거나 높아 두 사람이 균형적인 관계에 놓여 있는지, 아니면 어느 한쪽이 더 많이 의존해 불균형한 관계에 놓여 있는지를 분명히 파악해야 한다. 힘은 제로섬 게임이 아니다. 힘의 균형은 시간의 경과에 따라 자연스레 이동한다. 앞으로 살펴보겠지만, 어느 한쪽의 이득이 반드시 다른 한쪽의 손실을 의미하지도 않는다. 하지만 아래 도표에서 나타나듯 여러분이 누구든, 어디에 살든, 어떤 일을 하든 힘의 기본적인 구성요소는 같다. 힘을 행사하려면 고유의 통제권을 갖고 상대방이 가치 있게 여기는 자원(혹은 최소한 다른 사람에게서는 얻기 힘든 것)을 제공해야 한다. 그렇다면 여러분이 얼마나 많은 힘을 갖게 될 것인가는 여러분이 가치 있게 여기는 것을 상대방이 얼마나 통제할 수 있는가에 달려 있다. 자, 그럼 앞서 언급한 리아의 이야기로 돌아가 이 같은 힘의 기본 원리를 좀 더 자세히 살펴보도록 하자.

● 사회관계에서 힘의 기본 원리

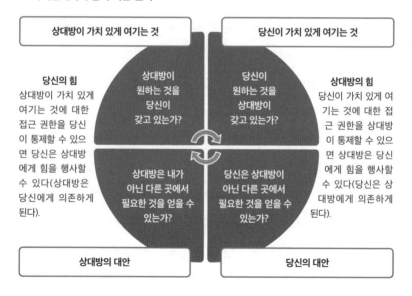

아무런 힘이 없는 존재에서
다른 사람에게 힘을 실어 주는 존재로 •

리아는 열여섯 살에 집을 나왔다. 가장이었던 할머니가 돌아가신 후 집은 더 이상 안전한 곳이 아니었다. 온갖 폭력이 난무하는 위험한 곳이 돼 버렸다. 하지만 노숙 생활의 위험을 피하는 것도 리아에겐 전혀 만만치 않았다. 자폐증 때문이었다(진단은 뒤늦게 받았다). 그래서 리아는 사람들의 표정을 읽거나 사회적 신호를 이해하는 데 상당한 어려움이 있었다. 당시 상황을 리아는 이렇게 설명했다. "마치 사각지대에 있는 것 같았죠. 기차가 나를 치고 지나가기 전에는 기차가 오고 있었다는 사실조차 모르는 그런 상태였어요." 오랜 시간 이곳저곳을 전전하며 성적 학대까지 당한 리아는 심신이 피폐해진 상태로 한 여성 쉼터에 머물게 되었다. 당시 열아홉 살이던 리아는 자신이 스물한 살까지도 못 살 거라고 생각했다. 리아는 그때를 떠올리며 말했다. "한동안 제 마음속에 품었던 질문은 '살까, 죽을까?' 이거 하나였어요."[1] 자립하겠다며 쉼터를 떠난 여성들은 얼마 후 여지없이 되돌아왔다. 노숙인으로서 밑바닥 인생을 벗어날 길은 좀처럼 보이지 않았다. 끊임없는 투쟁이 아닌 완전히 새로운 삶을 살 수 있다는 희망의 근거를 제시하는 롤모델도 없었다.

다행히 리아는 본인이 그런 롤모델이 되겠다며 삶의 의지를 다졌다. 그러면서 쉼터를 떠나 자신처럼 절망의 늪에 빠진 여성들에게 영감을 줄 수 있는 이야기를 가진 사람이 되어 다시 찾아오리라 굳게 다짐했다. 그렇게 쉼터를 떠난 리아는 10년 동안 닥치는 대로 일을 했다. 한때는 인력거꾼 생활을 하기도 했다. 4년 동안 하루도 빠짐없이 비가 오나 눈이 오나 토론토 한가운데서 인력거를 몰았다. 그러던 어느 날, 리아는 소프트웨어 영업으로 10억 원 이상의 부를 이룬 한 남성을 알게 됐다.[2] 그러면서 바로 그 길이 자신이 가야 할 길이라고 확신했다. 이후 리아는 소프트웨어 영업직이라면 가리지 않고 지원서를 제출했다. 대부분 기업의 자격 조건은 학사 학위 필수, MBA 우대였지만 리아는 아랑곳하지 않았다. 결과는 당연히 줄줄이 낙방. 하지만 자폐 성향이 당시에는 큰 자산이었다고 리아는 회상한다. "사람들이 나에 대해 어떻게 생각하는지 읽어 내지 못하면 그들의 반응에 당황하지도, 나 자신을 의심하지도 않게 돼요. 당시 사람들은 차분하게 예의를 갖춰 내게 꺼지라고 말했죠. 하지만 난 그걸 읽어 내지 못했기 때문에 계속 전화를 걸었고, 결국 한 번의 기회가 주어졌어요. 누군가 나의 끈질긴 노력에 두 손을 들었던 것 같아요."[3]

이후 리아는 쉼터를 나오며 했던 다짐을 떠올리며 정말 미친 듯이 일했다. 그리고 입사한 지 1, 2년 만에 엄청난 수익을 올렸다. 이에 회사는 시간당 500달러를 투자해 리아만을 위한 임원 전문 코치를 영입, 그녀의 경력 개발을 도왔다. 이때 회사가 코칭 프로그램을 도입한 건 신의 한 수였다. 리아는 자신이 거리로 내몰렸을 때 이런 훌륭한 코칭을 받을 수 있었다면 자신의 인생은 완전히 달라졌을 것이라고 생각했다. '여자들의 비상Up With Women' 프로그램에 대한 아이디어가 처음 나온 것도 이때였다. 이후 리아는 자신이 받은 개인별 맞춤 코칭 프로그램을 노숙인 여성들도 받게 하고자 자선단체를 찾아 나섰다. 그 첫 단계는 전문 코치진[4]이 무료로 코칭을 제공하도록 설득하는 일이었다. 이를 위해서는 코치들이 납득할 만한 가치를 전달해야 했다.

이들이 설득된 포인트는 크게 두 가지였다. 그리고 그것은 오늘날 여러 봉사자나 기부자들이 '여자들의 비상'에 동참하는 이유와 동일하다. 첫째는 리아라는 사람 자체였다. 강인한 의지와 열정 뒤에 숨겨진 다소 충격적인 그녀의 어린 시절과 트라우마, 그리고 그 모든 것을 극복하고 이뤄 낸 성공 스토리. 그것은 사람들을 설득하기에 충분했다. 여기에 코칭을 중심에 둔 봉사자들의 활동이 여성 노숙인들의 삶을 완전히 바꿔 놓을 수 있다는 확신이 더해졌다. 특히 대부분의 자선단체가 코칭을 부수적인 프로그램으로 여기는 것과 달리 여자들의 비상은 코칭을 중심으로 형성된 단체였다. 따라서 전문 코치진은 단체의 가장 핵심적인 구성원이었다. 그렇게 해서 소수의 전문 코치진이 꾸려졌다. 그리고 리아는 이들에게 코치진의 활동이 여성 노숙인들의 삶을 변화시키는 데 크게 기여할 것이라고 약속했다.

그러나 처음에는 모든 것이 난관의 연속이었다. 기업 임원진 코칭에만 익숙해 있던 코치들은 소위 밑바닥 인생을 살아 온 상처투성이 여성들을 어떻게 대할지 난감했다. 그들과 교감할 수 있는 기술도 경험도 전혀 없었다. 리아 역시 코칭 프로그램이 효과를 낼 만한 후보자를 추려 내기가 쉽지 않았다. 그 결과 코칭을 의뢰한 노숙인 관련 단체도 만족도가 높지 않았다. 프로그램을 진행한 코치들 역시 처음에 리아가 약속했던 코칭의 효과를 전혀 확인할 수 없었다.

리아는 그때를 떠올리며 이렇게 말했다. "그래서 초반에는 코치들을 영입하기가 너무 어려웠어요. 정말 쉽지 않았죠."[5]

자금 문제도 만만치 않았다. 리아는 여자들의 비상에만 집중하기 위해 2012년 일을 그만뒀다. 그러면서 은행 잔고는 빠른 속도로 바닥나기 시작했다. 게다가 전문 코치진은 물론 코칭을 의뢰하는 고객과 가시적인 성과 둘 다 부족한 상황에서 새로운 기부자를 찾기란 요원한 일이었다. 리아는 당시를 이렇게 회상했다. "통장을 보니 딱 5000달러가 남았더라고요. 그래서 쉼터 친구들에게 이렇게 말해 두었죠. 내 자리 하나 마련해 두라고요. 그때는 진심이었어요. 정말 다시 노숙자로 돌아갈 수도 있겠다는 생각이 들었거든요. 결국 여자들의 비상을 살리기 위해 저는 파산을 택했습니다." 하지만 인력거꾼으로 일할 당시 최대 8명을 한 번에 끌었던 그녀의 저력은 리아를 다시 일으켜 세웠다. 그리고 누구도 상상할 수 없는 방법으로 여자들의 비상을 다시 살려 냈다. 그것은 바로 두 개의 신기록을 세워 기네스북에 오른 것이다! 리아는 '전 세계에서 가장 무거운 자동차를 가장 멀리(약 30미터) 끌고 간 여성', 그리고 '가장 무거운 자동차를 가장 높은 경사에서 끌고 간 여성'으로 기네스북에 올랐다. 이후 리아와 더불어 여자들의 비상에도 자연히 매스컴의 관심이 쏠리면서 기부금도 다시 늘기 시작했다. 당시 리아는 삶의 밑바닥에서 고군분투하는 여성들에게 강력한 메시지를 전달했다. "당신은 당신이 생각하는 것보다 훨씬 더 강하다."[6]

그런 상황에서 리아는 한 번 영입한 코치를 계속 묶어 둘 만한 효과적인 방법을 찾아야만 했다. 물론 리아도 과거 회사에서 코칭을 받은 경험이 있지만, 코칭의 전반적인 절차나 방법은 물론 코치의 관점에서 성공적인 코칭을 결정하는 조건에 대해서는 아는 바가 거의 없었다. 그러나 다행히 리아의 곁에는 그녀의 뜻에 함께하며 기꺼이 동참해 준 세 명의 코치가 있었다. 이들은 리아에게 효과적인 코칭에 관한 전반적 내용을 알려 주며 신규 코치 채용도 적극 도왔다. 그러면서 코칭 프로그램 제작을 전담하여 진행했다. 효과적인 코칭 프로그램을 위해서는 각각 코치와 고객의 두 가지 관점을 고려해야 했다. 먼저 코치에게 가장 중요한 것은 노숙인 고객들을 효과적으로 대할 수 있는 능력을 갖추는 것이었다. 각종 트라우마 상담 역량도 그중 하나일 수 있다. 실제로 코칭 봉사자 대부분은 이런 능력을 갖추고 있지 않다. 고객 입장에서 가장 중요한 것은 코칭 대상자 선별 기준을 마련하는 것이었다. 예를 들어, 가장 최근에 쉼터에서 나온 사람, 혹은 재기하고자 적극적으로 노력하는 사람 등이 기준으로 포함됐다. 이런 내용을 근거로 리아는 여러 노숙인 쉼터를 차례로 방문했다. 그러면서 각 담당자로부터 조언을 얻어 한 층 정확한 선별 기준을 마련했다.

이런 노력들 덕분에 여자들의 비상은 그야말로 비상했다. 코치도 고객도 급속히 늘었다. 코치들의 도움으로 노숙인 여성들은 자신의 강점을 발견하며 삶의 목적을 그려 나갔다. 새로운 기술을 익힌 건 노숙인들만이 아니었다. 코치들은 일종의 지식 배움터에서 누구보다 적극적인 학습자로 변화해 갔다. 이전에는 결코 경험해 보지 못한 분위기였다. 이에 대해 코치 한 명은 이렇게 말했다. "이곳에 오는 고객들 덕분에 우리 코치진의 몸 근육과 뇌 근육, 마음 근육

이 한껏 늘어났다." 이에 리아는 한마음 한뜻으로 모인 코치들이 새로운 전문성까지 기를 수 있다는 데 매우 만족해하고 있음을 알아챘다. 그래서 리아는 각종 정기 모임과 멘토 코치 제도를 두어 코치들이 다양한 기술을 좀 더 쉽게 익히고 소속감도 느낄 수 있도록 도왔다. 또 평가 전문가를 고용해 코치들로 하여금 코칭 프로그램의 실제 효과를 수치로 예상할 수 있도록 했다. 일반 기업에서도 경영진 코칭의 투자수익률[ROI]까지 체계적으로 계산하는 곳은 거의 없다.[7] 같은 맥락에서 코치들에게 가장 중요한 요소까지 정량화할 순 없었다. 이에 대해 한 코치는 이렇게 말했다. "내가 코치한 기업 임원이 승진하는 것을 보는 것과 그야말로 밑바닥 인생을 살던 여성이 나의 도움으로 다시금 되살아나는 것을 보는 건 차원이 다르다. 그걸 어떻게 수치로 나타낼 수 있겠는가!"

이렇듯 전문 코치진에 전적으로 의존해 자신의 미션을 수행하던 리아는 마침내 코치들이 가장 중시하는 가치를 선별해 낼 수 있었다. 그것은 영감을 주는 목적, 획기적인 영향력, 깊이 있는 배움, 뜻을 같이하는 동료 집단, 이 네 가지였다. 네 가지 가치의 관점에서 여자들의 비상은 그 어떤 단체도 대신할 수 없는 곳으로 자리매김했다. 이에 따라 코치진의 충성도가 커진 것은 당연한 일이었다. 리아는 코치들이 원하고 필요로 하는 것을 잘 간파해 어떻게 하면 그것을 채워 줄 수 있을지 끊임없이 연구했다. 또 상호 신뢰로 코치들과의 관계를 유지했다. 이때 여러분은 리아와 코치들 간 힘의 균형이 코치 쪽에 쏠려 있다고 말할 수도 있다. 어느 정도 맞는 말이다. 코치들이 없었다면 리아는 자신이 원하는 그림을 그려 낼 수 없었을 것이다. 하지만 리아 역시 지금은 어느 정도 힘을 갖고 있다. 그리고 그 힘을 코치들에게 남용하지 않는다. 오직 여성 노숙인들을 도와줄 때만 자신의 힘을 사용한다. 이렇듯 리아가 개발한 힘의 관계는 선구적인 사회과학자 매리 파커 폴레Mary Parker Follett가 언급한, 모든 인간의 풍요와 발전을 촉진하는 데 사용하는 '함께의 힘,' 혹은 '함께 만든 힘'의 개념과 유사하다.[8]

내가 힘을 설명하는 데 있어 카이사르나 나폴레옹의 예를 들지 않은 건 다분히 의도적이었다. 여러분이 평소와는 다른 시각에서 힘을 볼 수 있도록 돕고 싶었다. 아무도 예로 들지 않는 노숙인 여성 쉼터를 예로 든 건 이와 같은 이유에서였다. 그렇다면 리아는 힘이 있는 사람이었나? 물론이다! 그녀는 모든 역경을 이겨 내고 마침내 삶의 주도권을 되찾았다. 그리고 자신이 가진 힘을 이용해 여자들의 비상 단체를 설립, 수차례 설득 끝에 전문 코치들을 영입하는 데 성공했다. 그리고 이를 통해 여성 노숙인들이 새로운 삶을 살 수 있도록 도왔다. 이때 리아는 온갖 역경을 이겨 내고 어렵사리 손에 쥔 얼마간의 힘을 그녀 자신만을 위해 사용하지 않았다. 다른 사람에게 힘을 실어 주는 데 사용했다. 그런 리아의 삶의 궤적은 노벨상 수상자 토니 모리슨Tony Morrison의 철학을 그대로 반영한다. "힘을 가졌는가? 그렇다면 당신이 할 일은 다른 누군가에게 힘을 실어 주는 것이다."[9]

힘의 균형 재조정 • ···

앞서 살펴본 리아의 이야기는 힘의 네 가지 구성요소 간에 어떻게 상호작용이 이루어지는지, 그리고 이들 구성요소가 시간이 지남에 따라 어떻게 변해 가는지를 잘 보여 준다. 이 네 가지 구성요소는 힘을 가운데 둔 양측이 어떤 자원을 가치 있게 여기는지, 또 그 자원을 대신할 만한 대체재를 갖고 있느냐와 연관돼 있다. 이와 함께 힘의 균형을 재조정하는 전략에는 유인attraction, 통합consolidation, 확대expansion, 철회withdrawal의 네 가지가 존재한다.[10] 이는 아래 도표에 자세히 언급돼 있다. 고대부터 사용돼 온 이들 전략은 가족이나 친구, 동료 등 개인적인 관계에서뿐 아니라 기업과 기업, 산업과 산업, 국

● **힘의 균형을 이동하는 4가지 방법**

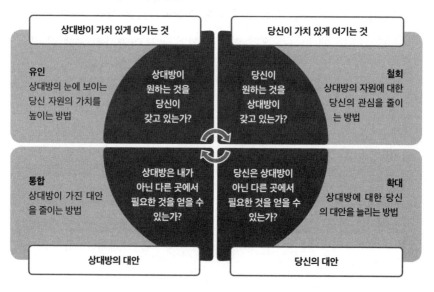

상대방이 가치 있게 여기는 것

당신이 가치 있게 여기는 것

유인
상대방의 눈에 보이는 당신 자원의 가치를 높이는 방법

상대방이 원하는 것을 당신이 갖고 있는가?

당신이 원하는 것을 상대방이 갖고 있는가?

철회
상대방의 자원에 대한 당신의 관심을 줄이는 방법

통합
상대방이 가진 대안을 줄이는 방법

상대방은 내가 아닌 다른 곳에서 필요한 것을 얻을 수 있는가?

당신은 상대방이 아닌 다른 곳에서 필요한 것을 얻을 수 있는가?

확대
상대방에 대한 당신의 대안을 늘리는 방법

상대방의 대안

당신의 대안

가와 국가 간 집단적인 관계에도 그대로 적용된다. 이제부터는 다이아몬드 산업을 통해 이들 네 가지 전략을 차례대로 살펴보도록 하겠다. 먼저 유인 전략의 대표적 사례로는 1940년대 광고회사 N.W. 에이어[N.W. Ayer]가 예비 신랑, 신부를 대상으로 사용한 전략을 꼽을 수 있다. 에이어는 결혼식에 있어 보석이 갖는 의미는 생각보다 훨씬 크다며 예비부부를 설득했다.

때는 바야흐로 1938년, 대공황의 혼란이 채 끝나기도 전 히틀러가 오스트리아를 공격하며 세계는 또다시 전운에 휩싸였다. 당시 사람들 대부분은 생계유지도 힘든 상황이었기에 다이아몬드는 아예 관심 대상이 아니었다. 미국에서 결혼하는 커플 중 다이아몬드를 예물로 구입하는 비중은 10%에 지나지 않았다.[11] 그조차도 알이 작아 값싼 것들이 대부분이었다. 이에 당시 세계 최대의 다이아몬드 생산 업체였던 남아프리카공화국의 드비어스[DeBeers] 회장 해리 오펜하이머[Harry Oppenheimer]는 걱정이 이만저만이 아니었다. 그에게 돈을 빌려준 은행들은 연일 압박해 왔다. 다이아몬드를 더 많이 팔거나 가격을 올려 수익을 높이라는 것이었다.

광고에서 답을 찾기로 한 오펜하이머는 곧장 뉴욕으로 날아가 에이어 임원진을 만났다.[12] 이후 그들이 만들어 낸 성과는 기대 이상이었다. 당시 광고 캠페인의 핵심은 다이아몬드를 영원한 사랑과 성공 그리고 결혼에 결부시키는 것이었다. 그리고 그 메시지는 지금까지 이어지고 있다. 에이어는 유명 배우와 사교계 인사를 동원해 적극적으로 홍보했다. '다이아몬드는 영원하다'라는 상징적 카피는 홍보 활동에 더욱 힘을 실었다. 이후 3년이 채 안 돼 미국에서 다이아몬드 판매량은 55%나 급증했다.[13] 1990년대 미국 예비신부의 80%는 다이아몬드를 약혼반지로 받았다.[14]

영업이나 마케팅 관점에서는 이 같은 유인 전략이 꽤 효과적일 수 있다. 그러나 비단 여기에만 해당하지 않는다. 내가 가진 자원의 가치를 높여 상대방의 눈에 들도록 하는 유인 전략은 힘의 균형을 재조정할 때 가장 많이 사용되는 방법이기도 하다. 앞서 살펴본 리아의 경우를 생각해 보자. 리아는 '여자들의 비상' 단체에 코치진을 영입할 때 새로운 코칭 기술 전파 및 네트워크 형성에 더해 여성 노숙인들의 획기적인 변화를 약속했다. 바로 이 점이 코치들을 유인해 여자들의 비상에 남아 있도록 만든 핵심 동력이었다.

드비어스가 사람들로 하여금 다이아몬드를 영원한 사랑의 상징으로 느끼도록 한 것, 그리고 리아가 코치들로 하여금 그들의 코칭 활동이 얼마나 중요한지 느끼도록 한 것은 유인 전략이 인식과 실재에 좌우됨을 보여 준다. 여자들의 비상 코치들이 여성 노숙인들의 삶에 미친 영향은 실재적이었다. 이 여성들은 빈곤에서 벗어나 자녀들과 함께 살 아늑한 집을 마련했고 일자리도 얻었다. 이는 눈에 보이는 명확한 변화였다. 하지만 다이아몬드의 가치는 전적으로 사람의 마음에 달려 있다. 이런 관점에서 심리학자들은 아주 가벼운 설득만으로도 특정 자원의 가치에 대한 사람들의 인식을 쉽게 바꿀 수 있다고 설명한다.[15] 이는 자원의 가치를 객관적으로 평가할 수 있을 때 더욱 그렇다. 절개 모양, 색상, 선명도, 캐럿으로 품질이 결정되는 다이아몬드가 대표적인 경우다. 그러나 이베이eBay에서 거래된 다이아몬드 150만 건을 분석한 결과 판매자가 어떻게 설명하느냐에 따라 가격은 달라졌다. 가령 약혼자가 바람을 피워 팔아 치우는 경우에는 행복한 결혼생활을 마친 이모의 부탁으로 팔 때보다 가격이 낮게 책정됐다. 요컨대 상대방으로 하여금 내가 제공하는 자원의 가치를 크게 느끼도록 만드는 것은 힘의 균형을 내게 유리하도록 재분배하는 핵심 전략인 셈이다.[16]

그러나 내가 제공하는 자원이 어디서든 쉽게 구할 수 있다면 그 자원이 아무리 매력적이라 해도 나는 거의 힘을 쓰지 못한다. 이런 경우 대체물의 숫자를 줄임으로써 내가 제공하는 자원에 대한 상대방의 의존도를 높일 수 있다. 이렇게 하려면 같은 자원을 제공하는 사람들끼리 힘을 모으는 과정이 필요하다. 카르텔, 곧 담합 행위는 특정 자원 제공자들의 숫자를 줄이기 위해 고안된 통합 전략의 대표적 사례다. 1960년대 발족 이후 석유수출국기구[OPEC]가 석유 수출국들의 힘을 키운 방법도 바로 담합을 통해서였다. 독점 역시 통합 전략의 또 다른 대표적 사례다. 독점[monopoly]이라는 단어는 그리스어로 '하나'를 뜻하는 'monos'와 '팔다'를 뜻하는 'pōlein'에서 유래했다. 즉 한 곳에서만 판다는 뜻이다. 담합은 같은 자원을 제공하는 자들끼리의 자발적 연합이지만, 회사가 경쟁사를 인수해 고객의 대안을 박탈해 버리면 이때부터는 강압적으로 변한다. 반독점법이 중요한 이유가 여기에 있다. 반독점법은 특정 기업에게 너무 많은 힘이 쏠리는 현상을 방지한다. 그러나 자발적이든 강압적이든 통합 전략은 힘의 균형을 자원 제공자에게 유리하도록 재분배한다.

드비어스가 전 세계 다이아몬드 공급을 통제하기 위해 수십 년간 활용한 전략도 이 통합 전략이었다. 공급업자들을 상대로 힘을 키우기 위해 드비어스는 중앙판매조직Central Selling Organization을 창설, 다이아몬드 판매업자들과 독점 계약을 맺었다. 이와 동시에 드비어스는 티파니Tiffany 같은 세계적인 다이아몬드 업체와 독점 클럽을 형성함으로써 소비자에 대한 힘도 키워 나갔다. 그 결과 1990년대 드비어스는 전 세계 다이아몬드 공급량의 80%를 통제했다.[17] 그래서 다이아몬드 거래 시 드비어스 외에는 거의 대안이 없었다.

드비어스의 독점 및 준독점 사례와는 다를 수 있지만, 노동조합 역시 통합 전략을 이용한다. 근로자 한 명이 회사에 미치는 힘은 얼마나 될까? 회사가 제품 및 서비스 생산을 위해 해당 근로자의 역량을 필요로 한다면 근로자는 노동법의 보호를 받고, 회사에도 어느 정도 영향을 미친다고 볼 수 있다. 그러나 회사가 내·외부 채용절차를 통해 대체 인력을 쉽게 구할 수 있는 상황이라면 해당 근로자가 회사에 미치는 영향은 극히 제한적이다. 이때 실질적인 힘의 불균형이 발생한다. 해당 근로자를 대체할 수 있는 인력이 많은 경우 이 불균형은 더욱 심해진다. 이 같은 힘의 불균형 상태에서는 근로자들이 자신의 권리를 지키기가 어렵다. 노동조합이 만들어지는 이유가 여기에 있다. 노동조합union이라는 단어는 라틴어로 '하나'를 뜻하는 'unus'에서 유래했다. 곧 근로자들은 자신들을 대변하는 하나의 집단을 형성함으로써 근로 조건에 대한 의견 불일치가 발생할 경우, 고용주가 다른 데로 눈을 못 돌리도록 막는 것이다. 지금까지 살펴본 유인 및 통합 전략이 한쪽의 의존도를 높이는 전략이라면, 확대 및 철회 전략은 한쪽의 의존도를 낮춰 힘의 균형을 재조정하는 전략이다. 따라서 철회는 유인의 반대 전략으로, 확대는 통합의 반대 전략으로 생각할 수 있다.

철회는 상대방이 제공하는 자원으로부터 멀어져 관심 자체가 줄어드는 것을 의미한다. 드비어스를 비롯한 다이아몬드 제조업체는 21세기 들어 이 같은 철회 위기에 직면했다. 다이아몬드에 대한 소비자의 관심이 줄었기 때문이다. 전통적인 결혼식에 반기를 드는 젠더 규범이 확산하면서 결혼식 자체가 점점 줄고 있다. 또 최근 몇십 년 사이 여행에서부터 핸드백, 전자제품에 이르기까지 명품 시장의 경쟁이 폭발적으로 증가했다.[18] 더욱이 전쟁 지역에서 채굴돼 그 수익금이 전쟁물자 구입에 사용되는 이른바 '피의 다이아몬드'에 대한 내용이 알려지면서 영원한 사랑의 상징으로 여겨졌던 다이아몬드의 명성은 심각한 타격을 입었다. 이 같은 사회적인 현상과 맞물려 드비어스, 나아가 다이아몬드 산업 전체의 영향력은 서서히 줄어들었다. 일부 데이터에 따르면 2000년에서 2019년 사이 다이아몬드 판매량은 무려 60%나 감소했다.[19]

하지만 드비어스가 다이아몬드 산업에서 미치는 영향은 이미 그전부터 줄고 있었다. 그 결과 2019년 드비어스의 시장점유율은 무려 30%나 감소했다.[20] 이처럼 드비어스의 지배력이 줄어 든 데는 공급업자와 소비자 모두의 전략이 변화한 원인도 있었다. 다이아몬드를 확보할 수 있는 구입처 확대로 드비어스에 대한 의존도가 줄어 든 것이다. 1990년 소비에트연합이 무너지면서 드비어스와 러시아 다이아몬드 생산업체들 사이의 파트너십이 약화했다. 그 사이 캐나다에서 새로운 다이아몬드 광산이 속속 문을 열었고, 합성 다이아몬드를 개발하는 업체도 늘어났다. 이와 함께 공급업체는 다이아몬드

구매업체와 가격 협상을 통해 직접 계약을 맺기 시작했다. 구매업체로서는 공급업체에 대한 선택 폭이 커졌고, 그 결과 드비어스의 힘은 줄어 들 수밖에 없었다. 설상가상으로 드비어스가 반독점 소송에 휘말리면서 공급업체 및 소비자들의 선택지는 더욱 늘어났다. 이 같은 확대 전략은 비단 경제 부문에서뿐 아니라 우리의 일상생활에서도 힘의 균형을 획기적으로 바꿔 놓는다. 쿠키를 좋아하는 어린아이를 떠올려 보자. 부모로부터 권력을 빼앗는 외부 요소만큼 효과적인 것은 없다!

요컨대 나에 대한 상대방의 의존도를 높이려면, 자원을 제공하는 소수의 무리에 들어 내가 제공하는 자원에 상대방이 더 많은 가치를 부여하도록 만들면 된다. 반대로 상대방에 대한 나의 의존도를 낮추려면, 상대방이 제공하는 자원의 가치를 약화하거나 해당 자원을 공급하는 대안을 찾아 상대방의 지배력을 낮추면 된다.[21] 이처럼 힘의 관계는 고정돼 있지 않다. 시간이 지나며 당사자들이 관계 변화에 참여하고 대응해 감에 따라 점차 진화한다. 드비어스의 사례에서 나타나듯 다이아몬드는 영원할지 몰라도 힘은 결코 영원하지 않다. 이것은 개인은 물론 어떤 기업과 조직에도 똑같이 적용된다. 심지어 너무나 강력한 힘을 갖고 있어 힘의 전형으로 불리는 대상이라도 그 힘을 소유하고 있는 것은 아니다.

힘은 소유할 수 없다 • ....

린든 베인스 존슨Lyndon Baines Johnson 상원의원은 1950년대 워싱턴 정가에서 가장 영향력 있는 인물이었다. 존슨은 케네디 대통령이 암살된 후 제36대 미국 대통령으로 취임한다. 바야흐로 미국에서, 또 전 세계에서 가장 힘 있는 자리에 오른 것이다. 물론 전 세계에서 가장 큰 힘을 지녔다는 데에는 동의하지 않는 사람도 있었다. 그러나 2년 후에는 압도적 지지를 받아 재선되며 정치 경력의 정점에 올랐다. 그의 대통령직 수행은 시민권법Civil Rights Acts을 제정하고, 위대한 사회The Great Society 정책을 실현하며 빈곤 타파를 위해 앞장섰다는 점에서 주목할 만하다. 그러나 베트남전을 장기전으로 끌고 간 점은 상당한 실책으로 평가받는다. 당시 존슨 정부가 베트남전 파병 군인의 수를 계속 늘려 가자 미국 전역에서는 젊은이들의 반대 시위가 줄을 이었다. 이로 인해 지지율이 급락한 존슨은 결국 3선 출마를 포기했다. 이후 그는 오직 베트남과의 평화협상에 주력했지만, 재임 중에 뜻을 이루지 못했다.

당시 존슨이 미국 정계에서 막강한 권력을 가질 수 있던 이유로 다소 특이한 그의 외모가 언급되기도 한다. 그는 190센티미터가 넘는 장신으로 동료 의원들과 함께 서 있으면 혼자만 우뚝 솟아 있었고, 때로는 큰 키로 그들에게 겁을 주기도 했다. 하지만 이 같은 신체적 위협은 이른바 '존슨의 대처법Johnson Treatment'의 한 부분에 불과했다. 존슨의 대처법이란 당시 워싱턴 출입 기자가 존슨이 각종 상황에서 대처하는 특징을 구체적으로 묘사한 것이다. 기자는 존슨을 두고 "이미 지나간 일이나 앞으로 다가올 상황이 자신에게 유리하게 전개되도록 하기 위해 설득과 아첨, 협박 등 갖은 방법으로 상대를 유인한다"라고 묘사했다.[22] 존슨은 대통령 임기 마지막까지 여전히 키가 컸고, '존슨의 대처법'이라는 특징 또한 그대로 갖고 있었다. 하지만 이 두 가지 특징 모두 그가 권력을 지속하는 데 아무런 도움을 주지 못했다. 그렇다면 정계 입문 초기에 그가 그토록 큰 힘을 가질 수 있었던 동력은 무엇이며, 그 동력이 대통령 임기가 끝나는 시점까지 한결같이 지속되지 못했던 이유는 무엇일까?

정치인으로서 존슨의 '힘의 사용'과 관련해 가장 많은 연구를 수행한 인물로는 로버트 카로Robert Caro가 꼽힌다. 그는 존슨의 흥망성쇠를 단계별로 분석해 총 네 권 분량의 기념비적 전기를 출간했다.

한 가지 주목할 만한 점은, 어느 인터뷰에서 존슨을 그토록 힘 있는 정치인으로 만든 특징이 무엇인가를 묻자 카로는 그의 성격도, 소위 '존슨의 대처법'이라 불리는 특징도 아니라고 대답했다는 점이다. 대신 그는 '정치적 힘을 만드는 천부적 능력'이라고 답했다.[23] 카로는 상원의원 재임 당시 각종 힘을 행사하는 존슨의 독특한 능력은 한 가지에 기인한다고 설명한다. 요컨대 존슨은 동료 의원들이 무엇을 가치 있게 여기는가를 파악하는 데 매우 뛰어났다. 그래서 이 정보를 최대한 효과적으로 활용해 동료 의원들이 가치를 두는 대상에 접근하는 것을 통제했다. 실제로 1949년 처음 상원의원으로 선출됐을 당시 존슨은 으레 그렇듯 동료 의원들을 유심히 관찰했다. 카로는 이 모습을 이렇게 기록했다. "존슨은 어느 의원이 어느 의원에게 찾아가 대화하는지, 또 자신의 책상에 앉은 의원은 누구고 그 사람이 누구를 불러 대화하는지 유심히 관찰했다. 두 의원이 이야기를 나눌 때면 그들이 평등한 관계에서 대화하는지도 살펴봤다. 여러 의원이 무리 지어 이야기를 할 때면 주로 말을 하는 쪽은 누구이며 듣는 쪽은 누구인지도 자세히 들여다봤다. 존슨은 하나도 놓치지 않고 그들의 대화를 주시했다."[24] 존슨의 이 같은 능력은 상대방과 마주보며 일대일로 대화할 때 가장 크게 발휘됐다. 그는 사람의 마음을 읽어 내는 신비한 능력을 갖고 있었는데, 보통 상대방은 계속 말을 하도록 유도한 채 그 속에서 상대방이 간절히 원하는 것이 무언인지를 알아낸다. 그러고 나면 상대방이 원하는 대상에 접근하는 것을 자신이 통제할 수 있는 방법을 탐색한다. 의원에 따라 그 대상은 주요 위원회 소속 위원으로 배정을 받거나 모두가 탐내는 위원회 요직에 앉는 일이었다. 또는 자신이 지지하는 법안이 표결 절차에 돌입하는 것, 혹은 상원의원 시찰단의 옷을 입고 근사한 레스토랑에서 맛있는 식사를 하는 것이기도 했다. 그렇게 존슨은 동료 의원들이 원하고 필요로 하는 것을 제공함으로써 100여 년 만에 가장 힘 있는 상원의원 중 한 사람으로 등극했다.

그러나 대통령이 되고 나서는 상황이 달라졌다. 상원의원 재임 시절 동료들은 주로 자신 같은 중년의 백인 남성들이었다. 하지만 대통령으로서 그는 훨씬 더 다양한 이들을 상대해야 했다. 인종과 피부색이 제각각인 미국 시민은 물론 여러 외국 지도자들과 관계를 유지해야 했다. 그중에는 당시 북베트남 지도자 호치민Ho Chi Minh도 포함돼 있었다. 전시 상황이었기에 적군의 수장인 호치민을 직접 대면할 수는 없었지만, 존슨은 자신이 늘 해 왔던 방식을 이용하면 충분히 승산이 있으리라 생각했다. 그러나 막대한 개발 원조 등 존슨이 내민 그 어떤 패에도 호치민은 아무런 관심을 보이지 않았다. 호치민이 원한 건 오직 하나, 공산주의식 통일국가 수립이었다. 당시 존슨이 갖고 있던 생각의 틀은 문화와 역사 이념의 관점에서 호치민이 추구했던 유일한 목표와 멀리 떨어져 있었다. 존슨을 가장 힘 있는 상원의원으로 만들어 준 '존슨의 대처법'이 베트남전에서는 아무런 쓸모가 없었던 셈이다. 호치민에게는 협박도 회유도 전혀 통하지 않았다.

역사상 좀처럼 보기 드문 존슨의 이 같은 여정은, 권력은 누구도 소유할 수 없음을 단적으로 보여 준다. 설사 당대에 가장 힘 있는 사람이라 해도 말이다. 특정 환경에서 힘을 획득하는 동력이 된 능력이나 자질이 다른 환경에서 힘을 얻거나 유지하는 데는 오히려 방해가 될 수 있다.[25]

그럼에도 불구하고 왜 사람들은 힘을 개인적인 소유물로 여기는 것일까? 이는 우리가 힘을 개인의 것으로 국한하는 경향이 있기 때문이다. 어떤 나라든 그 역사를 들추어 보면 국가의 방향과 대중의 운명을 결정하는 핵심적 인물, 곧 '위대한 사람'이 등장한다.[26] 1970년대 심리학자 리 로스Lee Ross가 정립한 '기본적 귀인 오류'라는 개념은 이러한 토대 위에 탄생했다. 즉 기본적 귀인 오류란 개인의 행동을 특정 상황의 요인보다 개인의 본질적 특성으로 설명하는 편견을 일컫는다.[27] '위대한 사람'에 대한 언론 보도나 전기, 영화 등은 해당 인물이 힘을 소유하고 업적을 성취하는 것이 아주 자연스러운 과정이라는 생각을 고착화한다.

그러나 이런 오해는 아주 위험하다. 이는 자칫 개인의 힘이 영원하며 절대 추락하지 않는다는 환상으로 이어질 수 있기 때문이다. 이때 자만심이 파고든다. 그러나 서양 속담에서도 언급하듯 자만심은 패망으로 가는 지름길이다.[28] 상대적으로 힘이 약한 사람들은 힘이 강한 사람들에 대해 자신들이 넘어설 수 없는 뭔가를 갖고 있다고 생각한다. 그래서 매사에 수동적인 태도를 보인다. 힘이 없어 아무것도 할 수 없다는 생각에 갇혀 버린 것이다.

힘의 기본적인 원칙을 이해하고 나면 이런 오류가 틀렸음을 쉽게 알 수 있다. 먼저, 힘은 그 누구도 소유할 수 없다. 상대방에 대한 나의 힘은 상대방이 무엇을 원하고 필요로 하는지, 그것에 대한 접근을 내가 통제할 수 있는지에 좌우된다. 반대의 경우도 마찬가지다. 내가 가치 있게 여기는 것을 상대방이 얼마나 통제할 수 있느냐에 따라 상대방이 나에게 행사할 수 있는 힘의 정도가 달라진다. 따라서 힘이란 오직 관계 안에서만 존재한다. 관계를 벗어나면 힘이 세고 약하다는 것 자체가 성립하지 않는다. 요컨대 힘이란 관계의 당사자가 서로의 행동에 영향을 미칠 수 있는 능력인 셈이다. 그래서 힘 자체로만 놓고 보면 선하지도 악하지도 않다. 그것을 어떤 식으로 행사하느냐는 전적으로 우리 자신에게 달려 있다.

힘은 더러울 수 있다
하지만 꼭 그럴 필요는 없다

"당신의 의도를 감춰라."

"남들이 당신을 위해 일하게 하라. 단 책임은 늘 직접 져라."

"선택적 관용과 정직으로 피해자를 설득하라."

"친구처럼 대하되 첩자처럼 일하라."[1]

위 내용은 1998년 로버트 그린Robert Greene이 쓴 《권력의 법칙*The 48 Laws of Power*》에 등장하는 말이다. 이 책은 당시 베스트셀러에 오르며 큰 인기를 끌었다. 사람들은 대부분 권력을 더러운 것으로 간주한다. "목적은 의미를 정당화한다" 혹은 16세기 니콜로 마키아벨리가 정치 논문 《군주론》에서 "사랑 받는 것보다 두려움의 대상이 되는 편이 훨씬 안전하다"라고 말한 것 역시 같은 맥락에서 이해할 수 있다.

이때 마키아벨리는 우리가 한 가지 잊고 있는 게 있다며 다음과 같이 기술했다. "군주는 신중한 태도와 인간애를 겸비한 온화한 태도를 유지해야 한다. 지나친 자신감으로 경솔해서도, 지나친 의심으로 불안해해서도 안 된다."[2] 마키아벨리가 언급한 군주에게도 인간애가 담겨 있다면, 군주의 잔혹한 면모에 매료되는 이유는 무엇일까? 우리 인간은 '부정성 편향'이라는 특징을 갖고 있다. 즉 긍정적인 사건이나 대상, 특징보다 부정적인 것에 더 집중하면서 강하게 반응하는 것이다.[3]

그러나 힘을 단순히 착취나 조종의 대상으로만 묘사할 경우 중요한 본질을 놓치게 된다. 힘은 그 자체로는 본래 도덕적이지도 비도덕적이지도 않다. 역사의 수많은 사례에서 나타나듯 힘은 악한 목적으로 사용될 수 있지만 선한 목적으로 사용될 수도 있다. 힘이 우리 손에서 더러워지느냐의 여부는 그것을 어떤 목적으로, 어떻게 얻어 사용하느냐에 전적으로 달려 있다. 따라서 힘에 관한 한 우리는 다음 세 가지 윤리적 결정의 순간과 마주한다. 힘을 얻을 것인가, 어떻게 얻을 것인가, 무엇을 위해 사용할 것인가.

힘을 얻는다는 것은 특정 행동을 취함으로써 변화를 유도할 수 있는 역량을 얻는다는 것을 의미한다. 이 같은 맥락에서 미국 공동체 조직운동가 겸 정치활동가 솔 앨린스키Saul Alinsky는 "힘은 생명의 본질이자 동력"이라고 설파했다.[4] 또 영국 철학자 버트런드 러셀Bertrand Russell은 "힘은 사회과학의 기본 개념으로 물리학의 기본 개념이 에너지인 것과 같다"고 말했다.[5] 실제로 힘을 얻는다는 것은 특정 목표를 추구하는 데 있어 필수적이다. 리아의 사례에서 살펴본 것처럼 다른 사람들로 하여금 긍정적인 변화를 끌어내려면 그들에게 영향력을 미칠 수 있어야 한다. 본질적으로 도덕적이지도 비도덕적이지도 않은, 있는 그대로의 힘을 관찰하면서 우리는 그것을 책임 있게 사용할 준비를 해야 한다. 이를 위해서는 힘을 맛봄으로써 느낄 수 있는 중독성을 극복하는 동시에 그것을 남용하지 않고 적절히 사용할 수 있는 구체적인 방법을 배워야 한다.

권력에 도취 • ⋯⋯⋯⋯⋯⋯⋯⋯⋯⋯⋯⋯⋯⋯⋯⋯⋯⋯⋯⋯⋯⋯⋯⋯⋯

미리암 라이클스Miriam Rykles는 폴란드(지금의 리투아니아) 빌니우스에서 태어났다. 제2차 세계대전 당시 10대 소녀였던 미리암[6]은 가족 중 유일하게 홀로코스트에서 살아남았다. 그녀는 나치 수용소에서 지옥 같은 2년을 보내며 남용된 힘이 초래한 끔찍한 결과를 누구보다 가까이에서 지켜보았다. 잔혹한 이들의 손에 통제 불능의 힘이 주어지면, 그 힘은 수많은 생명을 파괴하는 동시에 인간을 인간답게 만드는 모든 것을 앗아 간다. 지독한 경험으로 이 사실을 몸소 깨우친 미리암은 어떤 순간에도 권력이 주는 달콤함에 취하는 일은 결코 없을 것이라고 확신했다.

이후 미리암은 30대에 하버드대학교 물리학과의 행정 조교로 일하며 보스턴에 정착했다. 한번은 사촌 엘우드Elwood의 초대로 런던을 방문한 적이 있다. 전쟁 발발 전, 엘우드는 식당 서빙 일을 하며 대학에서 사회주의를 전공하던 고학생이었다. 하지만 이후 변호사가 되어 유명 할리우드 스타는 물론 전 세계 유명인사의 변호사로 활동하며 큰돈을 벌었다. 그렇게 태평양 건너편에 살고 있던 엘우드는 경제적 상황 또한 미리암과 엄청난 거리가 있었다.

어느 화창한 목요일 아침, 엘우드의 기사 노엘은 고급 리무진으로 미리암을 태워 미술관 투어에 나섰다. 첫 번째 목적지는 테이트 미술관이었다. 미리암은 당시를 이렇게 회상했다. "노엘이 미술관 입구에 차를 세우고 리무진 문을 열었죠. 내가 내리자 사람들은 하나같이 목을 길게 빼고 누가 나오는지 바라보더군요. 사람들 무리 속을 걸어가며 이런 생각이 들었어요. '모두 나를 특별한 사람으로 생각하는군!' 하지만 어쩐지 그 생각이 제 안에 깊이 스며들진 않았어요. 미술관 곳곳을 둘러보며 그저 즐거운 시간을 보냈죠." 미리암은 그렇게 기사를 대동한 채 꼬박 한나절을 미술관에서 보냈다. 어느덧 점심시간이 되어 미리암은 노엘에게 함께 식사할 것을 제안했다. 하지만 노엘은 한사코 거절했다.

저녁시간이 가까워 오자 날씨가 쌀쌀해졌다. 미리암은 말을 계속 이어 나갔다. "트라팔가르광장을 거쳐서 갔어요. 사람들은 부슬비를 피하려고 몸을 잔뜩 움츠린 채 빨리 걷고 있었죠. 유리창 너머로 그 모습을 보는데 저는 마냥 따뜻하고 편안했어요. 우리를 지나쳐 가는 그들에게 딱히 관심이 가지 않았죠. '저들은 저들이고 나는 나야. 나는 따뜻한 차 안에 있는데, 저 사람들은 추운 바깥에 있네.' 이런 생각이 들더라고요. 그 순간만큼은 제가 우월한 것처럼 느껴졌어요."

힘이 주는 안락함에 도취 되는 것, 이를 통해 다른 사람에게 관심이 없어지는 건 아주 일반적인 현상이다. 아주 잠깐이었지만, 힘과 특권을 경험해 본 미리암은 이를 두고 이렇게 설명했다. "그런 특권을 태어나면서부터 갖고 있거나 꽤 오랜 시간 경험해 본 사람이라면 내가 그날 느꼈던 감정을 항상 느끼며 살겠다는 생각이 들었습니다. 당사자는 그런 감정을 느끼는지조차 모를 테지만요! 저는 그곳에 딱 하루 있었습니다. 고작 하루 머물렀는데 그런 감정을 느낀 겁니다. 저는 인간에게는 선과 악이 공존한다는 것, 그래서 시민사회를 보호하려면 악한 면이 억제되도록 늘 주의해야 한다는 것을 누구보다 잘 아는 사람입니다. 그런 제가 단 하루의 경험만으로 특권의식을 마주하다니 순간 덜컥 겁이 났습니다. 결국 순간의 경험이라도 누구나 그런 감정을 느낄 수 있다는 겁니다."

힘, 자기집중력 그리고 자만심 •

미리암의 경험은 인류 역사에서, 또 심리학에서 이미 검증된 사실이다. 즉 힘을 얻고 나면 으레 다른 사람에 대한 존중과 공감 능력이 줄고, 자기중심적으로 생각하게 된다. 동시에 충동성이 강해지고 나는 뭔가 특별하다는 생각이 파고든다.[7]

행동심리학자들은 아주 잠시나마 내 힘을 다른 사람의 힘에 비추어 보는 것이 상당한 영향력이 있음을 입증했다. 한 실험에서 연구자들은 참가자들에게 자신의 힘을 미국에서 가장 큰 부와 명성을 가진 이들에게, 혹은 반대로 부나 명성과는 거리가 먼 소외된 이들에게 비춰 보라고 요청했다. 그리고 나서 자신의 힘의 크기가 1부터 10까지 중 어느 정도로 느껴지는지 표시하도록 했다. 그 결과 강자층에 힘을 비춰 본 이들은 상대적으로 자신은 힘이 없다고 느끼며 낮은 점수에 표시했다. 반대로 약자층에 비춰 본 이들은 상대적으로 강한 힘을 느끼며 비교적 높은 점수에 표시했다. 이후 참가자들은 눈에서 마음 읽기Reading the Mind in the Eyes Test, RMET 검사[8]도 진행했다. 이 검사는 눈 주위만 잘라 낸 사진을 제시하여 사람의 감정을 읽어 내도록 요청함으로써 공감 능력을 평가하는 것이다. 앞서 자신의 힘을 높은 점수에 표시한 사람들은 낮은 점수에 표시한 사람들보다 RMET 검사 결과가 훨씬 낮게 나왔다.[9] 즉 상대방의 감정을 읽어 내는 능력이 현저히 떨어졌다. 힘에 대한 경험이 다른 사람의 감정에 둔감하게 만든 것이다.

이처럼 힘을 경험하는 것은 심리학자들이 말하는 '자기집중력self-focus'을 증가시키는 것 외에도 자신감을 높이는 경향이 있다. 사회적으로 높은 위치에 있다는 생각은 행복지수도 높인다.[10] 그래서 몇몇 연구 결과 힘을 가진 사람들은 심지어 고통까지 잘 이겨 낼 뿐 아니라[11] 스트레스 상황에서도 심장박동수가 비교적 낮은 것으로 나타났다.[12] 이런 감정은 꼭 필요한 상황에서 위험을 기꺼이 감수하도록 장려한다.[13] 그러나 자만심에 가득 차 아무것도 보이지 않을 때는 매우 위험할 수 있다.

고대 그리스 신화에는 이 같은 자만심, 혹은 과도한 자부심이나 자신감의 위험성을 경고하는 다양한 비극적 사례가 등장한다. 고대 그리스 사람들은 자만심을 신을 진노케 하는 성격적 결함으로 간주했다.[14] 이카로스Icarus의 비극이 대표적이다. 그의 아버지 다이달로스Daedalus는 아들 이카로스가 크레타 섬에서 빠져나올 수 있도록 새의 깃털과 밀랍으로 날개를 만들어 달아 주었다. 단 너무 높거나 낮게 날아서는 안 된다고 경고했다. 너무 높게 날면 태양열에 밀랍이 녹아 내리고, 너무 낮게 날면 바닷물에 깃이 젖어 버리기 때문이었다. 그러나 거대한 날개를 들어 올리며 마치 신이 된 듯한 기분에 도취된 이카로스[15]는 아버지의 경고를 무시했다. 태양 바로 아래까지 높이 날아오른 이카로스는 결국 바다로 떨어져 죽고 말았다.

양손에 힘을 가득 쥐고서 태양 가까이 날아오르고 싶은 유혹을 뿌리칠 수 있는 사람이 과연 몇이나 될까? 사람이 힘을 갖게 되면 그 무엇도, 어떤 누구도 자신에게 저항할 수 없다는 생각에 사로잡힌다.

행동심리학에서 진행된 각종 연구 결과, 힘을 많이 가진 사람일수록 실제보다 자신이 한 행동의 결과를 더 많이 통제할 수 있다고 믿는 것으로 나타났다.[16] 이와 관련한 대표적인 연구를 살펴보자. 이 실험에서 한쪽 참가자들에게는 꽤 많은 힘을 갖고 있던 시기에 대해 써 볼 것을, 다른 한쪽 참가자들에게는 힘이 없던 시기에 대해 써 볼 것을 주문했다. 이후 모든 참가자에게 주사위를 주고, 주사위를 던졌을 때의 결과를 가장 잘 예측한 사람에게 금전적 보상을 하겠다고 약속했다. 그러면서 주사위를 직접 던질 것인지, 연구진이 대신 던지도록 할 것인지 물었다. 그 결과 강력한 힘을 갖고 있던 시기에 대해 기술했던 참가자들은 모두 직접 주사위를 던지겠다고 답했다. 반면 미약한 힘을 갖고 있던 시기에 대해 기술했던 참가자들은 58%만 직접 던지겠다고 말했다. 요컨대 힘을 가진 경험을 떠올리는 것만으로도 우리는 자신의 능력을 과대평가하는 셈이다. 심지어 주사위 던지기에 의한 무작위 결과까지 스스로 통제할 수 있다고 믿을 정도로![17] 힘을 가졌던 경험을 단 몇 분 동안 생각하는 것만으로도 이럴 진대 최고의 자리에서 수년간 힘을 행사한 사람들의 심리 상태는 어떤 모습일지 상상이나 할 수 있겠는가?

지난 30여 년간 닉슨, 포드, 레이건, 클린턴까지 역대 미국 대통령 4명의 자문위원을 역임한 데이비드 게르겐David Gergen[18]은 권력자들에게 지금 가진 그 권력이 결코 영원하지 않다는 사실을 일깨워주는 것의 중요성을 누구보다 잘 알고 있다. 최고 권력자의 바로 옆에서 그는 자만심이 싹트는 현상을 수없이 지켜보았다. 특히 재선에 성공한 대통령의 경우 자신이 마치 '전 세계의 주인'이 된 듯한 착각에 사로잡힌다. 지난 2012~2017년 프랑스 대통령을 역임한 프랑수아 올랑드[19] 전 대통령은 당선 이후 이러한 위험성을 직감했다. 그는 대통령 재임 시절 가장 힘들었던 점으로 자만심에 빠질까 봐 스스로 늘 경계했던 점, 그리고 자신이 지명한 관료들이 자만심에 빠진 상황을 목도했을 때라고 언급했다.

비단 대통령이나 국회의원, 대통령 지명자들만 자만심으로 행동이 변하는 게 아니다. 미리암의 사례에서 살펴봤듯 자만심에 빠질 위험은 누구에게나 존재한다. 그리고 더 많은 힘을 가질수록 그 힘을 남용할 위험은 더 커진다. 1887년 영국 역사가 겸 가톨릭 신자 액튼Acton 경은 영국 성공회 맨델 크라이튼Mandell Creighton 주교에게 서신을 보내 역사가들이 과거를 어떻게 평가하는지에 대해 설명하며 다음과 같이 언급했다. "권력은 부패하게 마련이다. 절대 권력은 절대적으로 부패한다." 그러면서 도덕적 기준은 모두에게 똑같이 적용돼야 할 뿐 아니라 권위자에게는 더욱 엄격하게 적용돼야 한다고 일침을 가했다.[20] "교황이나 왕은 잘못된 행동을 하지 않는다는 가정하에 일반 사람과 다른 기준으로 판단해야 한다는 당신의 논리를 받아들일 수 없습니다. 오히려 더 많은 힘을 가진 자일수록 더 많은 잘못을 저지를 수 있다는 생각으로 접근해야 합니다."

액튼 경이 지적했듯 절대 권력은 절대적으로 부패한다. 한 가지 재미있는 사실은 힘이 없는 사람은 이런 논리를 잘 알면서 힘을 더러운 것으로 생각한다. 그러나 힘이 있는 사람들은 이런 생각을 거의 하지 않는다. 이들은 도덕적 불순함을 느낄 가능성이 적기 때문이다. 그 이유를 살펴보자.

힘은 내가 선한 사람이라고 느끼게 한다 • ⋯⋯⋯⋯⋯⋯

펜과 종이가 있는가? 아니면 휴대폰이라도? 뭔가 쓸 것을 갖고 있다면 아래 영어 단어의 빈칸을 최대한 빠르게 채워 보자.

W _ _ H
F _ O _
SH _ _ ER
B _ _ K
S _ _ P
PA _ _ R

자, 이제 완성한 단어를 살펴보자. 이들 단어 중 씻는 것과 관련된 단어가 몇 개인지 세어 보자. shower(샤워)? soap(비누)? 이런 단어가 하나라도 들어 있는가? 아니면 두 개? 세 개? 숫자가 중요하다. 여러분이 완성한 단어가 도덕적 불순함에 대한 여러분의 무의식적 감정을 직접적으로 나타내기 때문이다.

이는 도덕 심리학에서의 각종 연구를 통해서도 이미 증명된 사실이다. 도덕적으로 불순하게 행동한 사람들은 자신의 수치심을 상징적으로 표출함으로써 자신의 행동으로 초래된 도덕적 불순함을 물리적으로 씻어 내고자 한다.[21] 윌리엄 셰익스피어의 비극《맥베스》에서 맥베스의 부인 레이디 맥베스는 이렇게 소리쳤다. "이 빌어먹을 자리에서 나가! 당장!" 레이디 맥베스는 던컨 왕을 살해하고 남편 맥베스를 왕위에 앉히려는 계획을 세운다. 그러나 살인에 대한 죄책감으로 결국 남편을 부추겨 왕을 죽이도록 한다. 자신의 손에 피를 묻히는 건 가까스로 피했지만 끔찍한 핏자국만큼은 그녀의 뇌리에 아주 선명하게 박혔다.[22]

도덕적 불순함을 일부러 느끼고자 살인을 방조할 필요는 없다. 또한 wish(소원), shaker(셰이커), step(단계) 같은 중립적인 단어 대신 wash(세탁), shower(샤워), soap(비누) 같은 씻는 것과 관련된 단어를 완성할 필요도 없다. 이번 장은 '권력은 더럽다'는 사람들의 생각을 다루고 있기 때문에 여러분의 머릿속에 씻는 것과 관련된 단어가 좀 더 쉽게 떠올랐을 것이다. 권력에 관한 한 도덕적으로 역겹다는 생각과 바로 연결되기 때문이다. 그렇다면 인맥 관리를 예로 들어 보자. 인맥 관리는 대부분이 하는, 직업적으로 지극히 합법적인 활동이다.

　여러 연구에서 직업인 수백 명을 관찰한 결과 단순히 새로운 친구를 사귀기 위한 사회 활동을 연상할 때보다 경력 개발 및 실적 향상을 위한 인맥 관리를 연상할 때 씻는 것과 관련한 단어가 더 많이 떠오르는 것으로 나타났다. 인맥 관리와 관련해 우리가 도덕적으로 불순하다고 느끼는 건(대부분 무의식) 그 안에 숨겨진 이기적인 목적 탓이다. 직업적인 이유로 인맥을 관리할 때는 대개 나의 이익이 목적이 된다. 각종 정보나 취업의 기회, 새로운 고객처럼 내게 도움이 되는 가치 있는 자원을 확보하기 원한다. 그래서 내 행위가 상대방을 착취하고 있다는 생각을 하게 된다.[23] 반대로 단순히 우정을 위해 교류할 때는 나와 상대방 모두에게 도움을 주는 데 목적이 있으므로 내 행위가 이타적이라는 생각을 하게 된다.

　이타적 행동이 주는 도덕적 가치는 힘을 가진 사람들이 오직 자신에게 소중한 자원 획득만을 목적으로 인맥 관리를 하면서도 권력의 속성을 더럽게 느끼지 않는 이유가 된다. 개념 정의에 따르면 힘이 있다는 건 다른 사람이 가치 있게 여기는 대상을 통제할 수 있다는 뜻이다. 따라서 힘이 있다고 느끼는 사람들은 상대방으로 하여금 그들이 원하는 것에 접근할 수 있는 권한을 줌으로써 그들에게 혜택을 제공할 수 있다. 따라서 확신을 갖고 인맥을 관리할 수 있는 것이다. 즉 이들에게는 인맥 관리로 상대방을 착취한다는 생각이 전혀 없다. 그렇다고 힘 있는 사람들이 늘 나눠 주기만 하는 건 아니다. 자원 획득에 관해서도 늘 관대한 건 아니다. 우리는 모두 얼마쯤 이기적인 탓이다. 그러나 힘 있는 사람들은 인맥 관리를 지극히 이타적이고 선한 것으로 정당화한다. 자신은 그만큼 기여할 가치가 크다고 생각하기 때문이다.

따라서 힘은 이기심에 대한 도덕적 거리낌 없이 원하는 가치를 마음껏 추구할 수 있도록 우리를 해방시킨다. 이러한 내용은 북미 지역의 대형 법무법인 변호사들을 대상으로 한 연구에서 분명히 입증됐다. 연구 결과 팀 전체의 성과 향상을 목표로 팀원 간에 고객 관련 정보를 적극적으로 공유한 변호사들은 본인의 경력 개발과 성공에만 초점을 맞춘 변호사들보다 훨씬 청렴하다고 느끼는 것으로 나타났다.[24] 이렇듯 팀 위주로 활동하는 변호사들은 인맥 관리 역시 더 럽고 부정한 행위로 여기지 않았다. 그래서 더 자주, 더 많은 고객과 소통하며 인맥 관리의 효용성을 입증했다. 그런데 한 가지 문제가 있었다. 사람들과 가장 활발하게 소통하는 쪽은 주로 선임 변호사들이었다. 반면 고객 확보나 인맥 동원을 목적으로 한 소통 행위에 가장 큰 거부감을 느끼는 쪽은 새내기 변호사들이었다. 이들은 사내에서 가장 힘이 약해서 누구보다 적극적인 소통이 필요했지만, 자신들은 상대방에게 줄 수 있는 게 없다고 생각했다.[25] 이를 통해 기존의 권력 서열이 어떻게 지속하는지를 쉽게 알 수 있다. 즉, 힘이 있는 자는 아무런 거리낌 없이 자신이 가진 힘을 이용해 더 많은 힘을 얻는 반면, 힘이 없는 자는 필요한 자원을 직접 나서서 찾는 데조차 상당한 거리낌을 느끼는 것이다.

힘과 도덕성: 딜레마? • ┈┈┈┈┈┈┈┈┈┈┈┈┈┈┈┈┈┈┈┈┈

힘을 갖지 않고 영향력을 행사하겠다는 건 마치 에너지원 없이 전기를 생산하겠다는 것이나 다름없다. 그만큼 불가능한 일이다. 앞서 살펴봤듯, 힘을 갖게 되면 자기중심적으로 생각하며 오만하게 행동하기 쉽다. 심지어 그 힘을 이타적인 목적으로 사용할 때도 마찬가지다. 그렇다면 이 말은 도덕성을 잃지 않고 힘을 행사하기란 불가능함을 뜻하는 것일까? 브라질 리우데자네이루 라고아 지역의 한 공립병원에서 빈곤층 여성과 아동 환자를 돌보던 베라 코르데이루 Vera Cordeiro 박사[26]는 이런 딜레마적 상황에 부딪쳤다.

짧게는 수 개월에서 길게는 수 년 동안 치료를 해도 빈곤층 아이들은 좀처럼 완치가 어려웠다. 병원도 수없이 오갔다. 민간병원에서 치료를 받았다면 대부분 쉽게 치료되었을 병이었지만 코르데이루 박사의 환자들에게는 사형선고나 다름없었다. 민간병원 환자들은 안정된 직업을 갖고 있어 위생 및 영양 상태가 비교적 우수했지만, 공립병원 환자들은 사정이 달랐다. 안정된 소득이 없어 제대로 먹지 못하고 이것이 질병으로 이어지는 악순환이 계속되고 있었다. 이 같은 현실에 분노한 코르데이루 박사는 1991년 인스티튜토 다라The Instituto DARA라는 비영리단체를 설립했다. 빈곤층 질병의 악순환의 고리를 끊고자 당시로서는 아주 혁신적인 방법을 사용했다. 병원에 온 아이들에게 단순히 약만 주는 게 아니라 아이들의 가정이 제 기능을 할 수 있도록 부모의 취업을 돕고, 다른 가족 구성원의 건강 상태까지 관리해 주었다.[27]

그러나 이에 필요한 자금 마련은 쉽지 않았다. 처음에는 코르데이루 박사의 개인 물품을 팔아 충당하면서 대부분은 가족이나 친구들의 지원에 의존했다. 하지만 그것도 오래가지 못했다. 단체 내 정규직 직원들의 숫자가 늘면서 코르데이루 박사는 돈 있고 힘 있는 자들의 지원을 더 이상 피해 갈 수 없음을 깨달았다. 그때까지만 해도 코르데이루 박사에게 힘 있는 자들이란 멋진 스포츠카를 타고 리우데자네이루의 고급 주택가를 누비는 사람들, 혹은 외국에서 호화로운 휴가를 보내는 부패한 정치인들이라는 부정적 인식이 강했다. 요컨대 그녀에게 힘은 곧 탐욕과 부패의 상징이었다. 코르데이루 박사는 힘 있는 자들에 속하지도, 이런 자들과 어울리고 싶지도 않았다. 하지만 자신이 설립한 비영리단체를 제대로 운영하고 그 영향력을 확대해 가려면 힘 있는 자들의 지원이 반드시 필요했다. 이후 코르데이루 박사와 그의 동료들은 개인과 단체는 물론 일반 대중으로부터의 모금 활동에 적극적으로 나섰다. 그러면서 언론과의 접촉을 늘리고, 브라질뿐 아니라 전 세계 기업인들과의 네트워크 확대에 주력했다. 이후 인스티튜토 다라의 적극적인 활동에 온갖 찬사가 쏟아졌고, 다라는 브라질에서 가장 유명한 비영리단체 중 하나로 성장했다. 2016년에는 단체에서 직접 지원하는 빈곤층 숫자만 7만 명에 달했다.[28]

이 과정에서 코르데이루 박사는 그토록 터부시하던 힘이라는 것을 한결 편안하게 대할 수 있게 되었다. 힘 있는 사람들과 소통하는 것이 더 이상 불편하지 않았다. 그러면서 자신 또한 어느새 적잖은 힘을 가진 사람이 되었음을 깨달았다. 국내외적으로 수많은 인사와 인맥을 형성했고, 세계경제포럼^{WEF} 같은 국제회의에 연사로 나서기도 했다. 이런 무대는 새로운 기부자를 확보할 수 있는 곳이기도 했다.

그러던 어느 날, 코르데이루 박사는 함께 일하는 동료와 가족들에게 전혀 뜻밖의 이야기를 들었다. 동료들은 그녀가 회의에서 자꾸 다른 사람의 말을 끊고 충분한 발언 기회를 주지 않는다고 불평했다. 여기에 딸은 그녀가 각종 행사나 시상식 참석에 유난히 집착하는 것 같다고 지적했다. 이들의 말에 코르데이루 박사는 순간 흠칫했다. 이제 그녀도 자신의 부와 명성을 위해 점점 더 많은 힘을 원하는 그런 사람이 된 것일까?

과거에 힘을 경계했다고 해서 현재도 힘을 남용할 가능성이 없는 건 아니다. 과거 코르데이루 박사는 그토록 힘을 터부시하며 사회적 기업가로서 오직 빈곤 퇴치에만 앞장섰지만, 점점 커지는 힘을 경험하면서 그녀도 조금씩 변화해 갔다. 이를 통해 우리는 누구나 예외 없이 힘이 주는 중독의 효과에 취약하다는 사실을 알 수 있다. 그렇다면 여기서 중요한 것은 힘에 대한 인식, 곧 힘은 더럽고 오만함과 이기심의 발로라는 비난을 피할 수 있도록 힘에 대해 균형 잡힌 시각을 형성하는 것이다. 이를 위해서는 개인의 성장과 함께 사회 구조적 발전, 곧 힘을 행사하는 상황이 작동하는 방식 모두에 변화가 필요하다. 사회과학 및 신경과학, 철학에서 얻은 여러 통찰이 두 가지 변화를 위한 길잡이 역할을 할 것이다.

힘에 대한 균형 잡힌 인식 형성을 위한 방법: 공감과 겸손 역량 기르기 • ┈┈┈┈┈┈┈┈┈┈

힘에 대해 균형 있는 시각을 형성하는 건 하루아침에 완성되지 않는다. 여기에는 우리의 생각뿐 아니라 감정이 작용하기 때문이다. 이를 위한 첫 번째 단계는 '힘은 더럽다'라는 생각에서 벗어나 특정 대상이나 상황을 변화시킬 수 있는 에너지원으로서 힘의 잠재력을 이해하는 것이다. 이에 대해서는 앞서 몇 가지 사례를 통해 살펴보았다. 이후 두 번째 단계는 누구나 다른 사람에게 도움이 되는 가치 있는 자원을 갖고 있음을 인식하는 것이다. 이 자원이 곧 다른 사람의 행복 증진에 사용될 수 있는 힘인 셈이다. 이 같은 두 가지 인식 단계는 우리가 선의의 목적으로 힘을 사용하도록 돕는다. 실제로 관련 연구 결과, 자신이 가진 힘을 이타적 목적으로 사용하는 사람은 힘을 더 가치 있게 느끼며 더 좋은 성과를 내는 것으로 나타났다.[29] 하지만 여기에도 위험성이 전혀 없는 건 아니다. 힘을 행사하는 동기나 행동을 나 자신의 이익과 전혀 상관없는, 지극히 도덕적인 것으로 간주하며 스스로를 설득할 위험도 존재한다. 실제로는 그렇지 않으면서 말이다.[30] 앞서 코르데이루 박사의 사례에서 살펴봤듯 아무리 선한 의도로 힘을 얻고 행사한다고 해도, 일단 힘을 얻게 되면 으레 자기중심적 생각과 자만심에 취하게 마련이다. 하지만 이 같은 위험은 공감 역량(자기중심적 생각에 대한 해독제)과 겸손 역량(자만심에 대한 해독제)을 기름으로써 얼마든지 극복할 수 있다.

공감 역량 기르기

다이애나 왕세자빈은 여러 가지 면에서 영국 왕실의 규범을 깬 인물로 유명하다. 특히 두 아들 윌리엄^{William}, 해리^{Harry} 왕자의 양육 방식은 유독 남달랐다. 아이들에 대한 애정을 공개적으로 가감 없이 표현하며 공적인 업무 수행을 위한 여행에도 늘 데리고 다녔다. 과거 영국 왕실의 전형적인 어머니상보다 훨씬 따뜻하고 온화한 모습을 보여 주었다. 그녀의 이 같은 관습 파괴는 비단 왕자들과의 소통 방식에만 국한되지 않았다. 다이애나는 아이들의 공감 능력을 길러 주고자 에이즈^{AIDS} 환자처럼 매우 어려운 상황에 처한 이들을 방문할 때 늘 두 아들을 데리고 다녔다. 그야말로 전례가 없는 일이었다. 왕자들과 동행하는 이유에 대해 질문을 받으면 그녀는 이렇게 대답했다. "저는 제 아이들이 다른 사람의 감정과 불안, 아픔, 희망과 꿈을 이해하는 사람으로 자라길 바랍니다."[31]

다이애나 왕세자빈의 이 같은 접근 방식은 아이들을 자신과 다르게 살아가는 사람들에게 정기적으로 노출해 그들을 감정적으로 이해할 기회를 제공함으로써 공감 능력을 개발할 수 있다는 믿음에 기초한다. 실제로 신경과학 및 심리학의 각종 이론은 다이애나의 이러한 방법론을 뒷받침한다. 해당 이론에 따르면 비단 아이들뿐 아니라 성인들도 타인의 삶에 지속적으로 노출되면 공감 능력이 한층 개발된다.

신경과학을 통해 우리 뇌는 역동적인 시스템을 갖고 있어 각종 환경 자극에 끊임없이 변화하고 적응한다는 사실이 입증됐다.[32] 이 같은 뇌가소성 이론은 공감 능력 발달에 관한 선구자적 심리학 연구 내용과 일치한다. 해당 연구에 따르면, 공감 능력은 타고나거나 그렇지 않은 고정된 특성이 아니라 얼마든지 쌓고 강화할 수 있는 역량이다.[33] 그리고 그것을 강화하는 방법은 아주 쉽고 간단하다. 예를 들어, 다른 사람이 병으로 아파하는 이야기를 들려주고 그 질병이 그 사람의 삶에 어떤 영향을 미쳤는지 상상해 보도록 하면 된다. 그렇게 되면 비단 이야기의 주인공뿐 아니라 같은 질병으로 고통 받는 모든 사람에게 좀 더 깊이 공감할 수 있다.[34] 나아가 단순히 이야기를 통해 다른 사람의 상황을 접하는 대신 가상현실VR 기술을 활용하면 그들의 경험을 훨씬 생생히 들여다볼 수 있어 공감 능력도 더 크게 향상된다.[35]

그렇다고 과학 기술을 활용하는 것이 유일한 방법은 아니다. 다른 사람의 현실에 더 깊이 개입할수록 공감의 폭도 더 깊어진다. 주요 고객이나 투자자와의 점심 식사가 주요 일과인 경영진보다는 말단 신입사원이 영업사원이나 노동자층의 노고를 더 깊이 이해할 수 있다. 또 남부러울 것 없이 곱게 자란 대학생들이 여름방학에 패스트푸드점에서 아르바이트를 하다 보면 사회적 계층과 서열이 무엇인지, 또 최저임금으로 살아가는 이들의 삶이 얼마나 고된지 직접 느낄 수 있다. 은행 간부는 지역 내 학교나 노숙자 쉼터에서 봉사를 함으로써 금융기관의 사회적 역할에 대해 다시금 생각해 볼 수 있다.

이를 통해 우리는 공감 능력을 제대로 키우려면 다른 사람의 입장이 되어 봐야 한다는 사실을 알 수 있다. 한 가지 놀라운 사실은, 공감 능력 결여와 자기중심적 사고라는 두 가지 특징으로 대표되는[36] 사이코패스조차 다른 사람의 입장이 되어 보는 경험에 반응한다는 점이다.[37] 실제로 한 신경심리학 연구에서 사이코패스 범죄자들에게 피해자의 고통에 주목해 그들이 어떤 감정을 느꼈을지 상상해 보라고 요청했다. 그러자 사이코패스의 뇌에서도 일반인의 뇌에서와 마찬가지로 고통이 유발되는 현상이 관찰됐다. 공감을 유도하는 방식이 효과를 보인 셈이다. 그러나 그 효과를 일시적인 것에 그치지 않고 꾸준히 유지되도록 하는 일은 그리 간단치 않다.

깊이 있게 지속하는 공감 능력을 기르기 위해서는 그저 일시적으로 다른 사람의 입장이 되어 보는 것만으로는 부족하다. 관심의 초점을 자기 자신에서 상호의존이라는 개념으로 완전히 이동해야 한다. 이때 상호의존에 대한 개념을 알고 그 가치를 충분히 인식하는 과정도 필요하다. 심리학자들은 이러한 변화를 자기 정의의 관점에서 설명한다. 즉 사람들은 자기 자신을 다른 사람과 분리된 독립적인 존재로 보거나 다른 사람과 연결된 상호의존적인 존재로 볼 수 있다는 것이다.[38] 후자의 경우 '나,' '나의' 같은 독립적인 대명사가 주어인 이야기 대신 '우리,' '우리의' 같은 상호의존적인 대명사가 주어인 이야기를 읽도록 함으로써 비교적 쉽게 자극할 수 있다.[39] 이처럼 자기 자신을 보는 관점은 유연하다. 그리고 어쩌면 당연하게 나 자신을 상호의존적 존재로 볼 때 더 많은 공감과 협력, 이타심이 생겨난다.

자아의 발달은 궁극적으로 개인의 인식과 연결, 책임의 범위를 확대하는 것이다. 이런 발달 과정에 별다른 문제가 없는 한 인간은 자기중심적인 모습에서 벗어나 가족과 지역사회, 국가, 궁극적으로는 전 인류와 상호의존적인 모습으로 점차 진화해 간다.[40] 8장에서는 우리 사회가 시민들에게 상호의존성을 어떻게 배양하는지, 또 그것이 생성하는 공감 능력을 통해 힘의 부정적 면을 어떻게 억제하고 사회 전체의 번영을 달성해 나가는지 살펴볼 것이다.

공감 능력이 상호의존에 대한 가치를 제대로 인식하는 것에서 출발한다고 믿는 건 비단 사회심리학자들만이 아니다. 불교 사상에서도 모든 것은 서로 의존적이며, 공감과 이타주의는 상호의존에 뿌리를 두고 있다고 설파한다.[41] 이와 함께 자기 자신에게 집중하는 것으로부터 해방되는 효과적인 방법으로 명상 수행을 강조한다. 명상을 통해 우리는 부나 명예, 권력 등 인간이 갈망하는 것들이 어떻게 우리를 강박적으로 나 자신에게만 몰두하도록 유인하는지 객관적으로 들여다볼 수 있다.[42] 이와 더불어 어떤 것도 판단하지 않도록 생각을 훈련하면서 오직 현재에 집중함으로써 파괴적인 갈망을 떨쳐내고, 상호의존성을 인식하며, 이타적으로 생각할 수 있게 된다.[43]

코르데이루 박사 역시 명상 수행을 통해 지나친 자신감과 자기중심적인 생각에서 어느 정도 벗어날 수 있었다. 그녀는 명상의 효과에 대해 이렇게 설명한다. "명상을 통해 동료와 가족에게 좀 더 깊이 공감할 수 있게 되었고, 우리 단체의 사명이 무엇인지 좀 더 분명히 깨닫게 되었다." 공감과 조직의 사명을 연결하는 과정에서 코르데이루 박사는 발전적인 방향으로 힘을 사용하는 데 가장 근본이 되는 깨달음을 얻었다. 즉 모든 사람은 인간 사회라는 넓은 범위에서 하나의 가족이며, 모든 것은 서로 연결돼 있다는 것이다. 이 같은 생각은 미국의 인권운동가 마틴 루터 킹 목사의 중심 철학과도 일맥상통한다. 다음은 그가 남긴 연설 중 일부다. "모든 생명은 서로 연결돼 있다. 우리는 모두 하나의 운명의 옷으로 엮인, 상호관계라는 피할 수 없는 틀에 묶인 존재다. 한 사람에게 직접적으로 영향을 미치게 되면, 간접적으로 모두에게 영향을 미친다."[44] 이러한 상호의존성을 제대로 인식하면 공감은 자연스레 생겨나고, 힘의 관계 또한 투명하게 형성된다.

이렇듯 우리는 나 자신에게만 집중하는 성향을 떨쳐 내려 노력한다. 하지만 때로는 그런 나의 노력과는 비교도 할 수 없는 거대한 사건으로 공감 능력이 자연스레 생겨나기도 한다. 전 세계를 강타한 코로나19 팬데믹이 대표적인 사례다.[45] 이번 팬데믹을 통해 우리는 개인의 힘을 일방적으로 행사하는 것은 무익하며 오히려 역효과를 낼 수 있다는 점을 분명히 확인했다. 그 결과 유럽연합[EU] 27개 회원국은 팬데믹으로 가장 큰 타격을 입은 국가들을 돕기 위해 역사상 유례없는 최대 규모의 경기 부양책을 마련했다. 또 이번 팬데믹으로 그간 과학자들이 끊임없이 언급했던 부메랑 효과, 곧 생태계를 파괴한 결과[46]는 고스란히 인간에게 돌아올 것이라는 경고가 사실임이 입증됐다. 이를 통해 인간과 동물, 환경의 건강을 상호 유기적으로 보는 원헬스one health 접근법의 필요성이 다시 한 번 확인됐다.[47]

팬데믹처럼 인간의 삶을 완전히 바꾸는 경험은 어떤 것도 영원하지 않다는 무상의 개념을 분명히 일깨운다. 이 개념은 오만함이라는, 힘의 또 다른 위험 요인의 효과적인 방어책이다.

겸손 역량 기르기
군사적 승리를 자축하고 개인의 힘을 과시한다는 점에서 로마는 지난 2000년간 서방 군주와 독재자들의 기준점이 되었다.[48] 그러나 일부 역사가는 한 가지 흥미로운 사실을 지적한다. 승리를 자축하며 마차를 타고 가두행진을 벌이는 로마의 모든 장군 뒤에는 "당신이 사람임을 기억하라"라고 속삭이는 노예가 있었다는 것이다.[49] 우리는 영원히 살 수 없고, 승리 또한 잠시 지나가는 것일 뿐이라는 인식은 오만의 위험으로부터 우리를 보호하는 열쇠다. 요컨대 삶이 유한하다는 인식만큼 내게 대적할 자가 없고 나는 과오를 범할 수도 없다는 환상을 약화하는 건 없다는 것이다.

누구나 한 번은 죽는다는 사실을 기억하며 오만을 떨쳐 내려면 과연 어떻게 해야 할까? 어느 정도 힘을 갖고 있을 때든 그렇지 못할 때든 상관없이 말이다. 방글라데시 지방경찰 특임대표인 마시루프 호사인Mashroof Hossain[50]은 로힝야Rohingya 위기 당시 그의 삶을 완전히 바꿔 놓은 경험을 했다. 1982년 미얀마 무슬림 소수집단 로힝야 족은 출생과 함께 시민권이 부여되는[51] 135개 민족집단 목록에서 제외돼 공식적으로 무국적자가 됐다. 이후 최근 몇 년 동안 미얀마 정부의 반란 작전과 함께 민간인 학살과 처형, 영아살해, 각종 범죄조직의 강간, 마을 방화가 이어지면서 로힝야 족 수십만 인구는 미얀마-방글라데시 국경의 난민 수용소로 몰려들었다.[52] 사람이 산다고 믿을 수 없는, 너무나 위험하고 열악한 곳이었다. 7년차 경찰 마시루프는 이곳 국경 상황 관리를 위해 파견되었다.

캠프에서 마주친 수많은 난민 가운데 마시루프는 겸손이 몸에 밴 노인 한 명을 잊을 수가 없었다. 마시루프는 노인이 들려주는 이야기를 즐겨 들었고, 그렇게 둘은 친구가 되었다. 그러던 어느 날,

노인이 미얀마군 장군 출신이라는 걸 알고 마시루프는 깜짝 놀랐다. 마시루프는 그때를 떠올리며 이렇게 말했다. "미얀마에서 군 간부는 왕이나 다름없어요." 하지만 별과 같은 위치에 있던 노인은 하루아침에 권력을 잃고 힘없이 추락했다. 그러면서 마시루프에게 이렇게 조언했다. "오늘은 마치 내가 가장 높은 위치에 있는 것처럼 느낄 수 있어요. 하지만 내일은 그 모든 걸 잃게 될 수도 있습니다."

노인의 말은 마시루프의 머릿속을 묵직하게 울렸다. 이후 마시루프는 순간적으로 오만이 파고들 때마다 노인의 조언을 떠올린다며 말했다. "스스로 강하고 힘 있다는 생각은 마약 같더라고요. 그래서 그런 생각이 들면 장군의 위치에 있다가 하루아침에 모든 걸 잃고 난민 신세가 된 그 노인을 떠올립니다. 이런 일은 누구에게나 일어날 수 있어요. 그래서 어떤 것도 당연하게 여겨선 안 되는 거죠."

오만의 덫에 빠지지 않으려면 겸손해야 한다는 마시루프의 생각은 지극히 옳다. 실제로 몇몇 연구 결과 우리가 겸손한 모습을 보이면 사람들은 우리가 가진 힘이 유지될 수 있도록 돕는 것으로 나타났다. 벌을 받거나 모욕을 당할 두려움 없이 자신의 생각과 의견은 물론 각종 질문이나 실수에 대해서도 자유롭게 이야기할 수 있기 때문이다. 에이미 에드먼슨Amy Edmondson은 이처럼 심리적으로 안전한 환경을 조성하려면 몇 가지 단계를 거쳐야 한다고 언급한다.[53] 먼저 리더는 팀원 간 문제 발생 위험을 차단하기 위해 팀이란 환경적으로 복잡하고, 불확실하며 모호하다는 사실을 일깨워 줌으로써 한 사람이 모든 답을 갖고 있지 않다는 인식을 심어 준다. 이후에는 리더 스스로 자신이 가진 지식의 한계를 인정하고, 자신과 다른 생각이나 의견에 대해서는 적극적으로 질문을 한다. 또 실수나 오류도 깨끗이 인정한다. 그러면서 팀원들도 이 같은 업무 방식을 따르도록 권장한다. 이후 팀원들이 그대로 실천하면 적극적으로 감사의 마음을 전한다. 실수나 잘못은 학습의 기회임을 강조하며 드러내는 것 자체를 감사히 여긴다. 이러한 환경이 제공하는 심리적 안정감은 리더가 자만심을 억제하는 데 도움이 될 뿐 아니라 팀의 혁신과 성과를 향상시킨다.[54] 리더가 겸손한 모습을 보이면 팀원들의 만족도가 향상돼 참여도가 높아지고 궁극적으로 팀에 대한 기여도가 상승한다.[55]

겸손, 곧 자신의 한계를 인정하고 능력과 성취를 정확히 인식하는 태도는 학습에 더 적극적으로 임하도록 장려하며 이타심 및 관대

● **힘을 향한 발전적 경로**

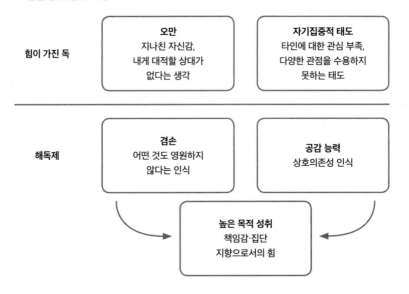

힘이 가진 독	**오만** 지나친 자신감, 내게 대적할 상대가 없다는 생각	**자기집중적 태도** 타인에 대한 관심 부족, 다양한 관점을 수용하지 못하는 태도
해독제	**겸손** 어떤 것도 영원하지 않다는 인식	**공감 능력** 상호의존성 인식

높은 목적 성취
책임감·집단
지향으로서의 힘

함을 증진한다. 또 적극적으로 남을 도울 수 있도록 돕는다.[56] 요컨대 겸손과 공감 능력은 더 높은 목적의 성취를 위해 힘을 사용하도록 장려한다.

지혜 있는 자에게 힘을 맡기는 법 •

힘을 건설적으로 사용하는 방법은 비단 개인의 오만과 자기집중감을 타파하는 데만 적용되지 않는다. 국가 차원에서 국민 개개인이 가진 힘을 누구에게 양도할 것인가를 결정할 때도 중요한 지침으로 삼아야 한다. 국민에게 양도의 권한이 주어진 경우라면 말이다. 앞서 언급했듯, 사이코패스도 공감을 자극하면 순간적으로 그에 반응하는 모습을 보인다. 하지만 우리가 과연 사이코패스에게 힘을 양도해 그가 지혜의 모범이 되길 바라는 것일까? 물론 아니다. 하지만 역사를 돌이켜보면 막대한 힘이 잘못된 사람에게 주어진 사례는 무수히 많다.[57] 민주적인 절차로 선출됐으나 독재자로 전락해 버린 자들, 손에 쥔 권력을 최악의 방법으로 사용한 이들도 모두 여기에 속한다. 그렇다면 잘못된 자들에게 힘이 넘어가는 경우가 왜 그토록 많을까? 학대와 죽음의 소용돌이로 우리를 몰아넣는 자들에게 왜 개인의 힘을 양도하는 것일까?

한 가지 이유는 자기 선택이다. 힘을 가장 원하는 자들은 대개 그것을 추구해서 얻는다. 물론 힘을 원하는 이유, 곧 영향력 있는 위치를 차지하려는 이유는 사람마다 다르다. 한 연구 결과 자신이 맡은 일에서 가장 큰 성과를 내는 이들은 힘을 갈구하는 사람도, 그것을 단호히 거부하는 사람도 아니었다. 영향력 있는 위치에 서는 걸 다소 꺼리는 이들이었다.[58] 마지못해 힘을 갖게 된 이들이 힘을 제대로 사용할 가능성은 가장 크지만, 애당초 힘 자체를 원하지 않았기 때문에 그것을 획득할 가능성은 적다.

다른 한 가지 이유는 (대중의) 선택이다. 선택은 부적합한 사람의 손에 힘이 쥐어지는 또 다른 이유다. 우리는 그들이 불법적인 방법으로 획득한 권력을 유지하도록 허용하고, 때로는 자유롭고 공정한 선거를 통해 적극적으로 그들을 선택한다. 그 이유는 무엇일까? 문화를 초월해 사람들은 대개 강력한 힘과 통제력을 보여 주는 자들과 우리에게 안정감을 주면서 안전을 보장해 줄 것 같은 자들을 선호한다.[59] 하지만 우리가 힘을 부여한 자들의 실체를 파악하고, 그 힘을 바탕으로 한 그들의 행동과 통제가 잘못되었음을 깨닫게 되었을 땐 이미 너무 늦어 버린 경우가 많다.

그렇다면 우리는 어떻게 해야 할까? 개개인의 힘을 대신하여 사용할 지도자를 선택할 때도 심리학과 철학으로부터 발견한, 건설적으로 힘을 사용하는 방법을 똑같이 적용해야 한다. 업무적인 탁월함, 공감 능력과 겸손, 나보다는 다른 사람을 먼저 생각하는 태도. 이것은 모든 정치인과 기업가를 판단하는 기준이다. 우리의 임무는 선거에 나온 후보자가 힘 그 자체를 갈망할 만큼 어리석거나 궁핍하지 않다는 단서를 찾는 것이다. 그러나 대개는 이 단서를 찾고도 제대로 사용하지 못한 채 후보자의 부와 힘, 지위, 강한 자신감에 도취되어 결국 부적합한 사람에게 힘을 넘겨주고 만다. 그러나 과학 및 인문학으로부터 얻은 각종 통찰을 활용하면 훨씬 더 나은 선택을 할 수 있다.

요컨대 힘이 가진 나쁜 성질을 제거하고 힘을 얻으려면 다음 두 가지가 수반돼야 한다. 첫째, 상호의존성을 인식함으로써 자기 자신에만 집중하는 태도에서 벗어나 공감 능력을 키워가는 것. 둘째, 어떤 것도 영원하지 않다는 사실을 인식함으로써 오만을 떨쳐 내고 겸손한 태도를 갖춰 가는 것. 결과적으로 공감과 겸손은 이기적인 목표를 버리고 이타적인 목표를 향해 나아갈 수 있도록 돕는다. 이것은 힘을 도덕적으로 사용하는 핵심 요소다. 물론 이 과정이 말처럼 쉽진 않다. 그렇게 쉽다면 누구나 힘을 현명하게 사용하고, 권력의 달콤함도 선뜻 물리치며, 개인의 욕구도 쉽게 내려놓을 수 있을 것이다. 이것은 힘의 사용에 있어 개인의 공감 능력 및 겸손을 함양하는 데만 의존할 수 없는 이유다. 이에 더해 사회 구조적 한계를 두어야만 힘의 남용을 막을 수 있다.

개인의 성장을 넘어: 구조적 보호 장치의 필요성 •

코르데이루 박사는 명상 같은 개인적 수련이 공감 능력과 겸손을 기르는 데 도움이 되었다고 말한다. 하지만 그것만으로는 충분치 않았다. 힘에 수반되는 중독 위험을 관리하고, 나아가 팀원들의 생각과 의견을 함부로 다루지 않으려면 외부적 견제와 이를 통한 균형

유지가 필요했다. 이를 위해 그녀는 매주 간부 회의를 열어 회의에 참여한 사람은 누구나 자신의 업무 활동을 보고하고 각종 의견과 우려 사항을 공유하도록 했다. 이와 함께 코르데이루 박사는 동료들이 말할 때 함부로 끼어들지 않고 끝까지 경청한 후 자신의 생각을 나누겠다고 공개적으로 약속했다.

이러한 외부적 노력은 포용성과 함께 공유된 책임감을 보장하는 절차를 만듦으로써 팀워크를 촉진하는 데 도움이 되었다. 코르데이루 박사의 생각은 옳았다. 실제로 팀 성과에 대한 연구 결과, 팀원들의 평균적 공감 능력(상대방의 표정을 통해 감정을 파악하는 능력)과 함께 발언의 기회가 있을 때 교대로 말하는 정도는 팀 성과의 가장 강력한 예측 지표인 것으로 나타났다.[60] 코르데이루 박사의 사례와 같이 외부적 절차를 수립하는 것은 과도한 자신감을 지닌 한두 사람이 회의를 독점하고 반대 의견을 무시하는 행위를 막는 데 아주 핵심적이다. 이와 함께 모든 사람이, 특히 더 많은 힘을 가진 리더가 자신의 행동에 책임을 지도록 하는 공식적 절차와 규범을 만드는 것도 중요하다. 이러한 절차는 힘 있는 자가 자기 잇속만 차리지 않고 다른 사람에게 집중하도록 돕는다.[61] 나아가 새롭게 권한을 부여받은 팀원들에게도 책임을 부여한다. 자유롭게 말하고 들을 수 있는 상태를 뜻하는 심리적 안정감은 팀원 모두가 공동의 목표 달성을 위해 개인의 힘을 사용하는 것에 책임감을 느낄 때 비로소 팀의 학습 역량과 효율성을 고취시킨다. 책임을 공유하지 않고 힘만 공유하는 것은 마땅히 해야 할 학습과 개선의 과정을 거치지 않는 이들에게 불평할 권리만 주는 것이나 마찬가지다.[62]

이러한 모든 절차는 권력과 책임을 공유함으로써 두 가지 목표를 달성할 수 있다는 개념을 바탕으로 한다. 그 목표란 첫째, 리더 한 사람의 손에 권력을 양도하지 않고 팀 전체의 효율성 개선에 사용한다는 것이다. 코르데이루 박사는 이 같은 선한 통치의 핵심 원리를 아주 효과적으로 적용했다. 이를 통해 팀의 상위 목표 달성에 집중할 수 있었고, 실적 개선도 이루어 냈다. 그러나 그녀는 여전히 경계하는 태도를 잃지 않았다. 팀원 간에 권력을 공유해야 한다는 사실과 책임 의식을 끊임없이 강화하면서 자만심과 자기집중감을 차단하고자 노력했다. 8장에서 구체적으로 살펴보겠지만, 이처럼 권력을 제한하는 것은 코르데이루 박사의 NGO 같은 작은 조직뿐 아니라 대기업이나 정부 조직에서도 똑같이 중요하다.

요컨대 힘은 굳이 더러울 필요가 없다. 개인적으로는 공감 능력과 겸손을 기르고, 사회 구조적 안전장치를 두어 팀원 간에 힘을 공유하고 책임 의식을 나눌 수 있다면 권력의 위험으로부터 얼마든지 피할 수 있다. 이 점을 인식하고 있으면, '힘 있는 사람'이 우리를 대신해 결정하도록 내버려 두는 대신 우리 스스로 선택한 목표를 추구하며 나아갈 수 있다. 이처럼 개인 및 사회 구조적 관점에서 정당한 방법으로 힘을 얻어 책임감 있게 사용할 수 있는 환경이 조성되고 나면, 다음 단계는 힘을 어떻게 확보하느냐는 것이다. 이는 힘을 둘러싼 가장 기본적인 법칙, 곧 힘은 늘 특정 관계에 놓여 있다는 사실에서 출발한다. 특정 관계에서 내가 힘을 얻으려면, 상대방이 가치 있게 여기는 자원을 내가 통제할 수 있어야 한다. 역으로 내가 가치 있게 여기는 자원을 상대방이 통제하는 경우 힘은 그쪽으로 쏠린다. 이 같은 기본 법칙을 제대로 이해한다면, 어떤 상황에서든 힘이 어디에 놓여 있는지를 판단하는 것은 다음 두 가지 질문에 대한 답으로 귀결된다는 사실을 알 수 있다.

사람들은 어디에 가치를 두고 있는가?
가치를 두는 것에 대한 통제권을 누가 갖고 있는가?

이들 질문에 대한 답은 상황과 시간 및 상황의 변화에 따라 달라진다. 하지만 이러한 가변성은 특정 상황과 관계없이 힘의 관계를 제대로 진단해 어느 한쪽에 휩쓸리지 않고 효과적으로 힘을 사용할 수 있는 일정한 패턴을 포함하고 있다. 자, 그럼 첫 번째 질문부터 살펴보도록 하자. 사람들은 어디에 가치를 두고 있는가?

3
장

사람들은 어디에
가치를 두는가?

인간의 욕구와 소망은 매우 다양하고 가변적이다. 그런데 우리는 다른 사람이 무엇에 가치를 두는지 어떻게 알 수 있을까? 아리스토텔레스부터 루크레티우스^{Lucretius}, 단테, 셰익스피어에 이르기까지 수많은 철학자, 시인, 작가 들이 이 문제에 대한 답을 찾기 위해 일생을 바쳤다. 여러 심리학자와 생물학자, 신경과학자, 사회과학자들 역시 오랜 시간 연구를 거듭해 왔다. 이 같은 예술과 과학에서 오랜 시간 축적된 결과는 인간의 본성과 동기에 대한 다양한 모델을 제시한다. 그러나 한 가지, 인간의 행동을 이끄는 동인은 모두 다르다는 점을 공통으로 강조한다. 이어지는 내용은 그와 관련된 방대한 문헌을 완벽하게 분석한 것은 아니다. 몇 가지로 수렴하는 내용을 핵심만 추려 놓은 것이다. 물론 학자마다 중시하는 내용도 해석도 완전히 다를 수 있다.[1] 이 점을 충분히 인지한 상태에서, 내 연구의 목적은 인간의 동기에 관한 새로운 사실을 발견하는 데 있지 않다. 오직 힘의 관계를 활성화하는 인간의 욕구를 밝히려는 이들에게 유용한 지침을 제공하는 데 있음을 알려 둔다.

인간의 기본적인 욕구 두 가지:
안전 및 자존감의 욕구 • ··

저 멀리서 관찰하면 인간은 끝없는 우주 속 작은 먼지에 불과하다. 그 속에서 우리의 입장 따위는 너무나 하찮고 덧없다. 그래서 인간은 내면의 깊은 곳에서 실존적 딜레마에 대한 두 가지 방어책을 늘 갈구한다. 첫째는 나보다 훨씬 더 막강한 힘을 가진 존재에 의해 한순간에 전멸할 수 있는 위험으로부터 나 자신을 보호하는 것. 둘째는 광활한 우주 속에서 한낱 먼지에 불과한 내가 한 개인으로서 가치 있는 존재라고 확신하는 것이다. 요컨대 인간의 궁극적인 목표는 위험으로부터의 보호 그리고 가치 있는 존재라는 확신. 이 두 가지 기본적인 동기를 충족하는 데 있다. 이처럼 안전 및 자존감에 대한 욕구는 너무나 기본적인 부분이기에 시공간을 초월해 안정적으로 힘의 관계를 형성한다.

심리학자 미하이 칙센트미하이^{Mihaly Csikszentmihalyi}는 인류의 목가적 행성인 지구를 폭력의 현장으로 정의하며 인간의 취약성을 냉담하게 묘사했다.

급박한 위험을 피하고 나면 늘 새롭고 정교한 또 다른 위험이 나타난다. 새로운 것을 발명하기 무섭게 그 부산물은 환경을 오염시키기 시작한다. 인류 역사를 돌이켜보면, 안전을 위해 발명된 무기는 본래의 목적과 달리 늘 그것을 만든 사람을 위협했다. 일부 질병이 사그라지면 또 다른 질병이 고개를 들었다. 사망률이 감소하면 인구과

잉이 문제가 됐다. (……) 지구는 인류의 유일한 집일지도 모른다. 하지만 그 집은 언제 터질지 모르는 시한폭탄으로 가득 차 있다.[2]

이처럼 점점 짙어져 오는 위험의 그림자 앞에서 안전에 가장 큰 가치를 두는 것은 어쩌면 당연한 일이다. 우리의 생존 본능은 지극히 원초적이다. 따라서 물이나 음식, 피난처, 질병이나 폭력으로부터의 보호 등 신체적·심리적 안정감에 중요한 자원을 통제하는 것은 힘을 행사하는 데 있어 매우 효과적인 전략이 된다. 누구나 자신의 안전을 위협하는 것은 피하지만 그것으로부터 보호해 준다는 약속은 기꺼이 받아들이기 때문이다.

이 말은 다소 잔인하게 들릴 수 있다. 신체적 안전을 위협하는 것은 효과가 있는 만큼 힘을 위시하는 직접적인 도구다. 독재정권이 반정부 인사를 제압하거나 국민을 통치할 때[3], 마피아 보스가 가족과 그 수하를 통제할 때[4], 폭력적인 배우자가 가족을 인질로 삼을 때[5] 모두 신체의 안전을 위협한다. 나아가 누군가의 생계를 위협하는 것은 신체적 폭력을 가할 필요 없이 힘을 행사하는 방법이다. 실업으로 인한 신체적·정신적 스트레스를 고려하면 직업을 인질로 삼는 것은 강력한 위협이다.[6] 위험한 여건에서 작업을 거부하는 직원을 해고하거나[7] 정치인의 비도덕적 요구[8]에 응하지 않는 보좌진을 내보내는 것은 이들 관계에서 힘의 균형이 어디에 있는지 확실히 보여준다.

이 같은 안전에 대한 인간의 욕구를 '만인의 만인에 대한 투쟁'이라는 홉스식 사고로 전환하기 전에[9] 한 가지 기억해야 할 사실이 있다. 위험으로부터 보호한다는 약속도 아주 효과적인 힘의 원천일수 있다는 것이다. 미국은 이념과 문화의 차이가 큰 나라다. 그런데도 모든 미국인이 한목소리로 연방정부의 연금제도인 사회보장^{Social}^{Security}을 지지하는 이유는 무엇일까? 소위 '큰 정부'를 경멸하는 사람들조차 연방정부의 사회보장을 지지한다는 건 안전에 대한 욕구가인간의 보편적 욕구임을 보여 준다.

사회보장은 그러나 수천 년 인류 역사에서 신체적 폭력으로부터 자신을 보호하고 인간의 기본 권리를 주장하기 위해 우리가 만든수많은 법과 제도 중 하나에 불과하다. 이러한 보호는 인간의 자유에도 필수적이다. 다른 사람이 나의 안전을 위협함으로써 나를 지배하도록 허용하게 되면 온전한 자유를 누릴 수 없기 때문이다. 이와관련해 철학자 필립 페팃^{Philip Pettit}은 이렇게 말했다.[10] "타인의 선의에 나의 안전을 의존하지 않을 때 우리는 비로소 두려움 없이 상대의 눈을 보고 자유로운 사람으로 행동할 수 있다." 그러나 위험으로부터 안전, 그리고 안전에 대한 위협 사이의 경계는 쉽게 무너질 수있다. 예측하지 못한 새로운 위험 앞에서 대개 인간은 자유를 지켜내는 데 집중하지 않는다. 911 테러 이후 사람들의 모습이 대표적인경우다.[11] 하지만 자유를 포기하는 순간 우리는 잠재적인 권력 남용에 노출되고 만다.

이처럼 안전에 대한 기본적인 욕구는 우리가 처한 환경의 불안정성에 기인한다. 그러나 자존감에 대한 욕구는 이 광활한 우주에서나는 먼지처럼 하찮은 존재라는 인식에서 비롯된다. 인류가 등장한이래 지난 수천 년 동안 약 1000억 명의 사람들이 왔다가 흔적도 없이 사라졌다.[12] 따라서 존재의 가치나 의미에 대한 질문은 자존감에 대한 욕구, 혹은 개인적으로든 공개적으로든 나에 대해 긍정적 시각을 유지하려는 욕구에 뿌리를 두고 있다.[13] 우리는 이 땅에 태어난 이유를 알고자 심오한 존재론적 질문을 던지며 나의 삶이 얼마나 가치 있는지, 또 그것이 다른 사람에게 얼마나 가치를 주는지 끊임없이 탐색한다.[14] 자신을 가치 있는 사람으로 보는 것은 다른 대부분 목표가 지향하는 상위 목표다.[15]

높은 자존감을 유지하는 것은 우리의 행복은 물론 구체적인 목표를 세워 전진하고, 긍정적인 경험을 즐기며, 각종 위기를 대처하는 역량에 필수적이다.[16] 그러나 자존감을 추구하는 과정 자체가 제대로 기능할 수도, 그렇지 못할 수도 있다.[17] 자신의 가치에 대해 불안정하고 취약하다고 느껴 자존감을 추구할 때는 자신을 보호하거나 강화하기 위한 전략을 수립한다. 그러나 이를 통해 만들어진 자존감은 매우 취약하다. 즉 불안정하며 상대적이어서 늘 외부 검증에 의존한다. 이와 반대로 나의 정체성과 약점을 현실 그대로 수용한 상태에서 추구하는 자존감은 안정적이다. 즉 이때의 자존감은 본연의 자아가 안정적으로 표현된 형태다.[18]

진정한 자존감을 갈망하는 것이 평생의 숙제인 것처럼 그것을 성취하는 과정도 마찬가지다. 따라서 다른 사람에게 영향력을 행사하고자 한다면 자존감에 호소하는 방법을 사용할 수 있다.

안전 및 자존감의 욕구를 어떻게 충족할까? • ⋯⋯⋯⋯⋯

인간은 누구나 안전과 자존감을 추구한다는 사실을 아는 것은 힘의 관계를 이해하는 출발점이다. 그러나 각 사람이 이러한 욕구를 충족하는 방법은 제각각이다. 사회심리학 연구에 따르면, 자존감은 자신에 대한 주관적 평가에 달려 있다. 여기에는 자신의 능력을 어떻게 보는지, 사회적 위치와 영향력은 어느 정도인지, 내 사랑의 가치는 얼마나 높은지, 도덕적으로 얼마나 옳다고 여기는지가 포함된다.[19] 안전은 음식이나 피난처 같은 생리적 욕구를 충족하는 것은 물론 나를 보살펴 주고 위험으로부터 보호해 주는 사람과의 관계, 혹은 위험이나 불확실성에 대처하는 능력 같은 심리적 자원을 확보하는 것에 달려 있다.

각기 다른 시간과 상황에서 어떤 자원에 우선순위를 두느냐는 제각각이다. 이때 우리는 주변 사람들과 함께 사회·문화적 맥락에서 형성된, 각자 중시하는 가치에 영향을 받는다. 이런 여러 가지 차이에도 불구하고 우리는 안전과 자존감을 추구한다는 공통점을 갖는다. 자, 그럼 안전 및 자존감의 욕구가 무엇이며 이것이 힘의 역학 관계에 어떤 영향을 미치는지 살펴보도록 하자. 먼저 이 세상을 움직이는 동력으로 일컫는 자원, 돈부터 시작해 보자.

물질적 자원

"화석연료 소비가 지금 추세로 이어진다면, 2050년 전에 환경 재앙이 초래될 것이다." 최근 몇 년 사이 어느 신문에서나 쉽게 찾아볼 수 있는 말이다. 그러나 이 내용이 처음 언급된 건 1979년으로 거슬러 올라간다. 과연 누가 이토록 선구적이고 정확한 전망을 했을까? 그것은 다름 아닌 세계 최대의 정유 생산업체 엑슨Exxon이었다.[20] 그로부터 3년 후인 1982년, 엑슨은 내부 보고서를 통해 온실가스 효과를 추적, 지구온난화까지 예측했다. 당시 예측의 오차범위는 오늘날까지 10%를 넘지 않는다.[21]

인간이 초래한 지구온난화에 대한 과학적 이해가 높아지면서 화석연료 업계는 자체적으로 발견한 각종 사실을 숨기는 작업에 본격적으로 착수했다. 1998년 우연히 발견된 한 메모는 업계의 이 같은 전략을 그대로 보여 준다. 즉 화석연료 업계는 굴지의 담배회사가 흡연의 부작용을 숨기기 위해 함께 일했던 홍보회사와 손잡고 대중에게 기후과학에 대한 의심을 최대한 깊고 넓게 심는 전략을 사용했다.[22] 화석연료 업계를 지지하는 싱크탱크와 옹호 단체는 석유 재벌들로부터 후원을 받아 각종 광고를 제작하며 보고서를 발행했다. 또 화석연료 사용에 회의적이었던 과학자들을 하나둘 기후변화 회의론자로 교육해 나갔다. 이후 2003년부터 2010년 사이 91개 보수 단체가 약 5500억 원을 지원받아 기후과학에 대한 미국인들의 신뢰를 약화하는 데 주력했다.[23] 동시에 석유 기업들은 상승하는 해수면과 해안 침식에 관해 설명하기 위해 북극과 북해에 굴착 시설을 설치했다.[24]

석유 및 가스 산업 부호들은 자신들의 탐욕이 장기적으로 어떤 결과를 가져올지 잘 알고 있었다. 하지만 그 탐욕을 절대 멈추지 않았다. 끊임없이 돈을 추구했던 그들은 수익과 소비를 최우선시하는 경제 시스템의 일부에 불과했다.[25] 그리고 그것은 우리 모두가 어느 정도 공모한 시스템이었다.[26] 우리는 최신 가전제품이나 전자기기, 각종 패션 제품을 가격에 상관없이 최대한 저렴하게 사기를 원한다. 반면 기업은 각종 제품과 서비스로 최대한 많은 돈을 벌기를 원한다. 신자유주의 자본주의 시스템을 두고 "기업의 사회적 책임은 이윤을 증가시키는 것"[27]이라고 정의한 밀턴 프리드먼Milton Friedman 의 이론을 지지한다. 이 같은 신자유주의 자본주의 시스템에서는 단기적인 이익을 취하려는 방식이 지극히 합법화되어 현대사회의 표준으로 자리 잡았다.

신자유주의 논리는 우리가 돈에 부여하는 가치를 극한으로 끌어올렸다.[28] 자연히 부와 물질의 소유는 시대를 초월해 높이 추앙되었다. 제인 오스틴Jane Austen의 소설을 읽어 보면 등장인물의 결혼생활은 수입과 자산에 좌우될 것임을 쉽게 알 수 있다. 사회관계에 관한 이 같은 접근 방식은 비단 18세기 영국 상류층에 국한되지 않았다. 사람들은 그것이 설령 부도덕하거나 불법적인 행위를 의미할지라도 금이나 보물을 좇으며 돈이 될 만한 것을 찾아 나섰다.

우리는 늘 돈을 갈망한다. 그것이 우리의 기본적인 욕구, 곧 안전과 자존감의 욕구를 채워 주기 때문이다. 돈을 먹거나 입을 수는 없다. 하지만 돈을 음식이나 가치로 교환함으로써 안전감을 느낄 수 있다. 특히 개인주의 사회에서 돈은 사회적 지위와 자존감의 원천이므로 자신의 가치를 높이는 데 사용할 수 있다.[29] 실제로 돈은 이 세상을 돌아가게 한다. 따라서 돈에 대한 사람들의 접근권을 통제하면 그들에게 힘을 행사할 수 있다.

그러나 사람들의 행동에 영향을 주는 데 반드시 돈이 필요한 건 아니다. 18세기 프랑스에서 귀족 칭호가 폐지되고 프랑스혁명이 시작되면서 나폴레옹은 세계 최초로 군인과 민간인 모두에게 똑같이 수여하는 레지옹 도뇌르 훈장Legion of Honor을 만들었다.[30] 이 훈장은 2세기가 지난 지금까지도 그대로 내려오고 있다. 인도 남부의 찬나파트나 마을에서 전통 목각 인형을 만드는 장인들도 좋은 예가 될 수 있다. 그들 역시 다른 이들과 마찬가지로 생계유지가 필요한 사람들이다. 하지만 이들의 경제적 행동을 연구한 사회학자 아루나 랑가나단Aruna Ranganathan[31]은 특이한 사실을 발견했다. 장인들은 인형을 헐값에 사겠다고 한 사람에게보다 많은 값을 치르겠다고 한 사람에게 오히려 더 적은 돈을 받고 인형을 팔았다. 인형의 가치를 알아봐 준 안목을 높이 산 것이다.

돈과 물질의 소유에 엄청난 가치를 두는 사회에서 나폴레옹의 훈장과 찬나파트나의 장인은 과연 어떻게 받아들일 수 있을까? 이 퍼즐을 맞추는 핵심은, 비단 물질이 아닌 심리적 자원도 욕망의 대상으로서 돈을 대체할 수 있다는 것이다. 심지어 경제적 교환에서도 말이다. 지위는 이러한 심리적 자원의 대표 격으로 물질의 소유뿐 아니라 보다 덜 유형적인 수단을 통해서도 얻을 수 있다.

지위

우리가 스스로 가치를 느끼는 경우는 거의 없다.[32] 존경, 명성, 존중은 모두 다른 사람이 우리에게 부여해 주는 지위요 가치다. 지위는 다른 사람과 관련한 우리의 위치를 나타낸다. 그리고 우리는 이 서열의 차이를 매우 중시한다. 하지만 지위는 사회적 구조이며 시대와 문화를 막론하고 사람들은 지위를 나타내기 위한 새로운 방법을 끊임없이 고안해 냈다.

고대 중국의 전족 풍습이 대표적이다. 비록 그 기원은 모호하지만, 학계에서는 이것이 지위를 나타내려는 의도에서 비롯되었다고 보는 게 정설이다.[33] 10세기경부터 귀족 집안에서는 자신의 딸들이 소작농의 딸들처럼 밭에서 일하거나 시장에 갈 일이 없음을 나타내기 위해 전족을 시행했다. 이 풍습은 19세기 말 중국이 서구에 문호를 개방한 후 그 지정학적 위치가 재편되기까지 줄곧 이어져 내려왔다. 그러나 서구인들에게 전족 풍습은 야만 그 자체였고, 이후 그것을 지속하는 이들은 문화적으로 후퇴한 것으로 비쳤다. 그렇게 고대 사회부터 내려온 전족 풍습은 금지되었고, 단기간에 사라졌다.[34]

다른 사람들이 우리에게 부여하는 존중감은 자존감의 욕구를 충족시킨다. 중국 황실에서 전족으로 변형된 발 모양은 사회적 계층 내에서 자신이 속한 가문의 위치를 나타냈다. 오늘날 많은 소비자에게 명품은 사회적 위치의 궁극적 지표다. 1세기 전만 해도 아무런 가치를 인정받지 못하던 다이아몬드는 오늘날 영원한 사랑을 상징하는 값비싼 보석으로 탈바꿈했다.[35] 이처럼 우리의 자존감을 채워주는 자원은 시간과 장소에 따라, 또 문화나 경제, 제도적 힘에 따라 변화한다. 변하지 않는 것은, 당신이 누군가 사회적 위치로 가는 관문이 될 때 그 사람에게 영향을 줄 수 있다는 사실이다. 반대의 경우도 마찬가지다.

소속감

지위는 돈 외에 사람들의 행동에 영향을 미치는 유일한 수단이 아니다. 관계, 헌신, 돌봄의 형태로 이루어진 사회적 연결은 또 다른 가치 있는 자원이다. 우리는 우정이나 신뢰, 수용을 갈망하며 사랑을 주고받기를 원한다. 또 특정 그룹에 소속되기를 원한다.[36]

1938년 시작된 성인 발달에 관한 하버드대학의 연구는 심리학 전체에서 가장 오랫동안 진행된 연구 프로그램 중 하나다. 연구의 목적은 어떤 사람들이 다른 사람들보다 성공적으로 나이를 먹는 이유를 밝히는 데 있었다. 초기 참가자는 두 그룹의 남성으로 구성되었다. 한쪽은 하버드대학교 2학년 남학생 268명, 다른 한쪽은 보스턴 빈곤 지역의 남학생 456명이었다. 시간이 지나며 참가자는 2000명을 넘어섰고 이후 그들의 배우자까지 포함되었다.[37] 처음에 연구자들은 참가자들의 신체적 특징과 지적 능력의 변화에 주목했다. 그러나 시간이 지나며 그들의 초점은 서서히 바뀌었다. 1972~2004년까지 연구를 이끌었던 정신과 의사 조지 배일런트George Vaillant는 이렇게 말했다. "연구 초기에는 참가자의 공감이나 애착 문제에 아무도 관심을 두지 않았다. 그러나 건강하게 나이 드는 것의 핵심은 결국 관계에 있었다. 첫째도 둘째도 관계였다."[38] 참가자 중 가장 건강한 80대는 과거 50세 대인관계에 가장 만족했던 이들이었다. 장수에 있어 외로움은 흡연이나 음주만큼 중요한 문제인 셈이다.[39]

그렇다면 연대나 소속감은 힘과 어떤 관련이 있을까? 객관적으로 우리를 둘러싸고 보살피는 대상은 우리를 안전하게 해 준다. 주관적으로 이들의 존재와 애정은 우리의 자존감을 강화한다. 진화심리학 연구에서는 사람들이 자신의 가치를 심도 있게 평가하는 방식으로 사회적 수용이나 거절의 경험을 내면화한다고 강조한다.[40] 아이들은 친구 관계를 끊어 버리겠다는 위협의 힘을 일찌감치 이해한다. 비록 그 힘이 약한 친구의 자존감의 원천과 함께 비열한 괴롭힘에 대항할 수 있는 방어책을 빼앗는 데서 비롯된다는 건 이해하지 못할지라도 말이다.

궁극적으로 우리가 사랑하는 사람은 그 무엇보다 중요한 존재다. 임종을 앞둔 사람들의 마지막은 오직 사랑하는 이들에 관한 이야기로 채워진다.[41] 그래서 입원한 가족에게 인사조차 건넬 수 없게 된 상황은 코로나19가 만들어 낸 너무나 가슴 아픈 풍경이다. 우리는 누군가의 죽음을 받아들일 수 있다. 하지만 사랑하는 사람 없이는 좀처럼 힘들다.[42] 사랑은 힘의 원천으로 쉽게 활용된다. 내가 사랑하는 사람을 누군가 위협하면 그 사람의 안전을 위해 기꺼이 무릎 꿇는다. 또 위협적인 행동을 멈추기 위해 뭐든 다 할 수 있다.

그러나 연대는 우리를 분리하는 원천이 되기도 한다. 소속감에 대한 열망은 자신이 속한 집단이 다른 집단보다 우월하다는 생각을 통해 자신의 가치를 정의하도록 이끈다.[43] 힘이 약한 이들과의 차별을 통해 내가 우쭐한 마음이 들도록 하는 사람은 자존감의 욕구 충족을 위해 연대를 이용함으로써 약자를 지배한다. 이민자에 대한 적대감, 인종 청소, 인종차별과 집단학살을 자행한 역사 속 수많은 정권은 연대의 힘을 활용하는 것이 얼마나 치명적인지 잘 보여 준다.

한 가지 다행인 것은 우리에게 영향을 미치는 증오만이 유일한 식별자가 아니라는 것이다. 차난파트나의 장인을 기억해 보자. 그들은 자신의 작품과 너무나도 긴밀히 연결된 나머지 판매 여부와 상관 없이 그저 작품의 진가를 알아봐 주는 고객을 가치 있게 여겼다. 그런 고객에게는 오히려 값을 더 깎아 주기도 했다. 노동에 사랑이 담겨 있을 때, 그 노동의 가치는 변한다. 차난파트나의 장인들이 노동의 진가를 알아보며 가치 있게 여겨 주는 이들과 작품을 나누고 싶어 한 이유가 여기에 있다.

성취감

이처럼 작품에 부여하는 차난파트나 장인들의 정서적 애착이 그리 일반적인 건 아니다. 하지만 최고의 기술자가 되기 위한 여정에서 장인들이 부여하는 가치는 비단 이것만이 아니다. 능숙한 기술자가 되겠다는 동기는 학습과 분석, 관찰, 행동을 통해 각종 문제와 도전을 극복하는 동력이 된다. 어린아이가 걷고 말하는 능력을 습득하는 과정도 비슷하다. 우리는 성취를 통해 스스로 유능하다고 느끼는 감정에 많은 가치를 부여한다. 그것이 스스로 안전하고 가치 있게 여기는 데 도움을 주기 때문이다. 기술이나 지식을 더 많이 습득할수록 일상에서 행사할 수 있는 통제력은 더 커지고 이해하지 못하는 데서 오는 위협감은 덜 느끼게 된다. 나아가 자신의 뛰어난 역량과 통찰이 돋보일수록 스스로 더 특별하고 가치 있는 존재로 생각한다.

성취를 정의하는 요소는 사람마다 문화마다 모두 다르다. 가령 동아시아 학생들의 수학 및 읽기, 과학 실력[44]은 다른 나라 아이들보다 월등히 뛰어나다. 이는 문화적으로 무엇을 성취로 여기는가와 일부 관련이 있다. 동아시아 문화권과 달리 영미 문화권에서는 '운동을 잘하는 학생'을 최고로 여긴다. 이는 '건강한 신체에 건강한 정신이 깃든다'라는 로마 시대 가치의 전형이다.[45] 이처럼 성취의 정의는 각기 다르지만, 성취 자체는 보편적으로 가치 있게 여겨진다.

조직에서는 성취에 부여하는 가치가 관리자로 하여금 직원들의 행동에 영향을 미칠 수 있는 건설적인 통로로 이어지기도 한다. 실제 연구 결과 성취감과 효능감에서 비롯된, 스스로 성장하고 있다는 느낌은 직장생활의 가장 큰 동력인 것으로 나타났다. 따라서 직원들 스스로 성장을 경험할 수 있도록 환경을 조성하는 관리자는 직원들의 행동에 주된 영향을 미친다.[46]

성취를 증명하는 방법은 수없이 많다. 따라서 특정 분야에서 '성공'의 개념을 정의하는 사람들은 해당 분야에서 활동하는 이들에 대해 막강한 영향력을 행사한다. 성적에 대한 부모의 관심과 교사가 사용하는 평가 방법은 어떤 식으로든 학생의 행동에 영향을 미친다. 노벨상부터 미슐랭가이드의 별 3개 평가, 대학 입학허가서에 이르기까지 각 분야의 높은 성취를 평가하는 이른바 '선발 위원회'는 막강한 권력을 행사한다. 이들은 연구소에서, 식당에서, 학교에서 높은 평가를 받을 만한 사람이 누구인지 결정할 수 있는 통제권을 가졌기 때문이다. 만약 우리의 성취가 능력에 가치를 부여하지 않으면, 각종 상이나 등급은 우리의 행동에 영향을 미칠 수 없다. 그렇다고 모든 사람이 성취에 대한 외부 인정을 추구하는 건 아니다. 일부 요리사는 미슐랭가이드의 별 개수에 전혀 집착하지 않는다. 각종 수상을 거부하는 예술가들도 있다. 이를 통해 이들은 상을 수여하는 이들과의 관계를 거부하고 자신들이 가치 있게 여기는 다른 자원에 대한 통제권을 회복한다. 바로 자율성이다.

자율성

스스로 선택을 통제하면서 모든 행동은 자유의지의 결과라고 믿는 사람들에게는 자율성이 있다. 인간은 자율성을 아주 가치 있게 여긴다. 그래서 힘을 얻고자 하는 주된 동인은 다른 사람에게 영향을 미치기 위해서가 아니라 다른 사람이 내게 미치는 영향에서 벗어나기 위해서다.[47] 자율성은 다른 사람의 선택에 의한 원치 않는 결과로부터 우리를 보호함으로써 스스로 안전하다는 생각을 하도록 한다. 그 결과 자존감이 향상된다. 내가 직접 선택해서 하는 행동에는 진짜 나의 모습이 담겨 있다. 그래서 내 본연을 모습을 느끼게 되고 도덕적으로도 가치 있게 여기게 된다.[48]

자율적으로 행동하면서 관리자가 자신의 자율성을 지지한다고 느끼는 직원은 그러지 못한 직원보다 직장생활에서 훨씬 큰 만족도를 나타낸다. 이 같은 만족도는 실적 향상은 물론 정신건강 향상으로도 이어진다.[49] 반대로 자율성이 부족하면 직원들의 신체 및 정신건강 모두에 부정적 결과를 초래한다. 다른 사람의 자율성을 존중하는 것, 요컨대 인간은 누구나 스스로 결정하고 싶어 한다는 사실을 인정하게 되면 관리자는 직원들에게 동기를 부여하고, 교사는 학생들을 수업에 참여시키며, 부모는 아이들과 대화를 이끌어 나갈 수 있다.

자율성을 상실할 수 있다는 혹은 이미 상실했다는 두려움은 정치적으로 이용되기도 한다. 아일랜드 출신 언론인 핀탄 오툴Fintan O'Toole은 《영웅적 실패: 브렉시트와 고통의 정치Heroic Failure: Brexit and the Politics of Pain》에서 이 같은 두려움을 영국이 유럽연합50에서 탈퇴한 주요 동인이라고 평가했다. 나이젤 파라지Nigel Farage, 보리스 존슨 같은 영국 정치인들은 얼마나 많은 영국인이 대영제국 붕괴에 개탄했는지, 이민자가 급증하고 유럽연합에 자치권을 내준 현실에 분개했는지 목소리를 높였다. 그러면서 이렇게 외쳤다.[51] "영국을 다시 위대하게", "영국인들이 가장 좋아하는 새우맛 감자칩 생산을 유럽연합이 금지하도록 내버려 두지 말자!" 자신의 운명을 스스로 통제하고자 하는 욕구를 활용하면 사람들의 행동에 영향을 미쳐 막강한 힘을 발휘한다.

내 삶에 대한 자율성이 부족하면 이를 보완하는 수단으로 다른 사람을 통제하려 든다.[52] 가장 극단적인 형태로는 지배력에 대한 갈망으로 표출된다.[53] 인간 진화의 보편적 본능인 영토에 대한 야욕은 이 같은 원초적 갈망을 가장 잘 드러낸다.[54] 인간은 위협하고 강제하며 두려움과 존중을 주입하는 능력을 가치 있게 여긴다. 이런 능력을 통해 물과 음식은 물론 집이나 물리적 자산, 사회적 계층에 이르기까지 희소하고 귀중한 자원을 방어할 수 있기 때문이다. 식량 자원을 공격적으로 방어했던 수렵·채집인들처럼 지배력은 여전히 안전에 대한 인간의 깊은 욕구를 충족한다.

좀 더 일상적인 관점에서 지배력의 매력은 사람들이 왜 스포츠 경기 관람을, 특히 폭력적인 스포츠 관람을 즐기는지 그 이유를 설명한다. 물론 고대 로마 시대의 검투 경기와는 달리 오늘날 스포츠에서 유혈사태가 벌어질 일은 거의 없다. 그러나 폭력적인 스포츠를 왜 즐기는지에 관한 한 가지 이론은 소위 대리만족이다.[55] 즉 관중은 선수에게 감정을 이입해 자신이 응원하는 선수가 상대편 선수를 때리면 마치 자신이 경기에서 이긴 것 같은 만족감을 얻는다는 것이다. 자리에 가만히 앉아 안전감을 느끼고 이를 통해 자신이 경기를 지배하는 듯한 성취감까지 얻는다. 관중들은 공격과 폭력을 요구하고, 팀과 리그는 기꺼이 그 요구에 부응한다. 지배하려는 인간의 욕구를 이용해 돈을 버는 것이다.

최악의 경우 이 같은 지배욕은 고문과 테러 등 인간의 생명에 대한 직접적인 공격의 형태로 나타날 수 있다. 다른 사람의 고통과 번영 혹은 생과 사를 통제하려는 욕망은 뒤틀린 지배욕이 아니라면 과연 무엇으로 설명할 수 있겠는가? 이러한 행위를 하는 사람은 대개 철저히 왜곡된 자존감을 추구하는 경우가 대부분이다. 저신다 아던 Jacinta Ardern 뉴질랜드 총리는 지난 2019년 3월 15일 발생한 뉴질랜드 크라이스트처치 모스크 테러 공격 가해자에 대해 명확한 견해를 밝혔다.

그는 이번 테러로 여러 가지 결과를 얻길 바랐다. 그리고 그중 하나는 악명이었다. 내가 여기서 그의 이름을 단 한 차례도 언급하지 않는 건 바로 이 때문이다. 그는 테러리스트요 범죄자요 극단주의자다. 이 같은 호칭 외에 이 연설에서 내가 그의 이름을 부르는 일은 없을 것이다. 여러분 모두에게 간청한다. 무고한 생명을 앗아간 자의 이름보다 그의 손에 무참히 쓰러져 간 이들의 이름을 불러 주기 바란다. 그는 악명을 얻고자 했겠지만, 우리 뉴질랜드 국민은 그에게 어떤 것도 허락하지 않을 것이다. 악명조차도.[56]

전 세계에 악명을 떨치겠다는 테러리스트의 욕구 자체를 거절함으로써 아던 총리는 증오 범죄의 동기, 곧 자존감의 욕구를 좌절시켰다.[57] 그리고 범인에 대한 공포심이 아닌 희생자의 품위와 가치에 초점을 맞춤으로써 사건의 통제권을 범인에게서 완전히 빼앗았다.

도덕성

누군가 우리에게 도덕적으로 옳다고 느끼는 방법을 제공함으로써 영향을 미칠 수 있을까? 앞서 아던 총리의 사례에서 살펴봤듯 얼마든지 가능하다. 선, 다시 말해 옳고 그름에 대해 높은 기준을 고수하는 것은 우리의 안전감과 자존감에 중요한 역할을 하기 때문이다. 도덕 철학과 생물학, 진화심리학에서는 왜 우리가 그토록 도덕성에 큰 가치를 두는지 세 가지 이유를 들어 설명한다.

첫째, 도덕성은 필요와 상호의존에서 기인한다는 이유다. 인간은 서로에게 의지하며 위험과 고통으로부터 숨어 들 피난처를 찾는다. 개인의 안위는 전적으로 다른 사람의 안위와 연결돼 있다.[58] 각종 규범과 관습은 자연계의 위험은 물론 '만인의 만인에 대한 투쟁'[59]으로 묘사되는 사회의 비도덕성으로부터 우리를 안전하게 지켜 준다. 이 같은 관점에 따르면, 도덕적으로 선한 행동은 고결한 가치를 내포한다.

둘째, 인간은 진화를 한다는 이유다. 타고난 도덕성은 자연 선택의 원리에 의해 점차 진화하며 인간의 본성으로 자리 잡는다. 예를 들어, 협력적이고 친사회적 행동의 도덕적 요소는 공동 육아라는 맥락에서 진화했을 것으로 추측된다. 만약 내가 자녀를 보호하고 양육하는 데 누군가 도움을 주면 나도 그에 맞는 보답을 한다. 그럼 우리 두 사람 모두 안전하게 자녀를 길러 각자의 유전자를 대물림하게 될 가능성이 크다.[60] 생물학자 에드워드 윌슨Edward O. Wilson은 도덕성에 대한 진화론적 견해를 두고 이렇게 말했다. "대부분의 이타주의는 궁극적으로는 이기주의 속성을 갖고 있어 매우 복잡하다."[61] 하지만 그렇다고 해도 도덕성은 스스로에 대한 인식과 가치에 핵심적인 역할을 하도록 진화했다. 실제로 우리는 가족뿐 아니라 타인에게도 동정심이나 포용심 같은 도덕적 정서를 적용한다. 또 우리의 행동이 스스로 도덕적이라고 여기는 범위에서 벗어나면, 나 자신뿐 아니라 다른 사람에게도 그것을 정당화해야 할 필요성을 느낀다.[62]

마지막으로 우리가 도덕성에 큰 가치를 두는 이유는 도덕성을 통해 인간 성취의 이상을 실현할 수 있기 때문이다. 고대 그리스 철학자 에피쿠로스는 "우리 삶의 최종 목표는 쾌락의 증진과 고통의 감소"라고 말한 것으로 유명하다. 하지만 그는 도덕성과 관련한 말을 남긴 것으로도 유명하다. "분별을 갖고 영예롭고 정당하게 행동하지 않고 행복한 삶을 기대할 순 없다. 용기를 갖고 절제하며 관대하게 행동하지 않고 행복한 삶을 기대할 순 없다. 친구와의 사귐 없이, 내 것을 나누지 않고 행복한 삶을 기대할 순 없다."[63] 요컨대 도덕적 표준을 따르지 않고는 아리스토텔레스가 말한 '행복한 삶 eudaimonia'에 도달할 수 없다는 것이다.[64] 임마누엘 칸트의 현대 철학

에서 도덕적인 것은 정언명령(모두에게 예외 없이 적용되는 행동 규칙)이
다. 다른 모든 존재와 달리 인간은 보편적이고 본질적인 가치를 지
닌 도덕 원칙을 분명히 표현할 수 있기 때문이다.[65] 타인에 대한 배
려는 동서양을 막론하고 도덕적 전통의 핵심 가치다. 플라톤과 아리
스토텔레스 저술의 기초가 된《서구문학정전*Western Canon*》에서는 용
기, 절제, 정의, 지혜 네 가지를 기본 덕목으로 언급한다. 이와 함께
공자와 맹자의 철학에서는 인(자비와 연민, 인간애), 의(정직, 정의), 예(지
식과 예절), 지(신뢰와 진실), 신(지식과 지혜) 다섯 가지를 인간이 지켜야
할 미덕으로 간주한다.[66]

　이 같은 맥락에서 우리의 도덕성을 개발하고 주장할 수 있게 해
주는 개인과 조직, 기관, 공동체는 우리에게 영향을 줄 수 있다. 누
구나 자신이 추구하는 가치에 따라 행동하기를 원하고, 이것이 좌절
되었을 땐 불안이나 어긋남, 수치심을 느낀다.[67] 따라서 우리는 내가
추구하는 가치를 그대로 반영하는 집단에 끌리게 마련이다. 나의 가
치를 그들의 가치에 연결지어 결과적으로 나 자신을 선한 존재로 간
주한다. 소비자 행동의 영역에서 보면, 브랜드나 조직, 리더는 오늘
날의 도덕적 가치와 일치하는지에 따라 권력을 얻을 수도 잃을 수도
있다.

　변화를 촉구하며 사람들을 동원하기 위해 도덕적 원칙에 호소
하는 것도 보편적 힘의 원천이다. 마하트마 간디를 비롯해 넬슨 만
델라, 마더 데레사, 말랄라 유사프자이[Malala Yousafzai] 등 사회적 변화
를 주도한 대표적인 인물을 떠올려 보자. 이들의 목표는 다른 사람
에게 영향을 주는 것이었다. 지난 2019년 열여섯의 나이로 스웨덴

의 환경운동을 이끈 그레타 툰버그Greta Thunberg 역시 마찬가지였다. 그녀는 '미래를 위한 금요일Fridays for Future'이라는 구호를 내걸고 스웨덴 정부에 기후문제 해결을 촉구했다. 참가자들은 대부분 학생으로 구호에 걸맞게 매주 금요일 수업에 결석하며 시위를 이어 나갔다. 당시 시위에는 전 세계 163개국에서 약 400만 명이 참여했다.[68] 이처럼 도덕적 호소는 강력하지만, 늘 선한 것만은 아니다. 다른 개인이나 집단, 국가에 '부도덕한 색깔'을 덧입히며 사람들을 동원하기도 한다. 이에 대해 생물학자 윌슨은 이렇게 말했다. "인간은 명예 규범에 대해서는 일관되게 행동하지만, 그 규범을 누구에게 적용할 것인가에 대해서는 끝없이 변덕스럽다."[69]

도덕성을 지니고자 하는 욕구는 보편적이지만, 도덕성을 얼마나 가치 있게 여기고 배양할 것인지는 사람마다 다르다.[70] 사람에 따라 돈에 대한 사랑과 지배하려는 욕구가 선한 사람이 되고자 하는 바람을 압도한다. 화석연료의 사용이 인류에 미칠 끔찍한 위협을 알고 있었음에도 화석연료 생산으로 수십 년간 큰 이익을 본 사람들은 결코 도덕적인 행동을 했다고 볼 수 없다. 반면 도덕성을 최우선 가치로 여기는 사람들도 있다. 제2차 세계대전 당시 파시스트 저항 세력을 비롯해 베이징 천안문 광장에서 민주화 시위를 주도했던 학생들, 독재로부터 자유와 정의를 수호하며 스러져 간 수많은 생명이 바로 이들이다.[71]

지위, 소속감, 성취감과 마찬가지로 도덕성을 정의하는 기준도 사회적 해석의 대상이다. 19세기 철학자 프리드리히 니체는 도덕성을 시대를 초월한 객관적 진실이 아닌 문화 및 역사적 환경의 결과

물로 보았다.[72] 예를 들어, 우리는 여전히 아리스토텔레스의 기본 덕목은 인정하면서도 노예제를 정당화하고 인간 평등사상을 거부한 논리는 더 이상 용납하지 않는다. 전족은 수 세기에 걸쳐 내려온 중국 귀족 가문의 대표적 풍습이었지만, 결국 야만적이고 부도덕한 관행으로 여겨져 사라졌다. 또 1980년대에만 해도 모피는 부와 고급 패션의 상징으로 간주되었다. 그러나 1990년대 이후 동물의 권리를 보호하기 위한 세계적 동물보호단체 페타[PETA][73]의 활약 덕분에 그 상징적 가치는 급락했다. 페타는 사람들의 도덕적 나침반을 이용, 모피를 우아함의 상징에서 잔인함의 상징으로 바꿔 놓았다.

다른 사람이 무엇을 원하는지 정확히 파악하기 •

지금까지 우리는 사람들이 안전감 및 자존감이라는 기본적인 욕구 충족을 위해 다양한 자원을 활용하고 있음을 살펴보았다. 여기에는 물질적 부, 지위, 성취감, 소속감, 자율성, 도덕성이 포함된다. 그러나 우리는 이들 자원이 모든 상황에서 모든 사람에게 똑같이 매력적이지는 않다는 사실 또한 확인했다. 욕구 충족에 활용되는 다양한 자원은 사람들이 어떤 가치를 왜 중요하게 여기는지 기본적인 통찰을 제공한다. 그러나 때로는 다른 사람이 무엇을 원하는지 제대로 알기 위해서는 자신의 상황에 대한 주의 깊은 관찰이 필요하다. 이 과정이 선행되어야 비로소 명예와 물질, 자율성, 도덕성 등 다양한 자원 가운데 무엇을 제공해야 내가 힘을 발휘할 수 있는지 확인할 수 있다.

닝 제트Ning Z의 이야기를 통해 이 점을 좀 더 구체적으로 살펴보도록 하자.[74] 중국 출신의 제트는 경영학 석사 과정MBA을 마친 후 호주의 한 대기업 전략 고문으로 부임했다. 그의 과제는 사내 콜센터

● 사람들이 가치 있게 여기는 것을 이해하는 프레임워크

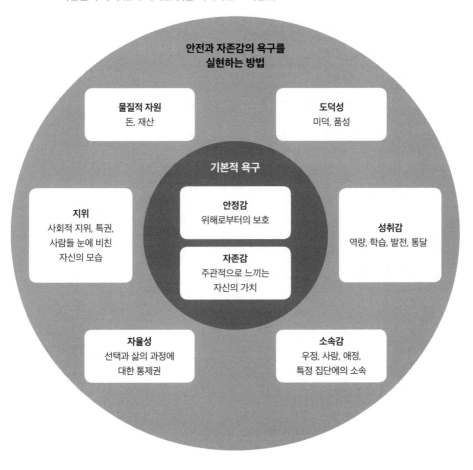

의 부진한 업무 실적을 개선하는 것이었다. 하지만 시작부터 벽에 부딪쳤다. 겉으로 보기에는 높은 직급이었지만, 그는 콜센터 관리자나 상담원에 대한 공식적 권한이 전혀 없었다. 더욱이 직원들의 업무 동기가 무엇인지, 그것을 어떻게 변화시킬 수 있는지에 대해 전혀 알지 못했다. 그가 아는 유일한 지식은 상담원의 사기나 의욕 부분이 늘 문제시돼 왔다는 점이다.

이에 대해 제트는 이렇게 말한다. "콜센터에 전화를 걸어 '귀사의 서비스는 정말 좋군요, 아주 만족합니다!' 이렇게 말하는 사람은 아무도 없습니다. 대부분 화가 난 상태로 소리를 지르죠.[75] 상담원들은 24시간 불만을 듣습니다. 이번엔 또 어떤 불만을 듣게 될까? 늘 긴장 상태에 있습니다. 고객들의 문제를 해결해 주지 못하면 상담원은 자신이 형편없는 존재라는 생각에 빠져듭니다. 꽤 자주 반복되죠. 콜센터 상담원의 결근과 이직 비율이 높은 건 어쩌면 당연한 결과입니다."

제트는 상담원들의 어려움에 깊이 공감했다. 그러면서 이들에게 안전감과 자존감이 결여돼 있음을 알게 됐다. 잔뜩 화가 난 고객들을 끊임없이 상대하는 와중에 본사에서는 실적을 이유로 툭하면 해고 명단을 발표했다. 그 속에서 안전감을 느낄 수는 없는 노릇이었다. 더욱이 상담원들은 좁디좁은 공간에 갇혀 온종일 홀로 일했고 월급도 많지 않았다. 이런 상황에서는 자존감도 낮을 수밖에 없었다. 상담원들의 직장생활은 비참할 정도였다. 제트는 이들의 업무 여건 개선을 돕겠다는 결연한 의지로 이 상황을 어떻게 타개하면 좋을지 우리에게 자문했다.

제트는 자신의 목표를 관철하려면 콜센터 직원들이 무엇을 필요로 하는지 정확히 알고 그들이 가장 가치 있게 여기는 자원을 제공하는 게 관건이라고 생각했다. 하지만 높은 연봉 같은 일부 자원은 제트의 권한을 넘어선 것이었기에 고려 대상에서 제외되었다. 그렇다면 제트가 상담원들에게 줄 수 있는 자원 가운데 그들이 필요로 하는 건 무엇이었을까?

상담원들이 가치 있게 여기는 것을 알아보기 위해 제트는 콜센터를 직접 방문하기 시작했다. 이때 상담원들이 본사 직원들을 적대시한다는 점도 유념했다. 제트는 당시를 회상하며 이렇게 말했다. "제가 문을 열고 들어가면, 상담원들은 너 나 할 것 없이 하던 말을 멈춥니다. 어색한 침묵만 흐르죠." 이에 제트는 접근 방식에 다소 변화를 주었다. 상담원들에게 이런저런 질문을 하는 대신 수요일마다 콜센터로 출근을 했다. 제트는 비어 있는 상담원 자리에 자리를 잡고 노트북으로 업무를 보았다.

그렇게 상담원 속에 섞여 일을 하자 문제가 바로 보였다. 온종일 성난 고객들을 상대하는 상담원들에게 좌석 정면과 양옆을 모두 가린 가림막은 홀로 떨어져 있는 듯한 외로움을 가중하는 요인이었다. 이에 제트는 가림막을 제거할 수 없는지 인사부에 물었다. 그러자 처음에는 컴퓨터 화면에 나타나는 고객 정보를 언급하며 개인정보 보호를 위해 안 된다고 거절했다. 하지만 제트는 끊임없이 설득했다. 화면이 보이는 문제는 전용 필름을 부착하면 되고, 좋은 품질의 헤드셋을 구입해 동료들의 상담 내용도 들리지 않도록 할 수 있다는 것이었다. 결국 인사부도 이에 수긍했고 삼면을 가리고 있던 가림막을 모두 없앴다. "상담원들은 서로를 바라보며 눈을 맞출 수 있게 됐습니다. 동료가 바로 옆에 있다는 사실에 안도감을 느꼈죠." 그렇게 아주 간단한 방법으로 상담원들의 안전감과 소속감에 대한 욕구를 충족할 수 있었다.

제트는 자신이 정장을 차려입으면 상담원들의 긴장감이 더 높아진다는 점을 알아챘다. 그래서 상담원들과 마찬가지로 청바지에 티셔츠를 입고 출근했다. 그러면서 상담원들은 제트와 같은 공간에서 일하는 걸 한결 편안하게 받아들였고, 말 한마디 걸어 주는 사람 없이 늘 혼자 일하는 그에게 왠지 모를 미안함이 생겨났다. 오래지 않아 상담원들은 제트에게 점심을 같이 먹자고 제안했다. 제트는 그때를 이렇게 회상했다. "처음에는 정말 이상했어요. 밥을 같이 먹긴 했지만 아무도 제게 말을 걸지 않았죠. 그래서 당시 겪고 있던 문제 등 제 이야기를 했어요. 저 역시 자신들과 비슷한 문제를 안고 있다고 생각해서인지 그 후로는 마음의 문을 열더라고요."

상담원들과의 대화를 통해 제트는 그들에게 업무에 대한 목적의식이 부재함을 알게 됐다. 콜센터 상담 업무는 돈을 벌기 위한 수단, 이 이상도 이하도 아니었다. 하지만 그들은 부업이나 봉사활동에는 아주 열정적으로 참여하고 있었다. 극단에서 공연하는 사람도 있었고, 농장에서 일하는 사람, 가족과 함께 베이커리를 운영하는 사람, 동물 구호단체에서 일하는 사람도 있었다. 이런 상황을 알게 된 제트는 한 가지 기발한 생각이 떠올랐다. 사내 카페테리아에 있는 텔레비전을 활용해 상담원들의 콜센터 밖 여러 가지 활동을 담은 사진이나 영상을 보여 주는 것이었다. 처음에는 상담원들을 일일이 찾아다니며 자료 제공을 부탁했다. 하지만 첫 영상이 나가자 반응은 뜨거웠고 너도나도 자료를 가져왔다. 자존감이 떨어져 있던 상담원들은 가족, 친구와의 이런저런 일상을 동료들과 공유하며 자존감을 회복해 갔다.

이후 상담원들은 업무에서 맞닥뜨리는 각종 문제를 기꺼이 나누었다. 제트는 하나도 빠짐없이 노트에 적으며 크고 작은 모든 문제를 하나씩 해결해 갔다. 예를 들어, 스크립트에 적힌 콜백 프로세스는 상담원들이 가장 난감해하는 부분 중 하나였다. 스크립트에는 영업일 기준 이틀 안에 콜백을 하도록 되어 있다. 그러나 호주의 공휴일은 주마다, 지역마다 모두 제각각이라 때로는 하루 안에 콜백을 해야 할 때도 있다. 이렇게 되면 상담원은 고객의 요청사항을 제대로 반영하기가 어렵다. 어느 수요일, 제트는 상담원들과 점심식사를 같이하며 이 문제에 관해 듣게 되었다. 다행히 그에게 스크립트 수정 권한은 있었지만, 수정 작업은 본사에서 이뤄져야 했다. 제트는 그 즉시 본사에 전화를 걸어 협조를 요청했고, 바로 다음 날 콜센터에 이렇게 알렸다. "스크립트 변경이 완료됐습니다. 지금 접속하면 확인하실 수 있을 거예요." 그러면서 상담원들이 지적한 여러 문제의 진척 상황과 예상 해결 시점까지 공유했다.

이에 상담원들은 크게 감명 받았다. "정말 최고예요. 이렇게 유능한 인재라니!" 상담원들의 반응에 제트는 이렇게 대답했다. "제가 이 자리에 있는 이유죠. 무엇을 어떻게 도울 수 있을지 언제든 말씀해 주세요!" 이후 상담원들은 '본사 특사'에 대한 의심과 두려움을 거두고 크고 작은 모든 문제를 제트와 의논하기 시작했다. 업무 능력

향상에 필요한 자원을 얻음으로써 자존감도 회복해 갔다. 이후 단 3 개월 만에 콜센터 직원들의 참여도를 비롯한 권한 위임률, 자율성, 만족도 지표가 모두 25%씩 상승했다. 이와 함께 고객 만족도, 생산성, 비용 등 모든 실적 지표도 크게 향상됐다. 이 같은 놀라운 성과에 본사에서는 전국의 모든 콜센터에 제트의 접근 방식을 적용하도록 요청했다.

신뢰 형성은 욕구 파악의 첫 단계 ·

제트는 부임 후 전혀 녹록지 않았던 상황을 아주 훌륭하게 헤쳐 나갔다. 높은 직급에도 불구하고 처음에는 콜센터 직원들에게 영향을 미칠 만한 힘이 전혀 없었다. 하지만 제트는 자신이 접근 가능한 범위 내에서 직원들이 가치 있게 여기는 자원이 무엇인지 탐색했다. 이를 통해 변화를 만들어 가는 데 필요한 동력을 확보했다.

제트의 성과가 더욱 인상적인 이유는 자신을 향한 강한 불신과 비판을 모두 이겨 냈다는 점이다. 앞선 사례에서 살펴봤듯, 무엇을 필요로 하는지 묻는다고 해서 늘 대답이 돌아오는 건 아니다. 상담원들이 무엇을 필요로 하는지 제대로 이해하려면 우선 그들의 신뢰를 얻는 일이 중요하다는 것을 그는 알고 있었다. 제트는 또 그들이 자신을 이리저리 평가하고 있다는 것도 알고 있었다. 특정 문화나 맥락에 관계없이 개인이나 집단을 평가하는 기준은 딱 두 가지, 능력과 따뜻함이다.[76]

능력은 상대방의 업무 효율성, 성과, 기술, 역량을 두루 포함한다. 따뜻함은 상대방의 진실함, 정직성, 관용을 일컫는다. 따뜻함이 상대방의 의도에 대한 신뢰를 뜻한다면, 능력은 그 의도를 실행할 수 있는 역량에 대한 신뢰를 뜻한다. 우리는 교류하는 사람의 능력과 따뜻함에 관심이 많다. 이를 통해 안전감이 채워지기 때문이다. 상대방이 나를 배신하지 않고 잘해 줄 거라는 신뢰가 있으면 우리는 안전감을 느낀다. 또 나의 필요를 채워 주고 어려운 상황에서도 내 곁을 떠나지 않으면 거기서도 안전감을 느낀다.

상대방의 능력과 따뜻함은 자존감을 높여 주기도 한다. 선한 의도를 가진 사람을 만나면 우리는 존중받고 보살핌을 받는 느낌이 든다. 그러면서 나는 그들이 베푸는 자비를 받을 만한 사람이라고 생각한다. 우리 주위에 능력 있는 사람이 있으면 덩달아 나도 더 유능한 사람처럼 느껴진다. 이 역시 자존감 상승의 요인이 된다. 요컨대 능력과 따뜻함은 대인관계 인식에서 가장 큰 비중을 차지하는 요소다.

제트는 자신이 상담원들을 돕기 위해서는 신뢰 형성이 먼저라는 것을 깨달았다. 자신의 선한 의도와 능력을 믿게 만드는 것이 먼저였다. 이 과정에서 능력보다는 선한 의도에 대한 신뢰 형성이 먼저라는 것도 직감했다. 그는 중국 국적의 외국인인 데다가 본사에서 나온 사람이었으므로 콜센터 직원들에게는 경계와 두려움의 대상이었다. 사람들은 동료의 능력과 따뜻함에 모두 가치를 두지만, 이견 조율이 필요한 상황에서는 따뜻함의 가치가 훨씬 커진다.[77] 유능한 얼간이(일은 잘하지만, 성질이 못된 동료)와 사랑스러운 바보(일은 못하지만, 마음씨가 착한 동료)를 선택해야 하는 상황에서 대부분 사람은 후자를 택한다.[78] 아무리 능력 있는 사람이라도 마음씨가 따뜻하지 않은 사람과는 함께 일하는 걸 꺼리게 마련이다. 반면 사랑스러운 바보와 일할 때는 그의 작은 능력 하나까지도 모두 가치 있게 여긴다.

물론 능력과 따뜻함을 모두 갖고 있으면 가장 좋다. 하지만 함께 일하는 동료를 선택하는 상대방의 입장에서 보면, 능력보다는 선한 의도와 도덕성에 대한 신뢰를 주는 것이 더 효과적이다(최소한의 능력은 갖추고 있다는 전제하에서). 치열한 경쟁의 수익 중심 산업(컨설팅, 투자금융, 사모펀드 등), 혹은 고도의 전문성을 요구하는 분야(외과, 소프트웨어 개발, 군대)에서는 능력이 따뜻함보다 훨씬 중요하다고 생각하기 쉽다. 하지만 이런 분야에서도 같은 원리가 적용된다.

제트는 이 점을 제대로 이해하고 실행했다. 자신을 향한 의심의 눈초리를 극복하기 위해 그는 사회심리학자들이 대인관계의 가장 강력한 원천으로 꼽는 친근함(콜센터 상담원들과 같은 층에서 바로 옆에 앉아 업무를 보았다)과 유사함(상담원들과 비슷한 고민을 안고 살아가는 사람임을 보여 주었다)을 이용했다.[79] 그리고 진정성을 갖고 상담원들의 업무 환경 개선 작업에 몰두했다. 이후 제트의 선한 의도가 확실히 인지되자 상담원들은 거리낌 없이 각자의 고민을 털어놓기 시작했고, 제트는 능력과 따뜻함을 바탕으로 자신의 능력을 끊임없이 입증해 냈다. 문제가 생기면 정면으로 대응했고, 본사 인맥을 최대한 활용해 상담원들의 고충을 해결해 나갔다. 마침내 제트는 누구나 함께 일하고 싶어 하는 모두의 스타가 되었다.

이번 장에서 우리는 상대방에게 가장 필요한 자원을 찾는 일종의 로드맵을 그려 보았다. 첫 번째 단계는 주어진 상황에서 상대방이 무엇을 가치 있게 여기는지 알아내는 것이다. 그것은 돈이나 지위일 수 있고, 우정이나 지지의 관계, 혹은 성취감일 수도 있다. 항상 그런 것은 아닐 테지만, 이들 자원은 대부분 상황에서 어느 정도 관련이 있다. 두 번째 단계는 상대방이 가치를 두는 자원을 통제하는 사람이 누구인지 파악하는 것이다. 제트는 콜센터 직원들이 무엇을 원하는지 알아내는 것에 그치지 않고 그 자원에 어떻게 접근해 상담원들에게 제공할 것인지도 효과적으로 밝혀냈다. 그렇다면 우리는 필요한 자원에 대한 접근 권한을 누가 왜 통제하는지 어떻게 알아낼 수 있을까? 다음 장에서는 사람들이 가치를 두는 자원에 접근하는 열쇠를 가진 사람이 누구인지 식별함으로써 힘의 분배지도를 그리는 데 필요한 각종 도구에 대해 알아보도록 하자.

4
장

가치 있는 자원에 대한 접근은
누가 통제하는가?

1997년 7월 15일, 도나텔라 베르사체^{Donatella Versace}는 자신이 원치도 않던 권력을 갑작스레 얻게 됐다. 그날은 도나텔라의 오빠 지아니^{Gianni}가 패션계 유명인사에 집착하는 연쇄 살인범의 손에 플로리다 마이애미비치에서 무참히 살해된 날이었다. 지아니는 베르사체를 대표하는 천재적 크리에이터였다. 이에 도나텔라는 하루아침에 오빠를 대신해 회사의 크리에이티브 책임자를 맡게 되었고, 이후 회사는 글로벌 패션 기업으로 우뚝 서게 되었다.

지아니보다 열 살 어린 도나텔라는 그의 첫 번째 뮤즈였다. 도나텔라가 열 살 되던 해, 지아니는 도나텔라에게 가죽으로 된 검은색 미니스커트를 입혀 학교에 보냈다. 열한 살에는 도나텔라의 머리카락을 전부 탈색하기도 했다. 그 바람에 엄마에게 혼쭐이 나긴 했지만, 도나텔라는 거기에서 영감을 얻어 백금색으로 염색도 해 보았다. 성인이 된 후 도나텔라는 지아니가 회사의 크리에이티브 영역과 관련해 유일하게 믿고 조언을 구할 수 있는 가족이었다. 지아니는 디자인 업무에 집중한 반면 도나텔라는 글로벌 패션 트렌드에 대한 예리한 감각과 통찰로 회사의 혁신을 이끌었다. 그 결과 베르사체는 글로벌 패션기업으로 자리매김할 수 있었다. 당시 도나텔라는 앞으로는 슈퍼모델이 패션계의 상징으로 거듭날 것으로 예견해 여러 무명 모델을 독특한 정체성과 영향력을 지닌 유명인사로 성장시켰다. 이에 대해 도나텔라는 이렇게 말했다. "카를라 브루니, 클라우디아 쉬퍼, 나오미 캠벨, 신디 크로포드, 린다 에반젤리스타가 대표적이죠. 모두 제가 발굴해 회사로 데려왔어요."[1] 1993년, 지아니가 암으로 투병할 때에도 사람들은 그의 공백을 거의 눈치채지 못했다. 도나텔라가 업무 전반을 워낙 잘 이해하고 있던 덕분이다. 도나텔라는 지아니가 준비해 온 컬렉션을 시장에 출시하며 조용히 그의 빈자리를 채워 주었다.

이 같은 공로에도 불구하고 지아니가 살해된 후 도나텔라가 베르사체의 크리에이티브 책임자로 공식 부임하자 그녀가 지아니처럼 독창적인 성과를 만들 것으로 기대하는 사람은 거의 없었다. 도나텔라는 당시를 이렇게 회상했다. "아무도 저를 믿어 주지 않았어요. 심지어 저와 오랜 시간 함께 일해 온 제 팀원들까지도. 그들에게 저는 그저 위대한 천재의 어린 여동생일 뿐이었죠. 1990년대 이탈리아 기업은 온통 남자들이 지배하는 문화였어요. 그 속에서 제가 여자라는 사실은 아무런 도움이 되지 않았죠. 엄청난 책임감을 안고 따가운 눈총까지 견뎌 내려니 정말 힘들었어요. 하지만 당시 판매 실적은 좀처럼 마음에 들지 않았어요, 전혀. 오빠의 피땀으로 일구어 낸 유산을, 그 열정을 포기할 순 없었습니다. 우리 가족 내에서, 가족을 위해서, 또 오빠를 위해서 지켜야만 했어요."

도나텔라는 엄청난 대가를 치르며 헌신했다. "정말 간신히 꾸려 갔어요. 당장 다음 컬렉션을 어떻게 준비할지도 모를 만큼 시야는 좁아져 있었죠. 한 치 앞도 내다볼 수 없었어요. 혼자서는 아무것도 할 수 없다는 사실을 깨달았죠. 나 자신을 믿지 못했기에 그저 이 사람 저 사람에게 물어 보기 바빴어요. 자신감 회복이 절실했죠. 하지만 내 주위에서는 아무도 나를 믿어 주지 않았어요. 이사회에도 속해 있었지만 다른 이사들 눈에 나는 그저 창업자의 동생일 뿐이었어요. 전혀 중요한 존재가 아니었죠." 도나텔라는 당시를 회상했다.

오빠를 잃은 슬픔 속에서 회사까지 떠맡은 도나텔라. 그녀에게는 힘이 필요했다. 너무나도 절실했다. 하지만 힘을 얻기란 쉬운 일이 아니었다.

권력과 권위는 일치하지 않는다 •

도나텔라의 상황이 다소 특수하긴 했지만, 권력의 최정상에서 무력감을 느끼는 일은 드물지 않다. 조직의 서열은 얼핏 계층별 권력의 크기를 나타내는 것으로 보이기도 한다. 실제로 권력자를 식별하는 첫 번째 단계는 조직도를 확인하는 것이다. 군대에서는 지휘 체계에 따라 명령이 하달된다. 정계에서는 대통령과 총리만 행정명령을 내릴 수 있다. 기업에서는 관리자가 부하직원을 고용하고 해고한다. 이들은 모두 직함이 명령과 지휘, 의사결정을 할 수 있는 개인의 권위, 즉 공식적인 권리를 나타내는 사례.

그러나 권위가 곧 권력이 아님을 나타내는 사례는 수없이 많다. 영국 의료보장서비스^{NHS}에서 수행한 연구를 통해 우리는 힘의 원천으로서 공식적인 지위에만 의존하는 것이 얼마나 현실을 호도할 수 있는지 분명히 확인했다. 1년 동안 우리는 NHS 변화 계획안을 제출한 임상 관리사 68명을 추적했다. 이들 중 일부는 중간 관리자급이었고, 나머지는 선임 관리자급이었다. 하지만 조사 결과 관리자의 직급에 따라 부여되는 공식적 권위가 높다고 해서 이들의 계획안이 채택될 확률까지 높은 건 아니었다. 그렇다고 계층 구조가 중요하지 않다는 건 아니다. 대부분 조직은 계층 구조를 중시하고, NHS도 마찬가지였다. 하지만 그게 전부는 아니었다. 권위에서 나오는 힘은 상황별로 매우 달랐다.[2]

우선 문화에 따라 권위에 부여되는 힘의 크기는 달라진다. 예를 들어, 씨티은행^{Citibank}의 중국, 독일, 스페인, 미국 사무소를 비교 연구해 본 결과 홍콩 사무소의 직원들은 다른 지역 직원들보다 직장 내 계층 구조를 훨씬 주의 깊게 관찰하는 것으로 나타났다. 심지어 씨티은행은 지역에 관계없이 모두 같은 조직도를 갖고 있었다.[3] 심리학자 미셸 겔판드^{Michele Gelfand}는 5대륙 30개국에서 문화 규범을 주제로 연구를 진행했다. 그 결과 유교적 전통을 가진 나라에서는 존중과 경의를 나타내는 것이 매우 일반적이었다. 유교 사상은 사회질서유지의 필수 요소로서 역할과 책임 권위 관계를 중시한다.

겔판드는 국가뿐 아니라 조직이나 주, 사회계층, 지역사회에서 사람들의 행동 분석을 바탕으로 문화를 일종의 단단하고 느슨한 연속체로 분류한다. 사회 규범과 질서가 엄격한 단단한 문화에서는 규칙을 중시하고 권위에 민감하게 반응한다. 싱가포르가 대표적이다. 반대로 느슨한 문화에서는 계층 구조가 헐겁다. 이는 이스라엘이 대표적이다. 실제로 이곳에서는 별명을 부르는 게 일반적인데, 이는 지위가 높다고 해서 예외가 아니다.[4] 베냐민 네타냐후Benjamin Netanyahu 총리가 비비Bibi로 불리는 이유이다.

단단하거나 느슨한 성질과 관계없이 권위에서 나오는 힘의 한계는 모두에게 영향을 미친다. 견제와 균형을 바탕으로 한 민주주의 국가의 핵심 권력도 마찬가지다. 2012~2017년 프랑스 대통령을 역임한 프랑수아 올랑드 전 대통령은 이렇게 말했다. "대통령으로서 나의 힘은 공유하는 것이었다. 총리를 비롯해 장관, 관료, 지역대표, 시민사회가 함께 공유했다. 프랑스 대통령이라고 하면 사람들은 모든 개혁을 일방적으로 추진할 수 있는 힘을 가졌다고 생각한다. 하지만 그건 완전히 오해다! 사실, 힘은 변화를 유도할 수 있는 능력이다. 민주주의 사회에서 변화는 대체로 느리다. 힘이 분산돼 있기 때문이다. 그래서 힘은 타협이다."[5]

공식적인 권위나 지위가 힘과 결부된다는 생각을 빨리 멈출수록 특정 환경에서 진짜 힘을 가진 사람이 누구인지, 나도 그중 한 명인지 훨씬 효과적으로 알 수 있다. 도나텔라 베르사체의 사례에서 살펴봤듯 높은 직위에 있다고 해서 강한 권력이 주어지는 건 아니다. 대표가 되어도 힘을 얻지 못하는 상황이었다면 도나텔라는 과연 어떻게 해야 했을까? 질문 범위를 좀 더 넓혀 보자. 힘은 어떻게 그리고 왜 공식적인 계층 구조와 일치하지 않는 것일까?

이 문제에 답하기 위해서는 조직이 어떤 자원에 가치를 두는지,

그 자원을 누가 통제하는지 제대로 식별해야 한다. 이와 함께 자원에 대한 통제 권한이 없는 개인이 영향력 있는 존재가 되려면 어떻게 해야 하는지도 이해해야 한다. 권력을 행사하고 목표를 성취하는 길을 찾는 일은 누구에게나 쉽지 않다. 도나텔라처럼 유명한 특권층 사람이든 평범한 사람이든 마찬가지다. 도나텔라가 어떻게 힘을 찾게 되었는지는 이번 장 마지막에서 설명하도록 하겠다.

지위와 역할의 차이 •

1950년대 프랑스 담배회사 연구원들은 권력이 조직 구성원들에게 어떻게 축적되는지 이해하는 데 기초가 되는 연구를 수행했다.[6] 당시 담배회사는 직원들이 관리자에게 보고하고, 관리자는 다시 최고경영진에 보고하는 체계로 운영되고 있었다. 생산 공정의 모든 절차는 철저한 계획하에 엄격히 통제됐다. 그런 환경에서 권력은 계층 구조를 따라 최고경영진에 집중되었다. 자연히 이들의 모습이나 행동은 회사 내에서 가장 큰 힘을 가진 사람처럼 보였다. 하지만 현실은 달랐다. 대부분이 여성이었던 생산직 근로자들은 경영진을 크게 신경 쓰지 않았다. 대신 가장 큰 힘을 가진 것처럼 보이는 이들은 조직도상 맨 아래에 있는 유지보수 인력이었다. 이들은 매번 근로자들에게 뭔가를 요구했고, 근로자들은 그 즉시 요구를 수용했다. 이유는 무엇이었을까?

며칠 동안 직원들을 관찰하며 인터뷰한 결과 연구원들은 그 이유를 알 수 있었다. 공장의 기계는 고장이 매우 잘 났다. 고장이 나면 생산은 중단될 수밖에 없었다. 이렇게 되면 최고경영진이 세운 생산 목표 달성에 차질이 빚어질 뿐 아니라 생산직 근로자들의 임금 지급에도 문제가 생긴다. 이들의 임금은 일일 생산량에 따라 결정되기 때문이었다. 유지보수팀은 기계를 수리할 수 있는 유일한 인력이었다. 이들은 본인들이 이토록 높은 가치의 자원을 통제할 수 있는 유일한 인력임을 너무나 잘 알고 있었다. 그래서 그 전문성을 아주 철저히 관리했다. 그래서 이들은 생산직 근로자들에게 기본적인 보수 방법을 알려주지도, 유지보수 인력 충원을 요청하지도 않았다. 대신 핵심 지식은 자신들만 축적하고 기록이나 매뉴얼로 남기지 않도록 철저히 통제했다.

이처럼 직원은 자신의 역할에 따라 공식적인 지위가 부여하는 것보다 더 많은 힘을 가질 수 있다. 조직의 생존에 핵심적인 자원을 통제하기 때문이다. 고객을 대면해서 직접적인 수익을 내는 곳이 인사나 회계 같은 지원부서보다 더 많은 힘을 행사하는 이유가 여기에 있다. 비단 기업만이 아니다. 어떤 곳에서든 조직의 임무나 생존에 핵심 자원을 제공하는 사람은 공식 서열과 상관없이 힘을 갖는다.

따라서 권위는 권력의 원천일 수는 있지만, 권력을 보장하진 않는다. 따라서 권력은 최상위 계층에만 해당한다는 생각은 잘못된 것이다. 상사는 권위를 이용해 지시할 수는 있지만, 그렇다고 사람들이 그 지시를 반드시 따르는 건 아니다. 공식적 권위가 없는 사람도 핵심 자원의 접근에 대한 통제권을 가지면 다른 사람의 행동에 영향을 미칠 수 있다. 프랑스 담배회사의 유지보수 인력들의 사례에서 나타나듯 권력은 역할의 기능일 뿐이다. 그러나 권위와 권력 간 단절은 또 다른 채널, 곧 대인관계를 통해 나타나기도 한다.

조직도 제대로 보기 •

마뉴엘Manuel 이야기를 통해 네트워크 힘에 관해 구체적으로 살펴보자. 마뉴엘은 방위산업체 항공기 엔진 생산부서의 회계감사팀 재편성 임무를 맡고 새로 고용된 팀장이었다. 내부 회계감사는 이 업체에 매우 중요한 부분이었다. 국방부와의 계약을 유지하려면 연방정부의 회계 관련 기준을 엄격히 준수하면서 한 치의 오차 없는 완벽한 감사 절차가 필요했다.[7] 마뉴엘이 회계감사팀에 처음 합류했을 때 팀원들의 업무 처리 속도는 동종 업계 다른 팀보다 28% 느렸다. 마뉴엘은 그 원인을 감사팀과 행정팀 간 협업 부족으로 지적했다(아래 도표는 회계감사팀의 조직도를 보여준다). 이에 마뉴엘은 이전 직장에서 성공적으로 진행했던 몇 가지 기본적인 시스템 변화를 도입했다. 그는 감사관 한 명에 행정 직원 한 명을 붙여 한 팀으로 꾸렸다. 이때 어렵고 복잡한 업무를 진행하는 감사관으로는 비교적 경험이 많고 숙달된 행정 직원을 배정했다. 마뉴엘은 일정 관리 시스템도 도입해 어느 팀에 대한 감사가 언제 진행될지 미리 계획했다. 이를 통해 행정 직원들은 자신들의 업무량을 미리 가늠해 볼 수 있었고, 여러 감사가 동시에 진행되는 것을 막아 업무가 일시에 몰리는 것도 방지할 수 있었다. 마뉴엘은 이 같은 변화를 도입하기에 앞서

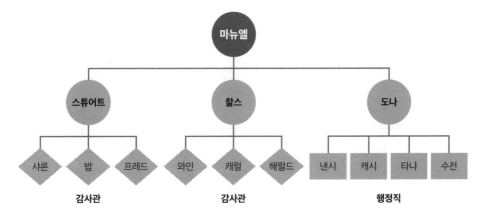

● 회계감사팀 공식 조직도

감사팀, 행정팀과 충분히 의견을 나눴고, 모두 만족하는 듯 보였다.

그러나 몇 주 뒤, 업무 지연 현상은 전보다 심해졌다. 마뉴엘은 좀처럼 이해할 수 없었다. 그가 도입한 변화는 매우 합리적이었고 논란의 여지가 없었다. 그런데 왜 작동하지 않았을까? 이유를 알기 위해 마뉴엘은 조직학자 데이비드 크랙하트David Krackhardt를 찾았다. 크랙하트는 간단한 설문지를 만들어 각 팀원에게 이렇게 물었다. "업무에 문제가 생겼을 때 누구를 찾아갔나요?" 아래 도표에서 특정 인물에게 향하는 화살표의 수는 조언이나 정보 요청을 위해 그 사람을 찾는 사람 수를 의미한다. 따라서 화살표의 수가 많을수록 감사 부서의 조언 네트워크에서 중요한 위치를 차지한다고 할 수 있다.

도표를 본 마뉴엘은 자신이 회계감사 부서의 핵심적 인물이 아니라는 사실을 한눈에 알 수 있었다.[8] 하지만 마뉴엘은 새로 부임한 인물이었기에 어쩌면 당연한 일이었다. 마뉴엘에게 조언을 구한 사람들은 그에게 직접 보고를 하는 부하직원뿐이었다. 이는 공식적인 조직도는 비공식적으로 나타나는 조언 네트워크를 극히 일부만 반영하고 있음을 알 수 있다.[9] 반면 낸시는 마뉴엘을 포함해 거의 모든 사람의 기준점이었다. 그녀는 공식적인 조직도에서 맨 아래에 있었지만, 조직 내에서 중요한 것과 그렇지 않은 것을 가장 잘 이해하는 인물이었다. 그녀는 어떤 규칙을 따라야 하고 어떤 규칙을 피해야 할지 알고 있었고, 감사 절차에서 드러날 문제를 미리 내다보는 놀라운 능력도 가졌다.[10] 이것이 모두가 그녀를 찾던 이유였다.

● **회계감사팀 비공식 조직도**

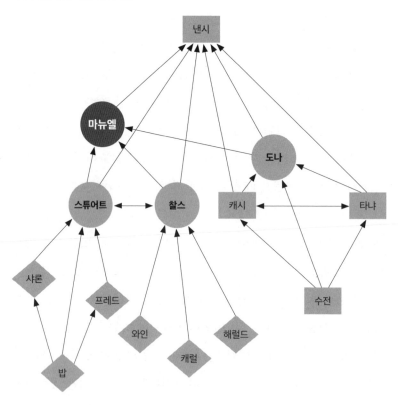

마뉴엘은 낸시의 관점과 영향력을 간과한 자신의 어리석음을 인식하고, 감사관과 행정 직원을 한 팀으로 묶은 것에 대해 그녀의 의견을 물었다. 그러자 낸시는 대답하기를 주저했다. 마뉴엘은 그녀의 상관이었기 때문이다. 하지만 마뉴엘은 재차 물었고, 낸시는 그다지 좋은 방법은 아니었다고 대답했다. 자세한 설명은 없었다. 이에 마뉴엘은 감사 업무를 자율적으로 할당하는 데 익숙한 행정 직원들이 자율성이 없어지자 불만이 생겼을 것으로 추측했다. 이후 마뉴엘과 낸시는 두 달에 걸쳐 행정 직원들이 감사관과의 협업에서 발언권을 더 많이 갖도록 업무 시스템을 개편했다. 그러자 한 달 만에 팀의 실적은 회사 전체 목표를 초과 달성했다. 그러면서 마뉴엘은 아주 중요한 사실 한 가지를 깨달았다. 변화를 주도하려면 조직 네트워크의 중심에 있는 사람들을 식별하여 참여시켜야 한다는 점이다.[11]

앞서 살펴본 제트의 사례도 마찬가지다. 그의 성과는 계층과 상관없이 모든 사람에게 신뢰를 준 것에서 비롯됐다. 사람들은 자신을 도우려는 제트의 의도를 신뢰했고, 그 의도에 따라 업무를 완수하는 그의 능력까지 신뢰했다. 이 같은 '사랑스러운 스타'는 동료들에 둘러싸여 조언 네트워크의 중심에 위치할 가능성이 크다. 이런 모든 연결점은 결국 정보나 연락처, 기회 등 사람들이 가치 있게 여기는 자원에 접근할 수 있는 권한을 증가시킴으로써 이들에게 힘을 부여한다.[12] 주변과 잘 연결된 행정 직원은 변화를 주도하는 데 있어 팀장보다 효과적일 수 있다. 해당 직원의 능력과 직급은 크게 상관없다. 변화를 위한 노력이 번번이 실패로 끝난 많은 CEO, 경영진이 우리에게 자문한다. 그리고 위와 같은 교훈을 매우 어렵게 얻는다. 네트워크에서 연결점이 많은 중간관리자에게 특정 임무를 위임하라고 조언하면 그들의 반응은 대부분 같다. 중간관리자가 자신보다 더 많은 힘을 가질 수 없고, 또 그래서도 안 된다고 생각한다. 하지만 시간이 지나며 우리의 조언이 유효하다는 것이 입증되고, 경영진은 힘의 근원으로서 네트워크 중심점의 중요성을 깨닫는다.[13]

경영진의 실수는 권위와 권력을 동일시하는 데서 발생한다. 권위를 통해 규칙 준수를 명령할 순 있지만, 헌신까지 강요할 순 없다. 따라서 변화를 도입하고자 한다면 지위 여하에 상관없이 가장 적합한 협업 대상을 식별해야 한다. 아무리 좋은 변화라 하더라도 그것을 실행하는 데 적절한 연결점이 없는 사람이 주도하면 제대로 된 변화를 기대할 수 없다.

힘의 배치도: 누가 왜 갖고 있는가? •

영향력을 행사하고자 할 때, 특히 새로운 역할이나 목표, 변화를 추구해야 하는 상황이라면 조직 내에서 나를 가장 잘 도와 줄 수 있는 사람을 식별하는 것은 매우 중요하다. 아무리 평범한 변화라고 해도 변화를 도입한다는 건 결코 쉬운 일이 아니다. 따라서 반드시 도움이 필요하다. 변화는 우리의 안전감이 위험에 처할 수 있는 신호를 촉발한다. 인간은 본래 현상 유지를 선호하고 변화를 거부한다. 심리학에서는 이를 '현상유지 편향'으로 일컫는다. 이 같은 본능은 너무 강한 나머지 스스로 충분히 통제할 수 있는 아주 사소한 변화마저 거부한다.[14] 이를테면 치약 브랜드를 바꾸는 일처럼 말이다. 나아가 다른 사람과의 관계 등에서 통제 감각이 사라지면 우리의 방어 경보 시스템은 더욱 크게 울린다. 조직 네트워크에서 긴밀하게 연결된 사람이 효과적으로 변화를 주도하는 이유다.[15] 네트워크 중심에 있는 사람은 신뢰를 얻고 이 신뢰는 영향력을 행사하는 통로가 된다. 특히 사람들이 위협을 느낄 때는 더욱 그렇다.

변화에 대한 저항을 극복하려면 공식적인 조직도를 한 꺼풀 벗겨 사람들이 서로 어떻게 연결돼 있는지 자세히 들여다봐야 한다. 그리고 다음 다섯 가지 질문에 대답할 수 있도록 상세한 힘의 배치도를 그려 봐야 한다. 그 질문은 다음과 같다. 팀에서, 전사 조직에서, 산업 전체에서 가장 강력한 힘을 행사하는 사람은 누구인가? 이들이 가치 있게 여기는 자원은 무엇이며, 각기 어떤 자원을 소유하고 있는가? 이들은 해당 자원에 대한 접근 권한을 얼마나 갖고 있는가? 이들이 동맹이나 제휴를 맺고 있는 사람은 누구인가? 이들과 당신 관계의 본질은 무엇인가?

연구에 따르면 네트워크 배치도를 그려 보는 자체가 힘의 원천이 된다. 1990년대 한 중소기업에서 진행한 연구 결과 조직 내에서 누가 누구에게 조언을 구하는지 정확히 알고 있는 사람은 더 많은 힘을 행사하는 것으로 나타났다. 그 사람의 공식적 지위나 네트워크상 위치는 상관없었다.[16] 이는 여러분이 가장 높은 지위에 있지 않더라도, 네트워크 중심에 있지 않더라도 힘의 배치도를 정확히 파악하는 것이 매우 중요하다는 것을 의미한다. 힘의 배치도란 누가 누구와 친밀하고, 누가 누구에게 영향력을 미치며, 누가 중요한 인물이고, 누가 인정을 덜 받는지, 당신을 거부하거나 지지하는 사람은 누구인지 밝혀내는 것이다.[17] 이런 배치도를 그려 보는 건 다소 교활해 보일 수 있다. 하지만 긍정적인 영향을 미치기 위해서는 반드시 필요한 과정이다.

그러나 사람들은 이 과정을 어려워한다. 마뉴엘처럼 네트워크 중심부에 있는 사람을 빠트리기도 하고, 많은 사람이 조언을 위해 찾는 사람으로 엉뚱한 이름을 올려놓기도 한다. 이런 실수는 어쩌면 당연하다. 인간의 관찰력은 제한적이고, 내가 속해 있는 사회적 테두리에서 벗어나지 못한다. 그래서 나와 떨어진 곳의 네트워크는 제대로 알지 못한다.[18] 아이러니하게도 힘을 더 많이 가질수록 사람들은 자신이 속한 네트워크를 정확히 보는 데서 주어지는 힘을 제대로 활용하지 못할 가능성이 크다. 이유는 무엇일까? 높은 직급에 있는 사람들이 어리석어서가 아니다. 이들은 자기 자신에게만 집중함으로써 낮은 직급 사람들에게 관심을 두지 않게 되고, 그들의 네트워크까지 따져 볼 의지가 없는 것이다. 이와 관련한 실험에서 힘이 있는 사람은 그러지 못한 사람보다 자신을 둘러싼 사회적 관계를 제대로 인식하지 못하는 것으로 나타났다.[19] 몇몇 기업에서 진행된 현장 연구에서도 비슷한 결과가 나왔다. 계층 구조의 상위에 있어 스스로 많은 힘을 가졌다고 생각한 사람은 직원 간 네트워크를 정확히 식별하지 못했다.[20]

힘의 배치도를 가장 잘 그리는 사람은 자신을 둘러싼 사회적 환경을 주의 깊게 관찰하는 사람이다. 이들은 길게 이어지는 지루한

회의에서 그저 시계만 들여다보지 않는다. 참석자의 행동이나 언어, 몸짓을 살펴보고 다른 사람과의 상호작용을 분석한다. 누가 누구 말에 따르는지, 어떤 동맹 관계가 새롭게 나타나는지, 숨어 있는 갈등은 무엇인지, 영향력을 얻거나 잃는 사람은 누구인지를 면밀히 관찰한다. 린든 존슨의 예리한 눈을 기억하는가? 필요하면 도움을 받을 수도 있다. 회의 참석 전, 꽤 많은 이야기가 오래도록 이어질 것으로 예상할 경우 린든은 탁월한 관찰력을 지닌 직원 한 명과 동석했다. 그래서 자신이 발언하는 동안 사람들의 몸짓이나 행동은 물론 누가 경청하는지, 누가 딴짓을 하는지 등을 자세히 기록하도록 했다.

이러한 관찰을 통해 답해야 할 또 다른 주요 질문은 '조직이 어떻게 보상하는가?'에 대한 부분이다. 승진 등의 보상을 유발하는 요인이 무엇인지 알고 나면 조직이 중시하는 가치를 알 수 있다. 질문할 때 상대방의 생각을 속단해선 안 된다. 제트의 콜센터 사례에서 알 수 있듯 사람들의 욕구가 확실히 나타나는 경우는 드물다. 네트워크상 위치에 따라 어떤 점이 유리한지 파악할 수 있다. 사람들과 긴밀하게 연결돼 있으면 힘의 배치도의 정확도도 올라간다. 더 많은 사람으로부터 정보를 얻을 수 있어 누가 왜 힘을 가졌는지 널리 공유된 생각을 좀 더 가까이에서 들여다볼 수 있기 때문이다. 반대로 네트워크 주변부에 머물러 있으면 정보를 제대로 얻지 못해 힘의 배치도를 정확히 파악할 수 없다.

그렇다면 여러분이 네트워크 중심에 있는지 어떻게 알 수 있을까? 연구 결과 이에 관해서는 다음 질문을 통해 아주 정확히 알 수 있다. '사람들이 내게 조언을 구하러 찾아오는가?' 만약 그렇다면, 여러분은 사람들에게 영향을 끼치고, 또 그들로부터 배우는 위치에 있을 가능성이 크다. 하지만 그렇지 않다면 영향력 있는 사람은 과연 누구인가? 사람들이 조언을 구하려고 찾는 사람은 누구인가? 앞서 언급했듯, 이 부분은 관찰을 통해 해결할 수 있다. 가까운 사람들과 이런 질문을 나눠 보자. "이 주변 사람들은 누구의 말을 듣지?" "누가 성공했고, 누가 힘든 시간을 보냈지? 각각의 이유는 무엇일까?" "당신이 합류한 후 이곳은 어떻게 변했지?" 그리고 다시 이렇게 질문해 보자. "우리 주변에서 본받을 만한 사람이 누가 있지?" 이렇게 질문의 범위를 조금씩 늘려 가다 보면, 힘의 배치도 파악에 필요한 자원도 점점 늘어난다. 이렇게 되면 누가 힘이 있는지 파악하는 것에서 나아가 나의 아군과 적군은 누구인지, 내 편으로 만들 수 있는 사람은 누구인지도 알 수 있다.

지지자와 반대자, 중립자를 그려 보기 • ⸳⸳⸳⸳⸳⸳⸳⸳⸳⸳⸳⸳⸳⸳⸳⸳⸳⸳⸳⸳⸳⸳⸳⸳

발전을 위한 변화를 추구하는 경우 조직 내에서 힘을 가진 사람을 식별하는 것만으로는 충분하지 않다. 힘의 배치도를 통해 여러분이 성취하고자 하는 것을 사람들이 어떻게 생각하는지도 알아야 한다. 앞서 마뉴엘의 사례에서 그가 낸시의 존재를 식별했어야 하는 이유가 여기에 있다. 마뉴엘은 사람들이 자문을 위해 가장 많이 찾는 사람이 낸시였음을, 낸시는 자신의 변화 계획을 탐탁지 않게 여기고 있음을 미리 인식했어야 했다. 낸시처럼 영향력 있는 인물, 곧 주변 사람들에게 변화에 동참하도록 유도함으로써 계획의 성공에 핵심적 역할을 하는 인물은 크게 세 부류로 나뉜다. 해당 계획에 긍정적인 지지자와 부정적인 반대자, 그리고 변화의 장단점 모두를 언급하며 뚜렷한 노선을 취하지 않는 중립자다. 목표 달성에 도움을 얻으려면 이들 중 누구를 양성해야 할까? 상호 신뢰 및 호감 관계를 구축하려면 누구를 영입해야 할까?

영화 〈대부 2The Godfather II〉[21]에서 주인공 마이클 코를레오네 Michael Corleone는 이렇게 조언한다. "친구를 가까이 두되 적은 더 가까이 두라." 이 말은 과연 맞을까? 우리는 진위를 판별해 보기로 했다. 대개 특정 계획에 대한 지지세력 확보에 쓸 수 있는 시간과 에너지는 한정적이다. 따라서 사람들은 최대한 효율적으로 자원을 쓰고 싶어 한다. 이에 우리는 NHS 연구에서의 변화 주체를 활용해 이들의 성공과 실패를 이들에게 영향을 끼친 사람들의 부류와 연결했다. 해당 부류는 예전부터 가까웠던 사람들, 혹은 변화 실행 과정에서 가까워진 사람들이었다.[22]

분석 결과 다음과 같은 결론을 도출했다. 지지자와 가까운 관계를 유지하는 건 우선순위가 아니라는 점이다. 물론 지지자를 식별해 변화를 함께 만들어 나감으로써 긴밀한 관계를 유지하는 건 매우 중요한 일이다. 하지만 그들과 친밀한 정도가 그들이 여러분의 목표를 수용하는 정도에 영향을 미치는 건 아니다. 여러분처럼 그들 역시 변화가 수용되길 원하기 때문이다.

하지만 반대자와 친밀하게 지내는 건 위험하다. 그들의 반대 이유를 알아보기 위해 대화를 해 보는 건 꼭 필요하다. 이를 통해 여러분의 계획이 좀 더 좋은 쪽으로 수정될 수도 있다. 그러나 그들의 부정적인 시선이 여러분에게도 영향을 미칠 수 있으니 주의해야 한다. 나와 반대되는 생각을 바꾸려는 목적으로 그들과 많은 시간을 보내다 보면 오히려 내가 그들로부터 영향을 받을 수 있다. 마뉴엘의 사례와 같이 계획된 변화의 강도가 그리 세지 않으면 반대 세력도 마지못해 지지 세력으로 돌아설 수 있다. 여러분을 동료로 생각하기에 동료가 추구하는 가치를 돕고 싶은 이유일 수 있다. 아니면 여러분이 베푼 과거의 호의에 보답하고 싶은 이유일 수도 있다. 그러나 반대 세력이 가치를 두는 자원에 접근을 막는 급진적 변화를 추진할 경우 따뜻한 감정만으로는 부족하다. 이 경우 여러분의 계획을 반대하는 강도가 여러분을 향한 애정 강도를 넘어선다. 이때는 지지자들을 만나는 것이 오히려 계획을 향한 열정은 물론 성공 가능성마저 줄게 한다. 이것은 변화 주체들이 범하는 가장 흔한 실수다. 이들은 평소 친밀한 관계를 유지해 온 반대 세력에 공을 들인다. 그들을 설득할 수 있다는 확신으로 이후에는 그들이 직접 다른 모든 반대 세력을 설득할 것으로 생각한다. 하지만 친밀한 관계는 반드시 상호적이다. 그들 역시 여러분에게 영향을 미칠 수 있다. 요컨대 반대 세력이 변화의 주체를 설득해 프로젝트 자체를 포기하도록 만들 수도 있다!

여러분이 가까이 두어야 하는 유일한 세력은 중립자들이다. 마이클 코를레오네는 언급조차 하지 않은 부류다. 차이를 만드는 건 결국 친밀함이다. 좋아하는 사람을 실망시키고 싶은 사람은 없기 때문이다. 심리학에서는 이를 '사회적 의무감'으로 일컫는데,[23] 우리는 모두 어느 정도 이 의무감을 느낀다. 중립자들은 갈피를 못 잡고 흔들리는 상태이므로 조금만 세게 밀어도 우리 쪽으로 넘어올 수 있다. 변화의 주체들이 보통 중립자들에게 관심을 쏟는 이유는 이 때문이다. 그렇다고 사람들의 마음을 조작하라는 건 아니다. 친밀감은 상호 신뢰에 기반을 두고 있으며, 신뢰는 깨지기 쉬운 만큼 각별히 소중하게 여겨야 함을 기억하자. 개인적으로 가깝지만 모호한 입장인 사람들에게는 시간과 에너지를 들여 변화의 필요성에 대해 진심으로 호소해야 한다는 점도 잊지 말자.

조직의 경계를 넘어선 힘의 배치도 •

여러분이 속한 부서나 조직 밖으로 영향력을 확대하고자 한다면, 더 크고 강한 저항을 예상해야 한다.[24] 이런 상황에서는 낸시처럼 팀 내에서 연결성이 좋은 사람이 되는 것만으로는 부족하다. 다양한 집단을 이어 주는 가교 역할을 할 수 있어야 한다. 심리학에서는 이를 '가교 중심성betweenness centrality'이라 일컫는다.[25]

이름에서 알 수 있듯 '가교'란 직접 연결되지 않은 두 사람 사이를 이어 주는 역할을 의미한다. 연결 고리가 없는 두 사람이 정보를 교환하려면 반드시 여러분을 거쳐야 한다. 따라서 가교 역할 자체가 힘의 원천일 수 있다. 이를 통해 양쪽의 정보는 물론 가치 있는 자원에 접근할 수 있는 통제권을 행사하므로 두 사람은 가교로서 여러분을 의지한다. 가교 역할은 또 연결이 끊어진 두 그룹의 아무도 모르

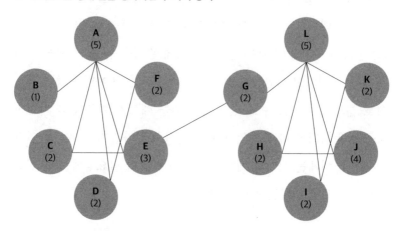

A, L은 가장 많은 연결점을 갖고 있는 반면(유명하고 인기 있는 사람) E, G는 양쪽 네트워크 간 정보 전달자(높은 가교성)다.

는 정보에 은밀히 접근할 수 있는 권한도 부여한다. 이 정보를 언제 어떻게 공유할지는 오직 여러분 손에 달려 있으므로 좀 더 정확한 힘의 지도를 그리고 가치 있는 관계를 구축하며 동맹을 형성하는 데 유리한 위치를 선점할 수 있다. 자, 그럼 이제부터 미국 환경보호청 EPA 국장을 역임한 캐럴 브라우너Carol Browner가 재임 당시 가교 역할을 어떤 식으로 활용했는지 구체적으로 살펴보자.

빌 클린턴 대통령이 임기를 시작하고 2년 뒤, 공화당은 40년 만에 처음으로 하원에서 과반수 의석을 차지했다. 당시 공화당 의원들의 벅찬 감정은 단순히 기뻐했다는 것만으로 설명하긴 부족하다. 확실한 모멘텀을 얻은 공화당 의원들은 본격적인 행보에 나섰다. 이 과정에서 뉴트 깅리치Newt Gingrich 의원은 공화당 의원들의 전폭적인 지지하에 '미국과의 계약Contract with America'이라는 구호를 내걸었다.

이에 정부의 개입을 최소화하고 전면적인 개혁을 추진해 각종 기관에 대한 규제와 예산을 줄이도록 요청했다.

당시 EPA에 근무하던 브라우너는 1만 7000명의 직원, 8조 4000억 원 규모의 예산을 관리하고 있었다.[26] 이곳의 주요 업무는 규제와 집행이었기에 공화당의 공격으로 EPA는 휘청일 수밖에 없었다. 그러나 타협을 종용하는 백악관의 경고에 브라우너는 당당히 반격했다. "헛소리 좀 그만하시죠. 사람들은 뉴 깅리치에 표를 준 거지 오염된 물과 공기에 표를 준 건 아니라고요."[27] 새로 부임한 젊은 여성이 제대로 된 역할을 해 주길 바랐던 것처럼 브라우너는 결코 물러서지 않았다. 저명한 공화당 의원들이 저항 세력인 이런 상황에서는 그들과 친밀한 관계를 구축해 뜻을 관철한다는 건 불가능에 가깝다. 브라우너는 당시를 이렇게 회상했다. "가까이 다가설 수 있는 의원들이 전혀 없었어요. 하나같이 저를 싫어했죠. 제가 그들에게 저항했으니까요. 한번은 어느 공화당 의원이 제게 헌법책을 던진 적도 있어요. 주머니에서 꺼내더니 저한테 바로 날리더군요." 하지만 브라우너는 대부분 변화 주체들이 하는 대로 실행에 옮겼다. 저항 세력의 말을 경청해 그들의 관점을 이해해 보려 노력했다.

그러는 한편 브라우너는 EPA에 대한 지원을 지속하려면 워싱턴 D.C.의 경계를 넘어 판의 주도권을 장악해야 한다는 사실 또한 인지했다. 이후 브라우너는 모든 언론사 편집장들과 미팅을 잡았다. 그리고 각종 자료를 보여 주며 호소했다. "이것이 대기오염 개선을 위해 우리가 벌인 활동입니다. 이것이 독성 폐기물 감소를 위해 우리가 행한 일들입니다. 아이들의 천식을 막고 깨끗한 수돗물을 공급하고자 우리가 진행한 것들입니다. 소위 '환경 경찰'이 필요한 이유가 여기에 있습니다." 이후 브라우너는 〈뉴욕타임스〉 사설 부문 편집장의 번호를 단축키로 저장해 둘 만큼 그와 친밀한 관계를 이어 나갔다. 뉴트 깅리치는 당시 하원에서 가장 영향력 있는 공화당 의원이었던 만큼 브라우너는 두려움도 느꼈다고 고백한다. 하지만 그녀는 이런 두려움을 훌륭히 극복했고, 결국 클린턴 대통령의 재선 성공에 큰 공을 세웠다. 언론 역시 그녀의 이런 스토리를 좋아했다.

이후 브라우너는 미국소아과학회와 미국폐협회를 비롯한 의료 및 환경 분야의 다양한 인사들과 교류했다. 이들이 지역 신문을 통해 목소리를 내기 시작하면서 브라우너는 차츰 전국 단위의 신문사 관계자들과 친분을 쌓아 나갔다. 그 결과 주민들의 요구를 대표하는 지역 의원들에게 압력을 가할 수 있게 되었다. 또 방송사 쪽에도 인맥을 만들어 여론을 형성하는 또 다른 채널을 만들었다. 요컨대 브라우너는 다양한 분야의 사람들과 관계를 형성하며 여러 조직 간 연결자 역할을 하게 된 셈이다. 다양한 협력 관계를 구축하고 언론사 인터뷰를 통해 조직의 목소리를 적극적으로 내기 시작하면서 EPA는 훨씬 강해졌고, 이를 통해 정부의 규제 역행 조처를 효과적으로 막아 낼 수 있었다.

힘의 지도가 없으면 위험하다 •

힘의 지도를 사용하면 지금 내가 속한 곳에서 가장 가치 있는 것은 무엇인지, 모두가 원하는 자원에 대한 접근 권한은 누가 가졌는지 제대로 식별할 수 있다. 어려운 환경에서 트래킹을 한다고 가정해 보자. 정확한 지도만 있으면 내가 원하는 목적지에 비교적 안전하고 수월하게 도착할 수 있다. 하지만 지도가 없으면 순식간에 위험한 상황에 빠질 수 있다. 이런 관점에서 투자은행에 근무하는 아카시[Aakash][28]의 어려운 상황은 우리에게 생각해 볼 거리를 제시한다.

인도 출신의 아카시는 미국 유명 투자은행의 아시아 지사에서 첫 직장생활을 시작했다. 이후 캐나다로 건너가 경영학 석사를 취득했고, 졸업 후에는 토론토 주요 은행의 인수합병팀에 합류했다. 누구나 탐을 낼 만한 자리였다. 이 같은 화려한 경력에도 불구하고 인수합병팀에서 버티기란 쉬운 일이 아니었다. 우선 업무 강도가 워낙 강했다. 일이 힘든 건 물론, 업무 시간도 길고 압박도 심했다. 하지만 새로 합류한 처지였기에 발언권은 전혀 없었다. 동료애로 버텨 보려고 했지만, 그조차도 쉽게 허락되지 않았다. 아카시는 팀에서 유일하게 갈색 피부를 가진 1세대 이민자였다. 그래서 그에게 손을 내밀어 줄 사람도, 그가 손을 내밀 사람도 전혀 없었다. 중산층 가정에서 양질의 교육을 받고 자라 줄곧 동남아시아에서 일해 온 아카시. 어디에도 낄 수 없는 소속감의 부재는 온전히 처음 경험하는 것이었다. 하지만 그는 의연했다. 그러면서 말했다. "이런 상황에서 나같은 사람이 미약하게나마 힘을 얻는 방법은 열심히 일해서 나를 인정해 줄 수밖에 없도록 좋은 성과를 내는 것이었다."

아카시는 그렇게 원하는 결과를 얻었다. 우수한 실적으로 사람들의 인정을 받았다. 하지만 그 대가는 그가 상상한 것 이상이었다.

앞서 아카시는 자신에 대한 첫 번째 팀장의 평가를 보자 화가 치밀어 올랐다. 거기에는 이렇게 적혀 있었다. "난 너 같은 사람 별로야." 하지만 아카시는 이내 마음을 가다듬었다. 그러고는 사내에서 까다롭기로 소문난 상사와 일할 기회를 얻고자 열심히 노력했다. 그 상사는 워낙 두렵고 무서운 존재라 인수합병팀의 유능한 동료들조차 함부로 가까이 갈 수 없는 사람이었다. 이 같은 아카시의 노력은 한편으로 성과를 보였다. 혹독한 8개월짜리 과제를 훌륭히 완수해 좋은 결과를 얻었다. 이는 무능한 신입사원을 1년 이내에 거르기 위한 장치였다. 하지만 그는 충분히 살아남았다. 그 결과 까다로운 상사로부터 인정을 받아 멘토와 멘티 관계로 거듭날 수 있었다. 아카시는 당시를 이렇게 회상했다. "뛰어난 인수합병 실적을 만들어 냄으로써 은행이 가치 있게 여기는 걸 제공했다. 그 결과 나는 직장에서 내 자리를 유지할 수 있었다. 하지만 정작 내가 가치 있게 여기는 건 잃어 버렸다. 아내나 친구와의 시간, 책 읽는 시간 등 삶을 가치 있게 만드는 모든 소소한 기쁨이 사라졌다. 내가 이곳을 떠나 다른 은행으로 자리를 옮긴 건 바로 이 때문이었다."

하지만 이직은 아카시가 생각한 것보다 훨씬 위험한 일이었다. 이탈리아 속담에 이런 말이 있다. "이쪽 길을 떠나 저쪽 길로 가는 사람은 이쪽 길의 장애물만 볼 뿐 저쪽 길의 장애물은 보지 못한다." 요컨대 이직할 때는 내가 가치 있게 여기는 대상을 통제할 수 있는 유리한 조건인지 반드시 사전 탐색을 거쳐야 한다는 것이다. 하지만 너무 급하게 이직을 결정하면서 아카시는 자신의 운명에 대한 통제력이 떨어질 것이라곤 생각지 못했다.

인수합병팀에 근무할 때 아카시의 임무는 훌륭한 제품 개발이었다. 고객과 대면할 일은 거의 없었다. 하지만 이직한 곳에서는 새로운 고객 확보가 주요 임무였다. 이를 위해서는 수익성 있는 사업을 맡길 만한 힘 있는 사람들과 인맥을 쌓고 교류하는 게 핵심이었다. 그런 고객을 '제대로' 선별해 그들과 비슷한 모습과 언어로 동질감을 심어 주는 게 관건이었다. 매일같이 야근하며 까다로운 상사의 비유를 맞추는 건 중요하지 않았다. 하지만 이른바 '아웃사이더'가 특히나 파벌이 심한 금융계에서 인맥을 쌓기란 여간 힘든 일이 아니었다. 아카시는 고백한다. "토론토 출신 백인이 절대다수를 차지하는 투자은행에서 '퍽 모자라고 말도 제대로 못 할 것 같은 인도 남자'가 고객을 확보하는 건 너무나 어려운 일임을 절실히 깨달았다." 최고의 금융 모델과 상품을 개발하는 그의 강점은 더 이상 가치 있는 자원이 아니었다. 몇 안 되는 인도 출신 동료 한 명은 은행을 그만두며 이렇게 말했다. "고객은 절대 우리를 신뢰하지 않아. 네가 이쪽에서 성장하고 싶다면 그게 문제지."

아카시는 당황스러운 마음을 감추지 못했다. 하지만 이내 패배를 인정하고 이렇게 결론지었다. "나처럼 캐나다 엘리트 사회와 권력 내부로 진입할 수 없는 사람은 권력 진입이 필요한 업무에서 벗어나 자신이 성공할 수 있는 곳을 찾아야 한다." 하지만 환경에 적합하지 않지만, 그런데도 직장에서 나의 업무나 노력을 포기할 의사가 없다면 어떻게 해야 할까? 재능이나 직업윤리와는 상관없이 아카시 같은 사람의 성공을 막는 게임의 법칙을 바꾸고 싶다면 어떻게 해야 할까? 포기는 격분하는 것만큼 굴욕적이다. 그렇다면 대안은 무엇일까? 아카시가 처한 곤경에 대한 정답은 도나텔라 베르사체의 사례와 관련돼 있다.

사람별로 다른 네트워크 특징 • ⋯⋯⋯⋯⋯⋯⋯⋯⋯⋯⋯⋯⋯⋯⋯

지금까지 살펴본 힘의 지도에 관한 내용은 가치 있는 자원 접근에 대한 통제권자를 결정하는 여섯 가지 핵심 요소를 보여 준다. 첫째, 도나텔라 베르사체의 경우와 같이 공식적인 권위가 권력을 보장하지 않는다. 둘째, 담배 공장 유지보수 직원들의 사례에서 나타나듯 직급에 관계없이 공식적인 역할은 조직의 성공에 핵심 자원을 통제할 수 있는 권한을 부여한다. 셋째, 낸시의 경우처럼 조직의 성공을 이끄는 핵심 직급이나 역할이 아니라고 해도 비공식 네트워크의 중심이 된다면 모두가 조언을 구하는 사람이 된다. 넷째, 사람들과의 연결점이 많다고 해서 네트워크가 힘을 제공하진 않는다. 네트워크 간 정보 전달자의 역할을 함으로써 가치 있는 자원에 대한 접근을 통제할 수 있다. 다섯째, 공식 조직도나 네트워크에서의 위치와 상관없이 누가 무엇을 가치 있게 여기고, 가치 있는 자원에 대한 접근을 누가 통제하는지를 아는 것만으로도 힘을 가질 수 있다. 이 같은 힘의 지도를 그리는 일은 매우 중요하며, 집중력과 질문 역량이 뛰어난 사람에게 유리하다. 여섯째, 아카시의 사례에서처럼 힘의 지도를 제대로 파악하지 못한 상태로 행동부터 할 경우. 늘 위험이 도사린다. 일곱째, 영향력 있는 사람들을 식별하는 것에서 나아가 그들 중 나를 지지할 사람, 배척할 사람, 중립에 설 사람을 가려내는 것도 중요하다. 끝으로 브라우너의 사례에서 확연히 드러났듯 동맹 관계를 맺으면 기존에 속해 있던 집단이나 조직의 범위를 크게 넘어 설 수 있다.

자, 이렇게 지금까지 누가 권력을 갖고 있는지 알아내는 방법과 함께 네트워크가 어떻게 권력의 기반이 될 수 있는지 알아보았다. 이제 오빠 지아니의 갑작스러운 죽음 후 궁지에 몰린 도나텔라 베르 사체의 사례로 돌아가 보자. 도나텔라의 네트워크가 그녀의 궁극적 인 성공에 어떻게 핵심 역할을 했는지 살펴보도록 하자. 우선 여러 분 자신에게 이렇게 질문해 보자. '만약 나라면 도나텔라에게 어떤 관계를 구축하라고 조언해 주었을까?' 베르사체 설립 기반이자 회 사의 생존과 성공에 핵심이었던 지아니의 탁월한 창의력. 회사와 업 계는 도나텔라가 바로 그 핵심 자원에 대한 통제력이 부족하다고 여 겼고, 그것이 그녀가 직면한 문제였다. 도나텔라는 직원 및 업계 주 요 인사들의 인식은 물론 본인에게 내재한 비슷한 인식도 바꿔야 했 다. 그런 상황에서 도나텔라는 과연 누구에게 기댈 수 있었을까? 회 사나 업계의 여자 동료? 아니면 당시에도 여전히 패션업계를 군림 하던 남자 동료?[29]

직장에서 여성의 관계를 묘사하는 고정관념은 전혀 상반돼 있 다. 부정적인 고정관념은 여성을 서로에게 적대적인 경쟁 관계로 묘 사한다.[30] 도나텔라의 친구인 가수 레이디 가가^{Lady Gaga}는 지난 2018 년 라스베이거스 콘서트에서 관중을 향해 이렇게 말했다. "음악산업 전체를 통틀어 나를 지지하는 여성 동료들의 숫자는 다섯 손가락이면 충분하다."[31] 많은 사람이 이에 동의할 것이다. 밑에서 치고 올라오는 후배에 대한 여왕벌의 치명적인 이미지도 이 같은 적대적 경쟁 관계를 묘사한다.

긍정적인 고정관념은 여성들이 가진 공통의 경험을 통해 의미 있는 연대와 상호 지원의 유대를 형성한다는 것이다. 오바마 1기 행정부에서 여성들이 서로의 의견을 들을 수 있도록 고안한 '증폭 전략'이 대표적이다. 이것은 한 여성이 의견을 냈는데 그것이 인정되지 않으면, 또 다른 여성이 같은 의견을 반복해서 내고 그에 대한 공로는 처음에 의견을 낸 여성에게 돌아가도록 하는 전략이다.[32]

두 가지 고정관념 가운데 어떤 게 진실일까? 여성들이 직업적으로 전문적인 인맥을 구축하려면 누구를 가장 중심에 두어야 할까? 여성 동료? 아니면 남성 동료? 우리는 이 질문에 대한 답을 찾기 위해 빌 맥에빌리[Bill McEvily], 에블린 장[Evelyn Zhang]과 함께 북미 지역의 한 대형 은행에서 2000명의 중간관리자를 대상으로 조사를 진행했다.[33] 이 가운데 40%는 여성이었다. 관리자들은 그들의 동료를 여러 가지 기준에 따라 평가했다. 여기에는 해당 동료가 얼마나 활력이 넘치는지, 신뢰할 수 있는지, 유능한지, 각종 네트워크와 자원을 나눌 의향이 있는지가 포함됐다. 이를 통해 총 2만 3648개의 결과가 도출됐고, 여기에는 특정 패턴이 또렷하게 나타났다.

평균적으로 남성은 능력과 신뢰, 동료가 업무를 수행할 수 있도록 지원한 정도 등 모든 항목에서 여성보다 남성을 더 긍정적으로 평가했다. 그렇다면 여성은 어땠을까? 여성들 역시 모든 항목에서 남성보다 여성을 더 긍정적으로 평가했다. 이처럼 성 연대에 대한 증거가 너무나 명확해서 처음에 우리는 다음과 같은 의문을 품었다. 여성 직원의 비율이 높아 다소 특이한 결과가 나온 건 아닐까? 조사가 진행된 2017년은 여성의 권리문제가 뉴스에 자주 등장하던 때라 결과가 왜곡된 건 아닐까? 이를 확인하기 위해 우리는 2006년 미국의 한 기술 기업에서 진행한 연구를 찾아보았다. 그런데 당시 측정한 9452건의 업무 관계에서도 이와 비슷한 성 연대 패턴을 발견할 수 있었다. 요컨대 직장에서 남성은 남성에게, 여성은 여성에게 더 우호적인 셈이다.

이 결과를 전문가와 학계에 공유하면 가장 흔히 나타나는 반응은 "정말?"이다. 여성도 남성만큼 놀란다.

한 명의 예외가 있다면 바로 도나텔라였다. 그녀는 이렇게 말했다. "전혀 놀랍지 않다. 여성의 연대가 주는 엄청난 힘을 경험했기 때문이다." 지아니의 사망 후 도나텔라는 베르사체 이사회에 남은 유일한 여성이었다. 그 사실은 그녀를 더욱 힘들고 고통스럽게 했다. 도나텔라는 당시를 이렇게 회상한다. "이사회 남성들은 아무도 제 말을 들어 주지도, 신뢰하지도 않았죠. 내게 필요한 도움을 준 사람도 없었고요. 몇 년간 정말 힘들었습니다. 자기 회의감에 너무 깊이 빠져 내 약점을 감추기 위해 가면을 썼어요. 화장을 짙게 하고, 옷도 검은색만 입어 위협적인 면모를 보였죠. 엄격한 표정을 한 채 미소라고는 전혀 짓지 않았어요. 말 그대로 가면을 썼죠."

시간이 지나며 도나텔라는 효과적인 지원 네트워크를 구축할 방법을 찾았다. "아주 강하고 심지가 굳은 여성들을 만났다." 그들 중 일부는 패션계 종사자였고, 여러 산업의 임원과 리더도 포함돼 있었다. 그 가운데 네 명은 베르사체 이사회에 합류해 도나텔라의 가장 굳건한 조력자 겸 비평가가 되었다. "내 능력을 전적으로 믿어주고, 생각이 현실로 바뀔 수 있도록 밀어붙이는 조력자를 드디어 만난 셈이다. 내면 깊은 곳에서는 뭐든 할 수 있다는 믿음이 있었지만, 오빠의 죽음 후 그 생각은 점차 옅어졌다. 하지만 이분들을 통해 그 믿음이 다시 살아났다."

도나텔라의 이 같은 사례는 최근 한 MBA에서 리더십 위치 확보에 도움을 주는 네트워크를 주제로 실시한 연구 결과와 일맥상통한다. 우선 남녀 졸업생 모두 MBA 학생 네트워크에서 연결점이 많을수록 더 좋은 곳에 취업한 것으로 나타났다. 하지만 최고 수준의 권위와 보상을 얻는 임원의 위치까지 오르려면, 여성에게는 한 가지가 더 필요했다. 여성들만의 이너 서클inner circle, 곧 친밀한 관계로 구성된 내부 세력이었다.[34] 많은 인맥과 여성끼리의 이너 서클을 모두 갖춘 여성은 인맥이 거의 없거나 남성이 지배하는 이너 서클을 가진 여성보다 취업한 곳의 수준이 2.5배 더 높았다. 강한 유대감으로 묶인 이들 여성은 고용주에 대한 정보는 물론 성별 관련 정보, 성공적인 취업을 위한 인맥 정보도 기꺼이 공유하는 것으로 나타났다. 반면 서로를 지원하는 유대 관계가 없는 여성의 경우 남성과 동일한 조건을 갖고 있어도 그들과 거의 같은 비율로 높은 지위까지 오르지 못하는 것으로 나타났다.

이러한 결과는 흥미로운 동시에 우려되는 부분도 없지 않다. 남성 위주의 사회에서 고군분투하는 여성들에게 있어 여성끼리 연대하며 지지할 수 있다는 것은 심리적 안정의 토대요 힘의 원천이다.

하지만 이것이 직장에서 어느 정도 힘으로서 구축되려면 소위 '젠더 네트워킹'에 반드시 참여해야 한다는 걸 의미할까? 안정감, 자존감을 찾기 위해서라면 그저 무의식적으로 같은 부류의 사람들과 몰려다녀야 할까? 성별 외에 다른 차별의 요소는 어떠한가? 아카시의 경우는? 소수민족이나 LGBTQ 커뮤니티, 장애인 등 정치적으로 도전받는 각종 사회집단은 직장에서 동료들과의 관계 형성에 앞서 그들만의 네트워크부터 만들어야 하는 것일까?

비슷한 사람들과 무리 짓는 행위는 매력적이다. 여러모로 나와 다른 사람들보다 내가 훨씬 더 잘 이해할 수 있고, 그들의 모습에서 나를 발견하기 때문이다. 유유상종,[35] 이것이 인간관계의 기본 법칙이다. 하지만 인구통계학적 유사성에 기반한 네트워크를 형성하고, 여기에만 의존하는 건 주의해야 한다. 연대의 힘은 내가 속한 사회집단이 귀중한 자원에 대해 어느 정도 통제력을 행사할 수 있을 때만 유효하기 때문이다. 또 내가 속한 사회집단이 소수집단일 경우 강력한 위치를 보장받기도 힘들다.

더 중요한 것은 나와 비슷한 점이 많지 않은, 전혀 다른 사람들과의 관계 형성에 실패하면 결국 패배자가 되고 만다는 것이다. 다양한 네트워크를 통해 우리는 다양한 배경과 생각, 경험을 가진 사람들을 만나게 된다. 이 과정에서 이런저런 지식과 기회, 혁신적인 통찰을 얻게 되고, 궁극적으로 우리의 성공 가능성이 커지는 것이다.[36] 이처럼 다양한 네트워크에서 활동하다 보면 시야가 넓어져 좀 더 정확한 힘의 배치도를 그릴 수 있게 된다. 또 같은 생각과 시선을 가진 사람들과만 어울릴 때 발생하는 확증편향confirmation bias도 피할 수 있다. 같은 부류의 사람들과만 어울리면 매우 제한적이 되며 장기적으로 해로울 수 있다. 도나텔라 베르사체가 여성 연대의 힘을 인정하면서도 남녀 비율을 적절히 유지해 다양한 배경과 경험을 가진 사람들로 이사회를 구성한 것은 이런 이유 때문이었다.

실제로 베르사체 크리에이티브 팀은 다양한 국가 출신으로 구성되어 있다. 이에 대해 도나텔라는 이렇게 설명한다. "세계 각지에서 디자이너를 채용합니다. 중국, 인도, 영국, 이탈리아, 아프리카, 필리핀 등 무척 다양하죠. 이들이 서로 소통하는 모습은 정말 아름다워요. 세상을 바라보는 눈에서부터 경험과 배경이 모두 다른 이들이 서로 소통하면서 놀라운 대화가 오가고, 그 속에서 우리의 생각이 변화합니다." 이처럼 다양한 네트워크는 도나텔라가 가장 중시하는 자원, 바로 창의성에 접근할 수 있는 권한을 제공한다.

가능성이 없는 곳에서 유사성 찾기 •

하지만 여러분은 이런 식으로 이의를 제기할 수 있다. 도나텔라처럼 권력의 상층부에 속한 의사결정권자는 팀원에 대한 선발권을 갖고 있어 다양성을 수용하기가 비교적 쉽지 않은가? 권력의 상층부에 속하지 않은 사람들은 어떻게 강력하고 다양한 네트워크를 구축할 수 있는가? 이것이 바로 많은 소수민족과 여성들이 매일같이 겪는 어려움이다. 이들은 문화 및 경험의 차이와 상관없이 의미 있는 방식으로 다른 이들과 연결되도록 끊임없이 요구받는다. 네트워크 구축이 어려운 이유는 바로 이 때문이다. 유사성은 대인관계를 결정짓는 주된 요인이다. 우리는 자연스레 나와 비슷한 사람과 관계를 맺는다. 그들을 통해 나 자신을 증명하면서 자존감이 높아진다.[37] 그들은 또 여러모로 예측 가능해 우리에게 안정감을 준다. 하지만 유사성은 여러 가지 형태를 취한다.

우리는 사회학자들이 '사회적 초점social foci'[38]이라고 부르는 것을 중심으로 네트워크를 형성한다. 사회적 초점은 공유하는 활동 및 관심사, 연합으로 비슷한 생각을 하는 사람들끼리 관계를 구축할 수 있도록 기회를 제공한다. 아카시의 경우를 예로 들어 보자. 그가 새로운 직장에서 효과적인 관계 구축을 위해 필요한 대상은 기업 임원이나 투자자들이었다. 이를 위한 '초점'은 골프클럽이나 그가 졸업한 학교의 동문 네트워크, 아카시를 배척했던 각종 사내모임이었을 것이다. 하지만 각 분야에서 일가를 이룬 전문가들은 그들의 사회적 환경과는 상당히 거리가 있지만, 진정한 관계 형성으로 성공에 중요한 역할을 한 여러 가지 관심사와 연합에 대해 언급한다.[39] 예를 들어, 캐나다 토론토에서 활동하는 주요 인물들은 인도주의적 노력 및 각종 사회사업에 매우 깊숙이 관여하고 있다. 실제로 아카시를 포함한 각계 인사들은 이러한 노력에 동참함으로써 공통의 관심사를 기반으로 전혀 다른 환경의 사람들과 탄탄한 유대 관계를 형성하고 있다. 이것은 직원들이 주도하는 각종 계획에도 적용될 수 있다. 이런 과외 활동은 지휘 체계의 기능적 경계를 넘어 네트워크를 형성하는 기회를 제공한다. 이와 함께 '초점'은 단순한 개인적 열정과 관심사로서 두 사람이 우연히 이를 공유하면서 가까워질 수도 있다.

가능성이 없는 곳에서 유사점을 찾으려면, 다양한 질문을 하면서 상대방의 이야기에 귀 기울여야 한다. 그렇게 하다 보면 공통의 경험이나 관심사, 흥미를 찾을 수 있다. 물론 쉬운 건 아니다. 때로는 이 과정에서 엄청난 장애물을 만나기도 한다. 그러나 대부분의 사람은 가치 있는 자원에 접근 권한을 가진 사람들과 진정한 관계를 맺는 데 필요한 공통점 한두 개는 어렵지 않게 발견할 수 있다.

하지만 그 권력자들과 연결되는 것 이상을 원한다면 어떻게 해야 할까? 권력자 자체를 바꾸고 싶다면 말이다. 이것은 아카시가 직면한 가장 큰 좌절이었다. 독보적인 능력을 갖춘 존재가 아닌, 그저 우스꽝스러운 악센트를 가진 갈색 머리 남자로 평가받을 때의 불공정함. 아카시도 이럴진대 아카시보다 훨씬 불리한 상황의 사람들은 어떤 감정을 느끼며 살아갈까? 또 사람과 자원에 가치를 부여하는 방식을 변화시키고자 한다면? 과연 우리는 기존의 권력 계층에 도전할 수 있을까? 가능하다. 이 부분은 6장에서 살펴볼 것이다. 하지만 기존의 뿌리 깊은 권력 계층 해소 방법을 알아보기 전에, 계층이 어떻게 탄생했는지에 대해 먼저 살필 필요가 있다. 계층은 왜 그렇게 허물기가 어려운 걸까? 사람들은 계층 권력 해소에 대한 필요성을 언제 느끼고, 그런 기회를 언제 갖게 될까? 다음 5장에서는 이 부분부터 살펴보도록 하자.

5
장

좀처럼 허물어지지 않는 권력,
그러나 희망은 있다

권력은 '소유'할 수 없고 일부 상위층만의 전유물도 아니라면, 권력이 유독 특정 집단에게만 축적되는 이유는 무엇일까? 이 같은 권력 계층의 공고화는 신비스럽긴 하지만 부인할 수 없는 사실이다. 실제로 왕조의 통치는 수천 년간 중국을 정의했고, 세습 군주제는 수 세기 동안 유럽을 지배했다. 고대부터 내려온 인도의 카스트제도는 오늘날까지 세습돼 인도 민주주의가 넘어야 할 산으로 자리하고 있다. 이와 함께 인류 역사의 시작부터 남자는 여자보다 압도적으로 큰 힘을 행사해 왔다.

노예제는 이처럼 서열화된 권력의 가장 극단적인 형태다. 다른 사람을 '소유'한다는 건 가장 극단적인 형태의 차별이요 불공정한 처사다. 하지만 미국에서는 노예제가 수 세대에 걸쳐 이어져 왔고, 이후 남북전쟁으로 나라가 둘로 쪼개질 위기에서 가까스로 종식되었다. 그러나 남부의 패배가 공식화되었다고 해서 흑인에 대한 인종차별까지 사라진 건 아니었다. 물론 수정헌법 제13조로 노예제는 완전히 금지되었다. 하지만 1세대 아프리카 노예들이 미국 버지니아 땅을 밟은 지 400년이 지난 지금까지도 백인 우월주의의 신화는 여전히 미국 사회를 지배하고 있다. 흑인이라는 이유로 사법체계 안에서 과잉진압 대상이 되고, 기업조직 안에서는 실력만큼 인정받지 못한다. 다수의 미국 흑인은 정치적인 각종 권리를 박탈당한 채 경제적으로는 빈곤하며 경찰에게는 인간 이하의 취급을 받고 살아간다. 지난해 봄 브리오나 테일러Breonna Taylor와 조지 플로이드George Floyd 사망 사건은 그동안 미국 흑인들이 겪어 온 수많은 폭력과 상처, 불공정을 일깨우는 강한 촉매가 되었다.

노예제 및 왕조 통치, 그리고 고착화한 인종차별과 성차별은 모두 변화에 거부하는 속성을 지닌 권력 계층에 그 뿌리를 둔다. 이 같은 권력 계층의 구조는 매우 탄탄하다. 한 번 세워지면 좀처럼 허물어지지 않는 권력의 속성 탓이다. 권력에는 관성도 있다. 그래서 어떤 식으로든 일단 권력이 형성되면, 그로 인해 권력 계층이 성립되고 이 계층은 합법적인 힘을 얻는다. 이는 곧 '자연 질서'가 되고, 우리는 그것이 사람이 만든 질서라는 사실을 망각한다.[1] 한 가지 다행스러운 점은, 인간이 만든 것은 인간이 바꿀 수 있다는 것이다.[2] 허물기가 쉽지 않을 뿐 완전히 허물 수 없는 건 아니다.

그렇다면 권력 계층을 어떻게 허물어뜨릴 수 있을까? 그전에 먼저 권력 계층을 만드는 데 필요한 것을 살펴보도록 하자.

권력 계층을 만드는 데 필요한 것 • ┈┈┈┈┈┈┈┈┈

제인 엘리엇Jane Elliott은 아이오와의 작은 시골 마을의 초등학교 교사였다. 1968년 4월 4일, 텔레비전을 보던 엘리엇은 마틴 루터 킹 목사가 암살됐다는 소식을 접했다. 슬픔과 절망에 휩싸인 엘리엇은 뭐라도 해야 할 것 같은 생각이 들었다. 그래서 자신이 담임을 맡고 있던 3학년 학생들에게 흑인들이 매일같이 겪는 각종 불공정한 처사를 일깨워 주기로 했다.

다음 날, 엘리엇은 눈동자 색깔로 학생들을 두 그룹으로 나누었다. 그러고는 말했다. "이 교실에서는 갈색 눈을 가진 사람들이 우월해. 더 깨끗하고, 더 똑똑하지." 그러면서 인간의 지능은 몸속에 있는 멜라닌 색소의 수치로 이미 다 결정돼 있다고 설명했다. 멜라닌 색소가 많을수록 눈동자 색깔이 더 짙어지고, 더 똑똑하다는 논리였다. 그러고는 온종일 갈색 눈 아이들에게만 이런저런 혜택을 주며 우대했다. 예를 들어, 파란 눈 아이들은 종이컵을 사용해야 했지만, 갈색 눈 아이들은 급수대에서 직접 물을 먹을 수 있었다. 파란 눈의 여학생 한 명이 이유를 물었다. "왜 우리만 부당한 대우를 받아야 하죠?" 그러자 갈색 눈의 남학생 한 명이 대답했다. "우리는 너희들이 못 보는 걸 볼 수 있거든." 엘리엇은 맞는다는 듯 고개를 끄덕였다. 쉬는 시간도 갈색 눈 아이들에게만 5분을 더 주고 이들을 더 많이 자주 칭찬했다.[3]

아이들의 행동은 빠르게 변화했고, 엘리엇은 유심히 관찰했다. 엘리엇이 임의대로 권력 계층의 최상층에 배치한 갈색 눈 아이들은 온종일 더 많은 자신감을 내비쳤다. 하지만 이내 거만하게 굴며 파란 눈 아이들을 모욕하기도 했다. 반대로 파란 눈 아이들은 눈에 띄게 소심해지고 낙담했다. 평소에는 잘 해내던 활동에서도 크고 작은 실수가 나왔다. 두 집단의 아이들은 같이 놀지 않았고, 갈색 눈의 아이들은 파란 눈의 아이들을 집단으로 공격하기 시작했다. 모든 일과가 끝나고 엘리엇은 학생들에게 그날 느낀 점에 대해 써 보라고 했다. 그중 데비 휴즈Debbie Hughes라는 학생은 이렇게 적었다. "갈색 눈을 가진 아이들은 파란 눈을 가진 아이들을 차별해야 했다. 나는 갈색 눈을 가졌다. 내가 원하면 파란 눈을 가진 친구들을 때릴 수 있을 것 같았다."

다음 날, 엘리엇은 모든 설정을 반대로 했다. 이번에는 파란 눈을 가진 사람들이 갈색 눈을 가진 사람들보다 더 똑똑하다고 했다. 온종일 파란 눈의 아이들을 우대하며 칭찬했다. 그날 저녁, 데비 휴즈는 소감을 이렇게 적었다. "학교를 그만두고 싶었다. 정말 미칠 것 같았다. 차별을 당하면 이런 느낌이라는 걸 알게 되었다."

엘리엇의 실험은 인종 계층이 쉽게 역전될 수 있음을 보여 주기 위함이 아니었다. 실제로 그렇게 쉽게 역전되지도 않는다. 다만 특정 인종이나 사회경제적 계층, 성에 속해 태어나는 건 스스로 통제할 수 없는 수많은 경험에 영향을 미칠 수 있음을 강조하기 위함이었다. 일각에서는 부모의 사전 동의도 받지 않고 실험을 진행함으로써 아이들에게 심리적으로 큰 피해를 주었다며 엘리엇을 비난했다.[4] 그러나 대부분 사람은, 특히 해당 학급 학생들은 평생에 교훈이 될 만한 가르침을 주었다며 엘리엇을 칭찬했다.

엘리엇의 실험은 권력 계층을 만들고 합법화하는 데 사용되는 두 가지 수단을 강조한다. 즉 권위와 내러티브다. 엘리엇은 교사라는 자신의 권위에서 나오는 힘을 이용해 권력 계층을 만들었다. 그리고 학생들이 납득할 만한 과학적인 이야기, 곧 멜라닌과 지능의 상관관계를 내세워 자신이 만든 권력 계층을 정당화하며 공고히 했다. 이 이야기는 권위자가 얼마나 쉽게 권력 계층을 만들 수 있는지 보여 준다. 어른들의 경우 엘리엇의 학생들보다 덜 민감하게 받아들일 수 있다고 생각할 수 있다. 하지만 이 실험은 권력 계층이 수 년, 수십 년, 심지어 수 세기 동안 이어져 내려올 때 우리에게 얼마나 큰 영향을 미칠 수 있는지 보여 준다.

권위에 대한 복종을 경계하라 •

권력 계층이 지속되는 주된 이유 중 하나는 권위에 복종하는 인간의 성향이다. 과연 인간은 어디까지 복종할 수 있을까? 아주 극단적인 상황에서도 복종할 수 있다. 이는 지난 2010년 프랑스 텔레비전 프로그램을 통해 입증되었다.[5] 해당 프로그램은 두 명의 참가자가 한 팀을 이루어 한 명이 다른 한 명에게 질문하는 형태로 진행됐다. 질문은 총 27개로 게임 초반에 외워야 하는 단어쌍(예: 동물-길들이기, 구름낀-하늘)과 관련이 있다. 이 프로그램은 유명 진행자, 조명, 카메라, 방청객 등 일반적인 퀴즈 쇼의 요소를 모두 포함하고 있었다. 하지만 설정은 다소 특이했다. 질문자는 전기레버 앞에, 응답자는 전기레버 옆 커다란 상자 속 전기의자에 앉았다.

게임 시작 전, 진행자는 유일한 규칙 한 가지를 언급했다. 응답자가 오답을 말할 때마다 질문자는 전기충격을 가해야 한다는 것이었다. 또 오답이 늘어날 때마다 충격의 강도는 더해져 신체적으로 심각한 상해를 유발하기 직전까지 전압이 오를 수 있다고 설명했다. 그러나 전기충격이 가해짐으로써 얼마나 많은 오답이 발생했는지는 문제되지 않았다. 끝으로 이번 쇼는 정식 프로그램 출시 전 파일럿 형태로 진행되기 때문에 참가자에 대한 보상은 전혀 없다고 설명했다. 그러나 이후의 참가자들에게는 팀별로 최대 100만 유로(약 13억 원)의 상금이 주어진다고 덧붙였다.

게임이 진행될수록 전기충격의 강도는 점점 세졌고, 전기의자 위 참가자의 비명이 스튜디오를 가득 메웠다. 제발 그만하고 내보내 달라는 응답자의 호소에 일부 질문자는 주저하는 듯했다. 그러나 진행자는 계속 질문할 것을 종용했다. "게임 규칙에 따라 계속 진행해야 합니다. 모든 책임은 우리에게 있습니다. 계속하세요." 방청객도 박수와 환호로 계속 이어 갈 것을 촉구했다. 이 상황은 실제가 아니었다. 전기의자 위 응답자는 배우였을 뿐 어떤 전기충격도 받지 않았다. 하지만 질문자와 청중만 이 사실을 모르고 있었다. 이것은 텔레비전 프로그램 진행자의 명령에 사람들이 어디까지 복종하는지 알아보기 위한 실험이었다. 이 실험은 28세의 나이로 예일대학교 심리학과 교수로 임용된 스탠리 밀그램Stanley Milgram 교수가 지난 1961년에 진행한 동종의 실험에서 영감을 받아 진행된 것이다. 당시 밀그램 교수의 실험은 상당한 논란을 몰고 왔다.

1961년 TV에서는 히틀러의 '최종 해결책Final Solution'의 설계자였던 아돌프 아이히만Adolf Eichmann에 대한 전범 재판이 생중계되었다. 유대인 이민자의 아들이었던 밀그램 교수는 당시 재판을 유심히 관찰하며 종전 후 나치 지도자들의 운명을 지켜보았다. 그러면서 한 가지 사실을 깨달았다. 재판정에 선 아이히만 같은 전범들은 그저 상부의 지시를 따랐을 뿐이라며 자신들의 행동을 정당화한다는 것이었다. 이에 밀그램은 '권위에의 복종'이라는 기본 역학이 아이히만 등 홀로코스트 대학살에 연루된 이들의 행동을 어디까지 설명해줄 수 있을지 궁금했다. 그래서 예일대학교 심리학과 연구실에서 실험을 진행했다. 두 사람이 팀을 이루어 한 사람이 질문하고 한 사람은 대답하도록 했다. 질문자는 응답자가 오답을 말하면 전기충격을 가하도록 설정했다. 이때 참가자들은 기억력과 학습에 대한 실험이라고 생각했을 뿐 구체적인 실험 목적은 알지 못했다. 실험 결과 참가자의 65%가 실험 설계자의 지시에 그대로 따랐고, 최대 450볼트의 전기충격을 가한 것으로 나타났다.[6] 이에 밀그램은 다음과 같이 결론지었다. "규칙적인 전기충격에 무감각해진 선량한 사람들이 권위자의 요구에 압도당해 치명적인 행동을 건조한 모습으로 자행했다."[7]

그렇다면 프랑스 TV 쇼의 결과는 어땠을까? 해당 쇼에는 유명대학의 과학자가 권위자로 나선 것도 아니었다. 과연 TV의 힘이 과학의 힘에 필적했을까? 그 결과는 실험을 설계했던 사회심리학자들조차 깜짝 놀랄 정도였다. 무려 72%의 참가자가 최대치의 전기충격을 가한 것이었다![8] 참가자의 연령대가 예일대학교 실험 참가자들만큼 어린 것도 아니었다. 총 76명 참가자 가운데 남녀 비율은 50 대 50, 평균 연령은 39.7세였다. 참가자 중 한 사람은 아직도 그때의 기억으로 힘들 때가 있다며 이렇게 말했다. "나는 내 본성에 반하는 행동을 했다. 공범이 될 순 없다고, 그 자리를 떠나라고 나 자신에게 수없이 되뇌었다. 하지만 그러지 못했다."[9] 이것이 권위에의 복종이 낳는 결과다. 요컨대 본연의 내 가치를 갉아먹는 것이다.[10]

만약 우리가 밀그램의 실험에 참여했다면, 혹은 프랑스 TV 쇼에 참여했다면 감히 복종하지 않을 수 있었을까? 1920년대 독일 중산층 가정에 태어났다면 나치가 만든 권력 계층을 비난할 수 있었을까? 그렇다고 말할 수 있을지 모른다. 하지만 여기에는 인간으로서 겸손이 요구된다. 정치 철학자 한나 아렌트Hannah Arendt는 홀로코스트의 설계자인 아이히만의 재판에 참석한 뒤 이렇게 말했다. "내가 본 건 지극히, 너무나 지극히 평범한 사람이었다."[11] 그러면서 이렇게 결론지었다. "그는 특정 이념을 따랐던 이념주의자라기보다는 결과에 상관없이 그저 상부의 지시를 따른 관료일 뿐이었다." 한나 아렌트가 정의한 악의 평범성the banality of evil은 권위가 아이히만 같은 평범한 사람을 끔찍한 해악의 도구로 너무나 쉽게 변형시킬 수 있음을 설명한다. 그렇다고 평범함으로 악을 변명할 순 없다. 아렌트는 아히히만에게 내려진 사형선고를 지지하며 "정치에서 복종은 지지와 같다"라고 언급했다. 이를 통해 우리가 얻을 수 있는 교훈은 권위의 유혹을 인정하고, 그 유혹에 넘어가지 않도록 늘 경계하며, 때로는 복종하지 않을 용기도 필요하다는 것이다. 권력은 허물어뜨리기가 쉽지 않다. 그만큼 권위에 저항하는 것이 어렵다.

위험한 3요소 · ....

　권력 계층이 좀처럼 무너지지 않는 이유는 권력자들이 현재의 상태를 유지하기 위해 적극적으로 노력하기 때문이다. 이런 활동은 때로 무의식적으로 일어난다. 사회 심리학자들은 권력자들에게는 자신의 지위를 보호하고 강화하기 위한 메커니즘이 있음을 확인했다.[12] 그중 특히 중요한 세 가지는 공감의 부족, 강한 주체의식, 자신의 행동을 타당한 것으로 간주하는 성향이다.

　앞서 2장에서 권력자들은 자기 자신에게 집중하는 경향이 강해 타인에 대한 공감 능력은 다소 떨어진다는 사실을 언급했다.[13] 다른 사람의 감정과 생각에 무관심하면 그들과 자원을 공유하는 대신 혼자만 비축하면서 모든 신경을 오직 자신에게만 쏟는다. 그 결과로 해당 자원이 필요한 사람과의 상호의존성을 잃지만 권력은 유지할 수 있다.

　권력은 또 우리에게 더 큰 통제력을 제공하여 행동을 유도한다. 한 실험에서 심리학자들은 참가자들에게 자신이 강력하다고 생각했을 때, 혹은 무력하다고 생각했을 때를 떠올리며 글을 쓰도록 했다. 모든 참가자는 일인용 책상에 한 사람씩 앉아 글을 썼다.[14] 그런데 이때 참가자 얼굴의 정면을 향하도록 선풍기를 틀어 놓았다. 해당 실험은 글의 내용과는 상관없이 글을 쓰는 동안 신경을 거슬리게 하는 선풍기와 관련이 있었다. 참가자들은 과연 선풍기를 다른 곳으로 옮겼을까? 아예 꺼 버렸을까? 아니면 그냥 놔둔 채 종이가 날아가지 않도록 계속 붙잡고 있었을까? 실험 결과 자신이 강력했을 때를 떠올리며 글을 쓴 참가자는 선풍기를 끄거나 다른 곳으로 옮긴 경우가 많았다. 그러나 자신이 무력했을 때를 떠올리며 글을 쓴 참가자는 대체로 선풍기를 그대로 둔 경우가 많았다. 이런 결과는 사소해 보일 수도 있지만 그렇지 않다. 스스로 강력하다고 느끼는 사람들은 좀 더 편안한 상태를 위해 현상 유지를 거부할 가능성이 크다는 사실을 알 수 있다. 위 실험 결과는 스스로 강력하다고 느끼는 사람이 좀 더 쉽게 모욕에 반응하며, 계획을 실행하고, 위험을 감수한다는 사실을 보여 주는 한 가지 예에 불과하다. 반대로 무력하다고 느끼는 사람은 불쾌감을 느낄지언정 현재 상태를 그대로 받아들이는 경우가 많다.

끝으로 스스로 힘이 있다고 느끼는 사람들은 자신의 행동이 비윤리적이거나 불법적인 경우에도 그것을 타당하다고 여길 가능성이 크다.[15] 이들은 자신이 현재의 지위를 얻음으로써 권력이 정당화되었고, 따라서 자신에게는 그 힘을 유지하고 스스로 적절하다고 생각하는 대로 사용할 자격이 있다고 생각한다.[16] 한 실험에서 참가자들에게 지난 30년간 미국의 평균 가구소득 변화를 나타낸 그래프를 보여 주었다. 그러면서 다른 계층은 큰 변화가 없는데 상위 5%의 평균소득만 급증한 이유를 물었다. 그 결과 자신의 지위가 높다고 생각하는 사람들은 대부분 평균소득 격차의 원인을 능력과 성실함에서 찾았다. 즉 자신은 특권층의 지위를 정당하게 얻었다는 것이다![17]

요컨대 권력은 행동하는 성향과 특권의식을 증가시키는 반면 공감 능력은 감소시킨다. 따라서 이들 3요소는 매우 위험하다. 권력은 자신이나 다른 사람의 행동을 정당화하는 데 매우 능숙하게 만들 뿐 아니라 가치 있는 자원에 대한 통제권을 증가시킴으로써 결국 권력을 더 강화하기 때문이다.[18]

사회약자층은 권력 유지에 어떻게 기여할까? •

권력 계층을 견고하게 유지하는 데 기여하는 이들은 비단 권력 상층부에 속한 사람들만이 아니다. 얼핏 직관적으로 보이지 않을 수도 있지만, 권력자들이 현상 유지를 방어하듯 기존의 권력 계층으로 손해를 본 이들도 종종 무의식적으로 현상 유지를 방어하는 경향이 있는 것으로 나타났다.[19] 이것은 권력을 갖지 못한 책임이 당사자에게 있다는 게 아니다. 하지만 권력 계층이 어떻게 형성되고 강화되는지를 설명해 줄 수는 있다.

정의에 따르면 '무력함'이란 가치 있는 자원에 대한 통제권을 빼앗긴 상태를 뜻한다. 그래서 사회 약자층의 삶은 온갖 불확실성과 결핍으로 가득해 자연히 안전감도 약화한다. 안정감이 없고 통제력이 부족한 상태는 자연히 질서와 예측 가능성, 안정성 추구로 이어진다. 그러나 이런 상태는 역설적이게도 무력한 사람들이 기존의 시스템을 선하고 공정하며 피할 수 없는, 심지어 바람직한 형태로 보도록 유도한다. 타인에 의존할 수밖에 없는 상황에서 이들은 세상을 예측 가능한 것으로 보고, 힘의 분배를 타당한 것으로 보는 데서 위안을 느낀다. 사회 약자층이 의식적으로 또 무의식적으로, 설사 자신의 이익에 반하는 상황에서도 기존의 시스템을 합리화, 정당화하는 이유가 여기에 있다.[20]

기존의 권력 체계를 타당하다고 정당화하는 것은 여러 가지 형태로 나타난다. 보통 금전적으로 직장에 의존도가 높은 경우 공정함의 여부와는 상관없이 상사의 결정이나 지시를 더 잘 수용한다. 한 실험에서 무력감을 느끼도록 유도된 참가자들은 사회가 공정하다고 생각하며 스스로 합당한 대우를 받는다고 여기는 것으로 나타났다. 이들은 또 자신이 강하다고 느끼도록 유도된 참가자들보다 불평등을 타당한 것으로 여기는 비율이 높았다.[21] 미국 전역에서 진행된 설문 조사에서도 동기 부여와 노력을 촉진하기 위해 임금 격차가 반드시 필요하다고 응답한 비율은 고소득층보다 저소득층에서 더 높게 나왔다.[22]

이처럼 권력을 갖지 못한 사람들은 기존의 시스템이 자연 질서라고 믿게 된다. 나아가 이런 믿음은 주변 사람들에게 '이들이 권력을 갖기에는 충분치 않다'라는 인식을 심어 주게 되고, 이런 인식을 점점 더 강화하는 쪽으로 행동을 유도한다. 이 같은 자기충족적 예언self-fulfilling prophecy은 엘리엇의 실험에서 나타난 결과로 오늘날 수많은 교실과 직장에서 나타나고 있다.[23] 당시 실험에서 권력 계층 맨 아래에 있던 파란 눈의 학생들은 평소 쉽게 완료하던 작업을 수행하는 데 상당한 어려움을 겪었다. 자신들의 열등함과 갈색 눈 아이들의 우월함을 빠르게 내면화함으로써 이것이 학업 성과에 부정적인 영향을 미친 것이다. 다른 사람의 기대를 충족하기 위해 자신의 행동을 조정하는 이 같은 확증반응confirmation response은 기존의 권력 계층을 더욱 공고히 하는 데 기여한다.[24]

이러한 역학 구조를 통해 권력자들은 자신의 지위를 이용해 사회 약자층의 저조한 성과를 이용, 결과적으로 기존의 권력 계층이 더욱 공고해지는 악순환이 반복된다. 이렇게 되면 힘을 못 가진 이들은 계속 무력한 상태를 지속해 자신의 행동도 거기에 맞춰 조정해 나간다. 절망과 무력의 상태는 결국 아무것도 할 수 없는 상태로 이어져 기존의 권력 계층을 유지하는 원동력으로 작용한다.[25]

이야기의 힘 • ·······························

지금까지 권력을 가진 자와 그러지 못한 자가 기존의 권력 계층을 어떻게 공고히 해 가는지 살펴보았다. 하지만 한 가지 중요한 요소를 빠트린 게 있다. 그것은 바로 권력 계층의 현상 유지를 정당화하기 위해 설파하는 이야기다. 역사적으로 권력의 최상층부에 우뚝 선 자들은 단순히 그 위치에 올랐다는 사실만을 선포하지 않는다. 그곳에 오른 것을 정당화하는 이야기를 수반한다.[26] 이야기는 이성과 감정에 모두 호소하는, 설득의 가장 효과적인 수단이기 때문이다.[27]

이처럼 설득하는 이야기는 각기 다양한 모습과 형태를 취하지만, 역사적으로 또 전 세계적으로 공통점을 갖는다. 그중 대표적인 것이 종교적 신념에 의지한다는 것이다.[28] 예를 들어, 기원전 18세기 함무라비 왕은 도난부터 각종 거래, 근친상간, 가정생활 등 삶의 전반을 아우르는 282 종류의 법령을 제정, 함무라비 법전^{Code of} Hammurabi을 완성했다.[29] 함무라비 왕은 바빌론의 정의 구현을 위해 신들이 자신을 선택했다고 선포하면서 왕으로서 자신의 신분과 함께 함무라비 법전의 적법성을 재차 확인했다. 법전의 구체적인 내용은 남아 있지 않지만, 일부 내용이 점토판과 석판, 비석에 새겨져 전해 오고 있다. 이 가운데 오늘날 알려진 대부분 법전 내용의 출처로 수사 지역에서 발견된 비석에는 함무라비 왕과 신성의 관계가 분명히 명시되어 있다. 법전의 내용이 전개되기 전, 비석의 첫머리에는 함무라비 왕이 바빌론의 신 샤마시^{Shamash}로부터 법전의 내용을 계시 받았다고 적혀 있다.[30] 세계에서 가장 오래된 법전 중 하나인 함무라비 법전은 사람을 두 개의 성별(남자와 여자)과 세 개의 계층(부자, 자유인[또는 가난한 자], 노예)으로 분류하고 있다.[31] 신의 계시를 근거로 법전의 탄생을 합법화함으로써 바빌론의 사회 질서는 법전을 중심으로 유지됐고, 이는 함무라비 왕 사후에도 변치 않고 이어졌다.

왕으로서의 자격을 신성과 결부시킨 건 비단 함무라비 왕만이 아니다. 율리우스 카이사르는 자신이 비너스 여신의 후계자라고 선포했고, 프랑스와 영국의 왕들 역시 수 세기에 걸쳐 왕의 신성을 내세움으로써 자신들의 절대 권력을 정당화했다. 이들은 '왕의 손길'이 닿으면 종기가 낫는다는 기적의 이야기를 만들어 냄으로써 신성한 능력에 신비감을 더했다.[32] 치유의 기적에 관한 이런 이야기는 글이나 설교, 각종 의식의 형태로 퍼져 나가며 체제 유지를 위한 일종의 캠페인 역할을 했다. 그러면서 자연히 신성한 군주에 대한 믿음이 더욱 강화되었다.[33] 각종 그림이나 판화도 군주의 자비와 힘을 증명하는 도구로 사용되었다. 범상치 않은 옷을 입고 중병에 걸린 자를 향하는 왕의 손길. 이 모습이 담긴 그림이나 판화를 보며 순간적으로 세금을 피하거나 신께 불복종하고 공개적으로 반역하고 싶은 마음이 들더라도 사람들은 다시 한 번 생각해 볼 수 있었을 것이다.

인간의 물리적, 생물학적 차이에 대한 신화는 설령 인간의 DNA가 99% 같더라도 권력 계층을 정당화하는 훌륭한 근거로 사용되었다. 대표적으로 여자는 남자보다 능력이 부족하다는 믿음은 이를 뒷받침하는 수많은 이야기를 생산하며 지난 수천 년간 가부장적 시스템을 뒷받침하는 근거로 사용되었다.[34] 영국의 고전학자 매리 비어드Mary Beard는 《여성, 전적으로 권력에 관한Women and Power》의 서문을 이렇게 시작한다. "남자가 여자에게 '닥쳐'라고 말한 것이 처음으로 기록된 예는 호메로스의 《오디세이Odyssey》에서 율리시스의 아들 텔레마코스가 자신의 어머니 페넬로페에게 이렇게 말한 대목이다 '말하는 것은 남자의 일이 될 테니 당신의 자리로 돌아가세요.'"[35]

과학이 발달하면서 이른바 '그릇된 과학적 발견'을 토대로 한 이야기는 더욱 힘을 얻었다. 예를 들어, 1900년대 초 생물학자 패트릭 게디스 경Sir Patrick Geddes과 존 아서 톰슨 경Sir John Arthur Thomson은 정자와 난자의 크기와 활동성을 근거로 다음과 같이 결론지었다. "남성의 정자는 작고 활동적이지만 여성의 난자는 크고 비활동적이므로 남성은 자연히 활동적이고 힘이 넘치며 열정적이고 변화무쌍한 반면 여성은 수동적이고 보수적이며 행동이 느리고 차분하다."[36] 오늘날 과학계는 이 같은 주장을 터무니없는 것으로 간주한다. 남성과 여성 간 인지적 차이는 전혀 없고, 설령 미미하게 있다 하더라도 그것은 생물학적 기능의 범주가 아니라는 것이다.[37]

실제로 성별에 따른 행동 차이에 대한 지난 수십 년간의 연구 결과를 보면, 이런 차이는 힘에 대한 차별적 접근과 연관돼 있음을 알 수 있다.[38] 앞서 살펴봤듯, 기존의 권력 계층이 특정 집단을 배제하면 해당 집단의 구성원은 무의식적으로 기존 계층을 공고히 하는 쪽으로 행동한다. 여성의 경우 이것은 열등한 대우를 받아들이며 자신의 행동을 그것에 맞게 조정하는 것을 의미했다. 수 세기 동안 여성보다 우위에 있던 남성 역시 기존의 권력 계층을 강화하는 데 기여했다. 따라서 남성과 여성에게 관찰된 행동 차이는 생물학적 차이가 아닌 우리의 인식과 행동을 형성한 이야기에서 비롯된 셈이다. 시몬드 보부아르Simone de Beauvoir는 이렇게 말했다. "여성은 태어나는 것이 아니라 만들어지는 것이다."[39]

허위의 과학적 지식을 이용해 차별 대우를 정당화하는 이야기는 아주 치명적이다. 그리고 비단 여성에게만 국한되지 않는다. 1883년 영국의 프랜시스 골턴 경Sir Francis Galton은 '우생학eugenics'이라는 용어까지 만들었다. 이 개념은 전 세계로 확산됐으며 특히 미국에서 활발히 퍼졌다.[40] 우생학자들은 빈곤층과 이민자들에게서 발견되는 의지박약 문제를 유전이라고 설명했다. 이런 주장에는 아무런 과학적 증거가 없었지만, 빈곤층이 권력 계층 최하위에 위치하는 이유를 설명하는 근거로 작용했다. 이후 수많은 연구를 통해 빈곤은 개인의 생물학적 문제가 아닌 사회 전체의 구조적 문제임이 밝혀졌다. 그러나 빈곤층은 게으르고, 똑똑하지 못해서 가난하게 살 수밖에 없다는 논리는 여전히 불평등을 정당화하는 근거로 사용된다.

비교적 최근에 등장해 사회를 지배하는 또 다른 신화는 능력주의다.[41] 능력주의 사회에서 힘은 인구통계학적 지표나 가족관계, 상속된 부에 상관없이 가장 능력 있고 성실한 사람에게 축적된다. 따라서 성공하지 못한 사람들은 능력이나 성실성이 부족한 것으로 여겨진다.[42] 이 같은 능력주의 신화는 주로 남성들이 스스로 만든 이야기를 통해 전해졌다. 그러나 최근 자본주의 사회에서는 무일푼으로 시작해 탁월한 능력과 용기를 바탕으로 막강한 부를 축적한 여성들을 중심으로 퍼져 나가고 있다.[43] 각종 책과 영화, 언론 보도는 이들이 이룬 물질적 부를 성공의 징표로 묘사하며 능력주의 신화를 더욱 공고히 하고 있다.

물론 개인의 역량과 노력은 큰 차이를 만들고, 그 결과에 대해서는 높이 평가해야 한다. 하지만 능력주의의 문제는 게임의 규칙이 모두에게 똑같이 적용되는 건 아니라는 데 있다. 이에 관해 철학자 마이클 샌델Michael Sandel은 이렇게 지적했다. "능력주의의 문제는 원칙에 있지 않다. 우리가 그것을 따르지 못한다는 데 있다." 많은 경제학자와 사회학자가 입증했듯, 개인의 가난은 근본적으로 능력이 부족하거나 지능이 떨어져서가 아니다.[44] 사회의 자원이 불평등하게 분배되기 때문이다. 가난한 자들은 질 좋은 교육을 받기가 힘들고 영향력 있는 네트워크에 포함될 수도, 훌륭한 이력서를 만들기 위한 각종 과외 활동에 참여할 수도 없다. 따라서 가난의 문제를 개인에게 돌리는 건 옳지 않다. 그러나 샌델은 이렇게 언급했다. "능력주의를 바탕으로 계층 분리가 이뤄지고 나면, 상층부에 있는 사람들은 이렇게 생각하기 쉽다. 자신들은 상층부에, 가난한 자들은 하층부에 머물 만한 충분한 이유가 있다는 것이다."[45] 이것이 바로 능력주의 신화가 기존의 권력 계층을 정당화하고 강화해 나가는 방식이다.[46] 이처럼 기존 권력 계층의 현상 유지를 위해 우리 스스로를 정당화하는 이야기는 종교나 잘못된 과학지식, 능력주의 등 다양한 신화에 뿌리를 두고 있다. 그리고 시간이 갈수록 더 깊게 뿌리를 내려 우리는 결국 기존 계층을 당연하게 받아들이게 된다. 마치 공기처럼 눈에 보이지 않게 된다. 그러면서 우리는 이 계층을 '당연한 일'로 받아들인다. 그러나 당연한 '일'보다는 당연한 '정치'로 표현하는 게 더 정확할 것 같다.[47] 언론 보도를 접하고, 학교 수업을 받고, 역사책을 읽으며 이들 신화는 우리의 문화적 규범에 깊이 스며든다. 그러면서 사회, 정치 각 분야에 영향을 미치고 옳고 그름을 구분하는 기준으로까지 사용되는 것이다. 이로 인해 권력 계층은 결국 권력 하단에 있는 사람들을 상대로 비교적 쉽게 게임을 조작해 나간다. 설사 신화가 잘못됐다는 사실이 드러나도 신화는 쉽게 사라지지 않는다. 차별의 형태를 변형해 교활하게 지속한다. 즉 상대방을 만나 보지도 않고 편견부터 갖게 하는 것이다. 이것이 고정관념이다.

고정관념의 무게 • ··

우리 모두 무의식적으로든 의식적으로든 어느 정도의 편견은 갖고 있다. 1995년 심리학자 토니 그린왈드Tony Greenwald는 내재적 연관성 검사Implicit Association Test[48]를 고안, 개인의 무의식적 성향을 측정했다. 즉 검사 참가자가 특정 집단의 사람들을 특정 고정관념으로 연관 짓는지, 이를 기준으로 그들을 긍정적으로 혹은 부정적으로 평가하는지를 살펴보았다. 이후 그린왈드는 심리학자 마자린 바나지Mahzarin Banaji, 브라이언 노섹Brian Nosek과의 공동 연구를 통해 성별, 인종, 체중, 장애의 다양한 요인을 주제로 내재적 연관성 검사를 진행했다. 이때 참가자들이 온라인에서 무료로 검사에 참여할 수 있도록 지원했다. 그 결과 참여자는 수백만 명에 달했고, 우리 안에 무의식적 편견이 얼마나 지배적인지 알 수 있었다.[49] 편견이 인식이나 행동에 미치는 영향력은 미묘하지만 아주 강력하다. 그리고 일부 사람들에게는 가치 있는 자원에 접근할 수 있는 권한 자체를 심각하게 제한할 수 있다.

셰릴 도시Cheryl Dorsey는 미국에서 흑인 여성으로 살아가는 것에 얼마나 많은 차별이 따르는지 경험으로 알고 있다. 어느 토요일 오후, 거울 앞에서 신나게 춤을 추고 있는 도시에게 엄마가 이야기를 좀 하자며 불러 앉혔다. 일고여덟 살 무렵이던 그날의 기억이 여전히 생생하다. 그때 도시는 유명 팝가수의 찰랑거리는 생머리를 흉내 내기 위해 자신의 머리카락을 티셔츠로 덮어 두었다. 엄마는 티셔츠를 확 잡아채 머리에서 벗겨 버렸다. 그러고는 말했다. "너는 미국에 사는 흑인 여자아이야. 그 현실을 똑바로 마주하고 어떻게 나아가야 할지 결정해야 해." 교사였던 엄마는 이후 성차별과 인종차별 문제까지 숨김없이 이야기하며 도시가 자신의 잠재력을 끌어 낼 수 있도록 최대한 많은 기회를 제공했다.

이런 엄마의 지원으로 도시는 학업 성적도 우수했다. 볼티모어 고등학교에 다니는 동안 학급에서 최우수 학생으로 뽑히기도 했다. 도시는 자연히 아이비리그 대학 진학을 꿈꿨다. 하지만 교내 진로 상담사는 "도시 같은 여학생"에게는 주립대학이 적격이라며 그곳에 원서를 쓰도록 권유했다. 도시는 당시를 회상하며 말했다. "오늘날 수많은 흑인 친구들에게 일어나는 일이죠. 우린 잠재력을 최대한 끌어낼 수가 없어요. 모두 하나같이 목표를 낮추라고 조언하거든요." 하지만 도시의 부모는 아이비리그 진학을 밀어붙였다. 이들은 도시에게 원하는 대학에 지원하도록 용기를 주었고, 몇 달 후 도시는 결국 하버드대학교에 합격했다. 도시는 이곳에서 1985년 역사와 과학으로 학사 학위를 받았다. 하지만 이것이 끝이 아니었다. 1992년에는 의학박사 및 공공정책 석사까지 하버드에서 마쳤다.

그러나 하버드 생활 내내 도시는 소속감을 느낄 수 없었다. "여자는 남자보다 못하다, 흑인은 백인보다 못하다는 말이 사방에서 들렸죠. 그런 말을 들으면서 제가 뭘 할 수 있었겠어요? 그저 운이 좋아 하버드의 일원이 되었다는 생각밖엔 들지 않았죠." 졸업 후 의사가 되고 나서도 인종차별과 성차별은 사라지지 않았다. 도시가 근무하던 병원의 소아과 의사 25명 중 흑인 여성은 네 명뿐이었고, 도시가 그중 한 명이었다. 그런데 병원에서는 이들 네 명을 구분하지 않고 모두 하나의 이름으로 불렀다. 심지어 도시가 흰색 의사 가운을 입고 있지 않으면 동료들조차 복도에서 그녀를 알아보지 못했다. 행정 직원으로 착각하는 경우도 있었다. 도시는 당시를 떠올리며 말했다. "내가 이 커다란 시스템에 어떻게 적응해야 하는지, 새삼 깨달은 순간이었죠."

이후 도시는 사회적, 인종적 불의에 맞서 싸우겠다는 의지가 점점 강해졌다. 그러면서 1990년대 말, 백악관 펠로 겸 노동부 특별보좌관으로 자리를 옮겼다. 자신을 향한 편견과의 싸움은 계속됐다. 하지만 석박사를 두루 섭렵한 학문적 배경과 함께 180센티미터가 넘는 큰 키와 굵은 목소리는 고위 인사들과의 회의에서 자신의 존재를 드러내고 주장을 펼치는 데 큰 도움이 됐다. 도시는 이 점을 깨달았다. 하지만 이런 강점을 함부로 사용하면 오히려 문제가 생길 수 있다는 사실도 인식했다. 도시는 고정관념이 어떤 식으로 발목을 잡는지 너무나 잘 알고 있었다. 대표적으로 여성들은 직장에서 이러지도 저러지도 못하는 경우가 많다. 지나치게 따뜻한 사람으로 부각되면 유능하고 강한 리더의 면모가 퇴색해 무능한 사람으로 비칠 위험이 있다. 그렇다고 너무 유능하고 강하게만 인식되면 여성으로서의 따뜻한 면모가 사라져 차갑고 무관심한 사람으로 비칠 위험이 있다.[50]

흑인 여성으로서 도시는 지나치게 공격적으로 보이는 걸 조심하려고 특히 노력했다. "저는 자칭 사회정의를 위해 싸우는 전사입니다. 하지만 시도 때도 없이 화를 내고 앉아 있는 흑인 여성으로는 비치지 않으려고 늘 노력합니다." 전문직 여성이 화를 내면 대체로 불이익을 당한다.[51] 하지만 성에 대한 고정관념이 모든 남녀에게 똑같이 영향을 미치는 건 아니다. 화를 내는 흑인 여성에 대한 고정관념은 주로 지배적이고 공격적이며 성미가 고약하고 목소리가 크며 적대적이라는 것이다. 이 같은 고정관념은 남북전쟁 이전 시대에 흑인 노예 여성들이 겪은 끔찍한 경험에 뿌리를 두고 있다. 그리고 지금도 만연하다.[52] 도시는 화를 내면 사람들이 자신을 감정적이고 변덕스럽다고 생각할까 봐 두려웠다.

이 같은 고정관념은 흑인 남성들에게도 똑같이 존재한다. 힘과 독단성은 보통 리더십과 관련된 자질로 언급된다. 그러나 미국에서 흑인 남성이 힘과 독단성을 보이면 이는 리더가 아닌 위협적인 존재라는 인식을 촉발한다. 화를 내는 것도 백인 남성이냐 흑인 남성이냐에 따라 전혀 다른 결과로 이어진다. 관련 연구 결과, 화를 내는 백인 남성은 그러지 않은 사람보다 지위가 높고 심지어 연봉도 많이 받는 것으로 인식되었다. 그러나 흑인 남성이 화를 내면 오히려 역효과가 발생해 필요한 자원에 접근할 수 없는 결과로 이어졌다. 동글동글 아기 같은 얼굴로 만면에 웃음을 띠고 있을 때 비로소 유명한 기업을 이끌며 많은 돈을 버는 리더로 인식되었다.[53]

고정관념이 가치 있는 자원에 접근할 수 있는 권한에 어떤 식으로 영향을 미치는지 파악하려면 인종이나 민족, 성, 성 정체성, 나이, 사회경제적 위치 같은 우리의 정체성이 어떻게 교차하고 상호작용하는지 고려해야 한다. 앞서 살펴봤듯, 인종과 성별은 남녀 또는 흑인과 백인에 따라 구별되는 형태로 결합한다. 이런 역학은 인종별로 다르게 나타난다. 예를 들어, 북미 지역에서 동아시아 남성과 여성은 차갑고 유능하지만 지배적이지 않은 사람들로 인식돼 있다. 이런 고정관념을 깨고 지배적인 면모를 보이면 이들은 직장에서 인종차별을 당할 가능성이 크다.[54]

이와 함께 고정관념은 가치 있는 행동에 영향을 끼침으로써 가치 있는 자원으로의 접근을 더욱 제한한다. 부정적인 고정관념을 접하면 긴장도가 높아지고 이는 결국 저조한 성과로 이어진다. 이를 '고정관념 위협'[55]으로 일컫는다. 실제로 한 실험에서 수학시험에 응한 여성 참가자들에게 이전 결과에서 성별에 따른 차이가 존재했다고 전하자 성적이 더 낮게 나왔다.[56] 또 다른 실험에서는 흑인 참가자들에게 시험 문제가 어렵다고 말한 뒤 자신의 인종에 대해 인식하도록 했다. 그러자 인종을 인식하지 않은 참가자들보다 결과가 낮게 나왔다.[57] 이 외에도 라틴계 대학생들을 대상으로 고정관념 위협이 시험 결과에 미치는 영향에 대해 다양한 실험을 진행했고, 모두 유사한 결과가 나왔다. 이 같은 위협은 성별과 인종에 대한 고정관념 모두를 처리해야 하는 여학생들에게 특히 더 강하게 작용했다.[58]

이제 전 세계에서 가장 영향력 있는 사회기업 에코잉 그린Echoing Green의 CEO가 된 도시는 고정관념 위협이 자신의 삶에 얼마나 파괴적인 영향을 끼쳤는지 몸소 체험했다. 시간이 지나고 도시는 자신이 일하는 목적을 떠올리는 것이 그와 같은 부정적 감정에 대처하는 가장 효과적인 방법임을 깨달았다. "위협을 느낄 때마다, 내가 과연 성공할 수 있을지 의심이 들 때마다 내가 하는 일의 목적을 떠올렸습니다. 그것은 불평등과 싸워 지금보다 공정한 사회를 만드는 것이었죠." 심리학자들은 경영대학원 여학생들에게도 같은 역학이 관찰된다는 것을 발견했다. 이들은 남학생들보다 실력이 부족하다는 고정관념에 묶여 있었다. 하지만 이런 고정관념을 제거하고 오직 개인적 가치만을 바탕으로 과제를 완성하도록 지시했다. 그러자 이들의 성적은 크게 향상했다.[59] 이처럼 고유의 가치를 인지하는 단순한 행동만으로도 고정관념의 위협에서 벗어날 수 있다. 그러나 도시는 이렇게 지적한다. "개개인의 개입은 완전한 해결책이 될 수 없습니다. 이것은 기존의 불평등에 대처하는 하나의 방법일 뿐이죠. 궁극적인 해결책은 전체 시스템을 바꾸는 데 있습니다."

앞서 우리는 권력 계층을 허물기가 쉽지 않다는 사실을 확인했다. 따라서 시스템 전체를 바꾸기는 매우 어려운 일일 수 있다. 권력자들의 입을 통해 전해지는 이야기는 그들의 권력을 정당화하고 계층 간 힘의 차이를 더욱 강화한다. 이러한 이야기가 사회 전체의 의식으로 스며들수록 이들이 자원을 통제하는 정책과 관행은 더욱 고착화해 결국 기존의 권력 계층이 더 공고해진다.[60] 그 결과 우리가 당연하게 여기는 법과 규범이 만들어지고 다른 사람에 대한 인식과 오해도 생겨난다. 이런 과정은 매우 강력하지만, 눈에 보이지 않아서 저항하기는 쉽지 않다. 이미 확립된 권력 계층과 규범에 도전해 변화를 유도하는 게 그토록 어려운 이유가 여기에 있다.[61]

권력 계층은 무너질 수 있을까? •

여기까지가 이야기의 끝이라면, 힘을 가진 사람만이 계속해서 힘을 쌓아 가는 구조라면, 기존의 권력 시스템은 영원히 지속할 것이다. 변화는 불가능하다. 하지만 우리의 역사는 전혀 반대의 상황을 언급한다. 권력 계층은 수 세기에 걸쳐 유지되기도 하지만, 언제든지 도전에 직면해 무너질 수 있음을 보여 준다. 영원한 왕국은 어디에도 없었다. 정치 체제는 무너지고 대체됐다. 새로운 가치를 표방한 새로운 사회가 기존의 시스템을 대신했다. 실제로 20세기부터 21세기 동안 전개된 각종 사회운동은 여성과 유색인종, 성 소수자, 종교집단, 장애인, 원주민 등을 둘러싼 오랜 권력 구조를 서서히 무너뜨렸다.[62] 때로 계층은 수 년, 수십 년 혹은 수 세기에 걸쳐 서서히 무너지기도 하지만 단 며칠 만에 급진적으로 전복되기도 한다. 이 같은 계층의 변화는 어떻게 발생하는 것일까?

계층의 변화를 유발하는 요인은 크게 세 가지로 나눌 수 있다. 첫째, 위기다. 자연재해나 전쟁, 경제적 붕괴, 기술 혁신은 권력이 분배되는 방식에 정면으로 도전하는 기회를 제공한다.[63] 제2차 세계 대전이 여성의 사회 활동에 어떤 식으로 포문을 열었는지 생각해 보자. 이후 여성은 경제를 지탱하는 중심축으로 자리 잡았다. 두 번째 요인은 권력 계층이 고착화한 정도다. 고착화 시기가 최근일수록 변화의 여지는 더 많다. 그만큼 유연하기 때문이다.[64] 예를 들어, 아랍의 봄 이후 출범한 정권은 권력 구조가 취약해 결국 정치적 불안정을 초래했다. 세 번째 요인은 리더의 대안적 시각이다. 즉 기존의 권력 계층에 도전하는 리더는 단순한 비판자의 역할을 넘어 권력이 어떤 식으로 분배되어야 하는지에 대한 대안적 시각을 갖고 있어야 한다는 것이다.[65] 프랑스혁명을 이야기할 때 대부분 사람은 1789년 혁명의 절정기까지 얼마나 빠른 속도로 진행됐는지를 강조한다. 하지만 혁명에 영향을 끼친 계몽주의 사상, 곧 불평등과 종교적 관용, 피지배층의 동의에 관한 내용은 한 세기에 걸쳐 서서히 개발되었다. 왕의 신성에 도전하는 이 같은 대안적 사상은 기존의 권력 계층을 정당화하고 떠받치던 다양한 이야기와 문화적 믿음의 타당성에 구멍을 냈고, 결국 새로운 현실을 가능케 했다.

하지만 이 세 가지 요인만으로 권력 계층을 허물 수는 없다. 이것이 가능해지려면 사람들에게 현상 유지를 타파해야 한다는 동기부여와 함께 직접 행동에 나설 수 있는 기회가 동시에 필요하다. 동기부여와 기회가 만났을 때 사람들은 비로소 행동한다.[66] 이 두 가지가 융합돼 기존의 권력 계층을 무너뜨린 대표적 사례가 있다. 1800년대 후반에서 1900년대 초반, 당시 철강산업은 미국 북동부와 중부 지역의 생명선과도 같았다. 하지만 제철소 노동자들의 근로 환경은 너무나 참혹했다. 남자들은 하루 12시간씩 매일같이 일했다. 1년 내내 휴일이라곤 크리스마스와 독립기념일 단 이틀뿐이었다. 주야 교대근무는 2주마다 24시간 연속 근무 체제로 바뀌었다. 고온의 위험한 여건에서 쉼 없이 이어지는 노동으로 노동자들이 장애를 입거나 사망하는 경우가 다반사였다. 이들은 다시 돌아올 수 없을지도 모를 위험을 안고 매일 아침 집을 나서고 있었다.[67] 하지만 이 와중에 앤드류 카네기Andrew Carnegie와 헨리 프릭Henry Frick 같은 철강 기업가들은 생산 수단을 통제함으로써 엄청난 부를 축적했다. 미국 상류층으로 단단히 자리 잡은 이들은 뉴욕에 저택을 짓고 뉴포트나 로드아일랜드 같은 휴양지에 별장을 마련해 호화로운 생활을 이어 나갔다. 화려한 별장은 미국 부자들의 표상으로 이들 지역은 이내 관광의 중심지로 떠올랐다.

비인간적 노동 조건이나 노동자와 자본가 간 극심한 불평등은 비단 철강산업이나 미국만의 문제가 아니었다. 독일 철학자 칼 마르크스의 저서 《자본론》이 전 세계에 영향을 미쳤던 것처럼 유럽에서 발생한 노동자 반란은 바다를 건너 확산되었다. 1867년 출간된 《자본론》은 계급 정체성과 계급투쟁을 다룬 책으로 산업화 국가에서 나타나는 권력 계층에 대한 현상 유지 타당성 이론에 정면으로 도전한다.[68] 이야기는 현상 유지를 정당화하고 합리화하는 데 핵심적인 역할을 하지만, 권력 하층부에서 반란을 위한 결의를 다지는 데도 똑같이 중요한 역할을 한다.

그러나 제철소 노동자들은 너무나 미약한 존재였다. 당시 미국에는 수많은 이민자가 몰려드는 상황이었기에 이들 노동자는 얼마든지 다른 사람으로 대체될 수 있었다. 한 사람이 죽거나 팔을 잃어도 그 일을 대신 해 줄 사람은 차고 넘쳤다. 따라서 고용주들은 이들에게 막강한 권력을 행사했고, 그 힘을 남용하는 데 조금도 주저함이 없었다. 이런 상황에서 노동자들이 반발할 수 있는 유일한 방법은 대동단결해 파업하는 것뿐이었다. 파업은 힘의 균형을 옮기는 데 사용되는 대표적인 전략이다. 단일 전선을 제시함으로써 노동자들은 카네기를 비롯한 업계 수장들이 자신들에게 더 의존하도록 할 수 있었다.

하지만 고용주들은 갖은 수단과 방법을 동원해 노동자들의 집단행동을 진압하고자 했다. 우선 저축은커녕 최저수준의 생활만 겨우 유지할 수 있도록 임금을 대폭 삭감했다. 또 각종 정치 인맥을 동원해 경찰을 소집, 파업 참가자들을 해산했다. 이들에게는 노동자를 해고하고 대체할 수 있는 힘이 있었다. 그러던 중 1892년 카네기의 핵심 제철소에서 홈스테드 파업이 발생했고, 이를 진압하는 과정에서 10명의 사망자와 100여 명의 부상자가 발생했다.[69] 시간이 지나며 파업은 펜실베이니아 전역으로 확대돼 노동자 세력은 점점 커졌다. 그 결과 노조는 더 나은 노동 조건을 확보할 수 있었고, 고용주와 노동자 간 힘의 균형도 개선할 수 있었다.

철강 노동자들은 현상 유지에 반발할 동기와 기회를 모두 갖고 있었다. 이들의 동기는 극단적인 권력 불균형에서 비롯됐다. 그 이유는 무엇일까? 보상의 분배가 불평등할수록 노동자층이 현상 유지를 타당하다고 받아들이기 어렵다. 권력층에 대한 보상이 급증하면, 기존 시스템을 정당화해 온 노동자층도 이를 상쇄하려는 반응을 보인다. 또한 사람들은 공정을 선호하기 때문에 노골적으로 부당한 대우를 받으면 권력층이 힘을 남용하고 있다고 생각하게 된다.[70] 요컨대 철강 노동자들이 오랜 시간 견뎌 온 착취와 부당함은 그들을 분노케 했고 항거와 저항의 동기로 작용했다. 슬픔이나 수치심 같은 감정은 무력감으로 연결되고, 심하면 감정이 마비되는 상태에까지 이른다. 이런 감정은 권력 하층부의 사람들이 기존의 권력 체계를 합리화하는 기제로 작용한다. 그러나 기존 체계에 대한 타당성과 공정성에 대한 가정이 깨지면 분노가 시작된다. 그리고 이 분노는 사람들로 하여금 불의에 맞서 행동하도록 촉진한다.[71] 저항 세력의 리더들은 약자층에 자신들이 부당한 대우를 받고 있고, 권력자들이 행사하는 힘이 불법이라는 인식을 심어 줌으로써 이들 약자층을 현상유지에 정면으로 맞서는 저항 세력으로 키운다.

하지만 철강 노동자들은 미약하나마 어느 정도의 힘을 얻기까지 불만을 표출할 기회를 전혀 얻지 못했다. 그러다 파업에 참여하며 제철소 가동에 필수적인 자원, 곧 자신들의 노동력을 통제할 수 있는 방법을 찾은 것이다. 비록 힘의 균형은 여전히 고용주에게 쏠려 있었지만, 노동자들은 파업을 시작해 자신들의 요구가 충족될 때까지 지속할 만한 충분한 영향력을 확보했다. 이렇듯 동기와 기회가 만나면 사람들은 행동에 나선다.

권력을 얻고 나면 완전한 부패는 아닐지라도 어느 정도 남용으로 이어질 위험이 늘 존재한다.[72] 노조도 예외는 아니다. 하지만 금요일 오후 동료들에게 "주말 잘 보내"라고 이야기하거나 월요일에 다시 출근해 "주말 어땠어?"라고 물어 볼 때 마음 한편에는 노조에 감사하는 마음을 가져야 한다. 이들이 하나 되어 싸우지 않았더라면, 노동자 개개인은 여전히 대체 가능한 존재로 무력하게 남아 있었을 것이다. 노동자 통합 전략이 경제 시스템 전체에 미치는 영향력을 고려하면, 노조는 권력 불균형이 심하게 확대되는 것을 막아 장기적으로 고용주나 노동자 모두에게 긍정적으로 작용하는 효과적인 수단으로 자리 잡았다.[73]

권력 불균형이 역효과를 낼 때 •

권력 불균형이 지나치게 심하면 권력 하층부에 있는 사람들에게뿐 아니라 상층부에 있는 사람들에게도 위협을 초래한다. 현상 유지를 탈피하기 위한 하층부의 행동을 촉발할 수 있기 때문이다. 그렇다고 이들이 행동의 기회를 늘 갖는 건 아니다. 예를 들어, 아마존에서 상품을 파는 소규모 업체는 아마존이 강제하는 조건에 분노할 수 있다. 하지만 대체 판매 채널이 부족하고, 이미 수백만 업체가 아마존 진입을 원하는 상황에서 이들이 아마존에 반발할 방법은 없기 때문이다.[74]

그러나 권력 하층부가 상층부에 대해 어느 정도 힘을 갖게 되면 반발의 가능성이 생겨난다. 그리고 이는 상·하층부 모두에게 비용을 초래한다. 게임 개발업체 에픽게임즈Epic Games의 설립자 겸 CEO인 토드 스위니Todd Sweeney가 권력 남용을 이유로 애플과 구글을 상대로 벌인 싸움을 예로 들어 보자. 에픽게임즈의 주력 게임 포트나이트Fortnite의 인기가 올라갈수록 스위니는 더욱 거세게 반발하며 애플과 구글에 대한 영향력을 키워 갔다. 그러다 지난 2018년 애플리케이션 사용 수수료가 지나치게 불리하다는 이유로 구글 플레이 스토어를 배제한 채 단독으로 포트나이트를 출시했다. 이에 애플과 구글은 2020년 포트나이트를 자사 스토어에서 완전히 퇴출하는 방식으로 응징했다. 이후 양측은 엄청난 비용을 들여 법적 공방을 시작했다.[75]

미국 경제를 연구해 본 결과 비슷한 역학 구조는 전 세계 경제 시스템 전반에 동일하게 나타났다. 두 회사 간 권력 불균형이 심화할수록 권력 우위 기업은 더 많은 착취를 일삼아 상대 기업을 좌절시킨다. 그러다 착취를 당해 온 기업이 어느 정도 힘을 얻게 되면 이들은 더 이상의 협력 관계를 거부한다. 거래는 성사되지 않고, 양측모두 균형적 관계에서 기대할 수 있는 수익보다 훨씬 적은 수익만 얻는다. 권력 우위 기업은 그제야 자신들의 이점을 남용하려는 유혹

에서 조금씩 벗어난다.[76]

이러한 역학은 사회 전체에 광범위하게 나타난다. 2010년대 전 세계를 휩쓸었던 포퓰리스트 운동의 물결을 생각해보자.[77] 사회경제적 불평등이 급증하면 사람들은 분노한다. 보상의 불균형은 결국 사회 시스템 전반의 공정성과 적법성을 약화하기 때문이다.[78] 사회경제적 불안이 뒤따를 수밖에 없다. 이렇게 되면 자연히 경제적 효율과 생산성이 떨어지고 성장도 둔화한다. 이유는 무엇일까? 이런 상황에서 권력 하층부 사람들은 가능한 수단을 총동원해 자신들에게 불리하다고 여겨지는 시스템을 거부하기 때문이다. 이로 인해 피해를 입어도 개의치 않는다. 18세기 프랑스혁명과 미국독립혁명, 비교적 최근에 있었던 영국의 국민투표가 대표적인 예다.

사회경제 시스템의 적법성과 안전성, 지속가능성을 훼손할 만큼 극심한 권력 불균형을 그대로 방치하는 것은 도덕적으로나 권력층 당사자들에게도 문제가 된다.[79] 노벨상 수상자인 경제학자 아프히지트 바네르지Abhijit Banerjee와 에스더 뒤플로Esther Duflo는 이렇게 언급했다. "부자들 역시 번영의 진정한 공유를 향한 급진적 변화를 논의하기를 원한다."[80] 그러나 이들은 종종 단기적으로 많은 부를 축적하는 것에 눈이 멀어 극도의 불균형 지속이 초래하는 장기적 결과를 간과해 버린다.

이 가운데 빌 게이츠, 워런 버핏, 아비가일 디즈니Abigail Disney 등 계몽된 생각을 지닌 몇몇 억만장자는 자신들을 갑부로 만든 바로 그 경제 시스템의 변화를 촉구했다.[81] 그러나 대다수 부자는 사회 시스템의 불평등을 해소하는 것보다 기존 자본주의 시스템의 생존을 더 우려하는 듯하다. 이에 대해 아난드 기리하라다스^Anand Giridharadas^는 날카롭게 지적했다. "오늘날 기술과 금융 분야의 억만장자들은 전 세계에 산적한 각종 문제를 해결하기를 원한다. 단 그 해결책이 자신들의 부와 권력을 위협하지 않는 범위 내에서."[82]

때로 권력자들은 특정 계기를 통해 사람들을 하나로 묶는 상호의존의 다양한 형태와 함께 점점 커지는 불평등이 상호의존 시스템에 가하는 위협을 상기하며 이를 대비한다. 예를 들어, 대공황 및 제2차 세계대전 직후 미국 주요 기업 수장들은 오늘날 CEO가 받는 돈에 비하면 턱없이 낮은 수준의 보상책을 수용했다. 이들은 또 (아마도 어쩔 수 없이) 정부의 규제와 함께 노조 설립까지 허용했다. 당시 미국의 사회경제 시스템을 자유시장의 과잉으로부터 보호하기 위한 조처였다.

국회의원들 또한 많은 사람에게 양질의 생활수준과 기회를 제공하는 여러 가지 법안을 통과시켰다. 하지만 계층 간 분리가 워낙 확고히 자리 잡은 상태라 모든 것이 한 번에 해결될 수는 없었다. 이 같은 정치·경제적 지원에 힘입어 1950~1960년대 미국 중산층 소득은 상층 소득보다 빠르게 증가해 불평등의 격차는 크게 줄었다.[83] 하지만 이 같은 흐름은 지속되지 못했다. 1970년대에 접어들며 사회 분위기는 또다시 재편됐다. 규제 완화 및 반노조 정서가 급속히 확산하며 불평등이 가속화되었다.[84] 대공황과 제2차 세계대전의 끔찍한 결과는 기억 속에서 점차 사라졌다. 권력층의 이기심과 거만함을 상쇄했던 상호의존성 및 권력의 무상함에 대한 인식도 점차 옅어졌다.

권력층이 자신들이 가진 힘을 자발적으로 내려놓기 힘들다면,

변화는 권력 하층부에 있는 사람들이 주도해야 한다. 하지만 자원에 대한 접근성이 낮은 이들이 어떻게 효과적으로 변화를 주도할 수 있을까? 어떻게 하면 힘을 효과적으로 쌓아 변화를 실현할 수 있을까? 과거에서 현재까지 노조운동 같은 집단행동은 권력 하층부로 하여금 개개인이 통제하는 자원을 끌어 모음으로써 권력의 중심을 이동시키는 가장 효과적인 방법으로 입증됐다. 하지만 성공적인 집단행동 뒤에는 무수한 실패가 존재한다. 권력 하층부 사람들이 자신들이 가진 자원을 이용해 권력 계층의 현상 유지를 타파해 나간 과정은 이들이 연대하기로 한 결정만큼이나 중요한 의미가 있다.

그렇다면 불가능하게만 보이는, 기존의 권력 계층을 무너뜨리려면 집단행동이 구체적으로 무엇을 어떻게 해야 할까? 다음 장에서 알아보도록 하자.

6
장

선동과 혁신
그리고 통합

Agitate, Innovate, Orchestrate

흑인 인권운동 '흑인의 생명도 소중하다Black Lives Matter,' 홍콩시위, SNS를 통한 성범죄 고발 캠페인 '미투운동#MeToo,' 프랑스 반정부 시위 '노란조끼 시위French Yellow Vests,' 튀니지에서 시작돼 아랍 및 중동, 북아프리카로 확산한 반정부 시위 '아랍의 봄Arab Spring.' 이들은 지난 10년 동안 사회 변화를 갈망하는 이들의 지속적인 노력으로 수면 위로 떠오른 대표적인 사회운동이다. 하지만 같은 기간 무수히 많은 운동이 수면 아래에서 전개됐다.[1] 소셜미디어의 부상으로 그 파급 효과가 증폭됐지만, 사실 이 같은 사회운동은 새로운 현상이 아니다.[2] 과거부터 지금까지 끊임없이 존재해 왔다.

이런 사회운동으로 힘없는 국가는 제국의 손아귀에서 벗어나고, 시민들은 독재자와 군주를 몰아낸다. 또 여성을 비롯한 수많은 인종적, 민족적, 종교적, 성적 소수집단이 평등을 위한 자신들의 권리를 주장한다. 역사적으로 많은 사람이 결집한 이 같은 사회운동은 기존의 확고한 권력 계층을 무너뜨려 사회를 변혁할 수 있다는 사실을 입증했다.[3] 우리가 누구든, 어디에 살든, 우리는 모두 지금 누리는 자유와 권리에 대해 과거 사회운동에 참여해 적극적으로 싸운 이들에게 빚을 지고 있다. 이들은 남아프리카공화국의 아파르트헤이트, 영국의 인도 지배, 여성 및 성 소수자의 불평등 해소를 촉구하며 끊임없이 저항했다. 때로는 엄청난 실패를 겪으며 수 세대에 걸쳐 싸우기도 했다.

하지만 모든 사회운동이 성공하는 건 아니다. 그 이유는 무엇일까?

선동하는 것만으로는 충분치 않다 • ························

2011년 7월, 캐나다 밴쿠버의 반체제 잡지 〈애드버스터스 Adbusters〉 편집장 미가 화이트Micah White와 설립자 칼레 라슨Kalle Lasn은 500자 분량의 짧은 전술 정보지를 배포했다. 거기에는 "급진적 반란 도모를 위해 텐트를 챙겨 월가를 점령하라"라고 적혀 있었다. 당시는 2008년 전 세계 금융위기가 일단락돼 주요 은행의 구제금융도 마무리되던 시기였다. 또 아랍의 봄과 함께 스페인 반정부 시위 인디그나도스Indignados가 전개되던 상황이었다. 이와 함께 미국 연방 대법원이 기업의 정치적 영향력 억제를 위해 고안한 선거비용 지출 제한 정책을 폐지하라고 판결한 지 1년이 지난 시점이었다. 집과 일자리를 잃은 많은 사람이 사회 시스템이 불공평하다고 느꼈다. 그리고 그런 분노를 혼자서만 느끼는 게 아님을 깨달았다. 상위 1%의 탐욕과 부패는 결국 반향을 일으켰다. 이때 〈애드버스터스〉의 정보지는 각종 블로그로, 다크웹으로, 활동가 커뮤니티로 빠르게 퍼져 나갔다.

2011년 이집트 혁명 당시 타히르 광장 야영지에서 영감을 얻은 시위대는 3주에 걸쳐 전 세계 950개 도시에 텐트를 설치했다. 미가 편집장은 그때를 이렇게 회상했다. "당시 '점령Occupy' 시위의 가장 큰 특징은 매우 다양한 사람이 참여했다는 데 있습니다. 그 점이 더 많은 사람을 끌어 모은 요인이라고 생각합니다. 시위대 한 사람 한 사람이 아주 획기적이고 새로운 저항에 참여하고 있다고 생각했습니다."[4] 총회에서 민주적이고 합의된 의사결정을 진행하며 참여자의 자율성과 소속감이 강화됐고, 이는 곧 시위대 전체의 자존감 향상으로 이어졌다. 하지만 리더의 부재로 구체적인 요구사항이 생성되진 못했다. 정치 자금과 관련해 〈애드버스터스〉가 자문위원회에 요청한 내용을 투표로 결정했다.[5] 시위대 활동은 3개월간 지속됐지만 구체적인 변화는 거의 없었다. 미가와 칼레를 비롯해 도시를 점령한 많은 이들은 당시 시위를 계기로 사회경제적 시스템이 급진적으로 변화하길 바랐다. 하지만 자본주의 시스템은 몇 달이 지나도 전혀 바뀌지 않았다. 무엇이 잘못되었을까?

시위대를 아울러 하나의 목소리를 내는 지도자가 없었던 것을 실패의 원인으로 지적할 수도 있다. 하지만 이는 다소 성급한 결론이다. 물론 마하트마 간디, 마틴 루터 킹, 넬슨 만델라 같은 상징적인 변화를 주도한 이들이 보여 준 리더십과 카리스마는 뚜렷한 변화를 촉진한다. 그러나 아무리 카리스마가 넘친다 해도 지도자 한 사람이 조직이나 사회의 전반적인 변화를 끌어 낼 순 없다. 행동을 촉구하는 개인의 요구는 묵살 당하기 쉽기 때문이다. 간디 같은 상징적 지도자들은 자신들이 가진 힘을 이용해 수많은 사람에게 영감을 주었다. 즉 사회운동에 동참함으로써 지금의 삶에서 벗어나 모두가 꿈꾸던 변화를 실현해 보자는 것이었다. 집단운동은 여론과 공권력으로 하여금 당면한 문제를 무시하지 못하게 함으로써 변화를 이뤄간다.

월가 시위는 사회운동의 핵심적 부분인 현상 유지에 반대하는 목소리를 모아 운동을 전개하는 데는 성공했다. 선봉가, 곧 앞장서 시위를 주도한 리더는 특정 개인이나 집단의 불만을 식별해 이를 대중에 선포함으로써 모두가 다 같이 분개하고 변화를 촉구하기를 원한다. 언론 매체와 소셜미디어를 활용한 월가 시위는 불평등 문제와 함께 정치에서 돈의 영향력을 핵심 화두로 삼는 데 성공했다. 하지만 효과적인 사회 변화를 위해 필요한 다른 두 가지 요소, 곧 혁신과 통합의 요소가 부족했다.

일시적인 담론 형성이나 조치는 변화를 보장하지 못한다. 사회운동에는 선동가뿐 아니라 혁신가와 통합가도 필요하다.[6] 혁신가는 선동가가 식별한 불만 해소를 위해 실질적인 해결책을 만드는 사람이다. 이들은 때로 기존의 시스템을 대체할 수 있는 대안 마련을 위해 고정된 틀 밖에서 생각하기도 한다. 통합가는 사회운동의 매개자로 여러 당사자 간 의견을 조율해 변화를 추진함으로써 혁신가가 고안한 해결책이 대규모로 채택될 수 있도록 돕는다. 이들 통합가의 역할 없이는 최종적인 행동을 유도할 수 없다.

사회운동이 성공하려면 이 세 가지 역할이 모두 중요하다. 하지만 한 사람이 세 역할을 함께 할 필요는 없다. 각각의 역할이 특정 시간이나 활동 순으로 진행돼야 하는 것도 아니다. 사회 변화는 때로 어렵고 복잡한 과정이다. 참여자들은 세 가지 역할을 동시에 수행해야 하는 경우도 많고, 상황에 따라 각자의 역할을 바꿔서 수행해야 할 때도 있다. 또 전략적으로 참여자 간 분업을 선택하기도 한다. 가령 일부 참여자는 선동을 위해 다소 급진적인 자세를 취하고, 일부는 혁신과 통합을 위해 좀 더 온건한 태도를 보인다.[7] 그러나 모든 참여자는 공유된 의제를 향해 서로 협력해야 한다.

사회 변화의 과정과 그 속에서 권력의 역할을 알아보기 위해 각종 사회운동의 중심적인 역할을 했거나 현재 하고 있는 세 명의 활동가 사례를 살펴보도록 하자. 이들 사례에서는 선동가, 혁신가, 통합가 세 가지 역할을 각각 독립적으로 확인할 것이다. 이때 혁신 없는 선동은 대안 없는 불만을, 통합 없는 혁신은 무의미한 아이디어를 뜻한다는 사실을 기억하자.[8]

공공 의제에 대한 문제 제기 •

2018년 8월, 이제는 청소년 기후행동의 대표적 인물이 된 그레타 툰베리는 '기후변화를 위한 결석 시위School Strike for Climate'라는 신조어를 만들어 해당 포스터를 학교 게시판에 붙였다. 그리고 금요일마다 학교를 결석한 채 스웨덴 국회 앞 계단에서 기후변화에 대한 정부의 수동적 대처에 항의했다. 두 달 후 유엔UN 산하 기후변화에 관한 정부 간 협의체[IPCC]는 보고서를 발표하고 "앞으로 12년 안에 지구 온도는 섭씨 1.5도까지 상승해 지금까지 경험하지 못한 극도의 기후변화를 겪게 될 것"으로 전망했다.[9] 유엔의 이 같은 발표에 깜짝 놀란 전 세계 청소년은 툰베리의 행동에 용기를 얻어 매주 금요일 결석 시위에 동참했다. 그레타가 스웨덴에서 시작한 결석 시위가 전 세계로 확산한 것이다. 미국 뉴욕 비콘고등학교 재학생으로 교내 환경클럽 회장을 맡고 있던 시예 바스티다[Xiye Bastida]도 그들 중 한 명이었다.[10]

시예는 고향 멕시코 산페드로 툴테팩 지역에서 기후변화의 영향을 직접 경험했다. 홍수로 마을이 초토화되었고 식량 가격은 급등했다. 결국 시예는 가족과 함께 미국으로 이주했다. 그리고 이곳에서 고등학교에 다니며 환경 문제에 대해 청소년 활동가들과 협력하고 있다. 이어 시예는 결석 시위 뉴욕 지부의 핵심 조직에 합류했다. 이들의 적극적인 초기 활동 덕분에 조직 출범 몇 달 만에 행해진 2019년 9월 20일 뉴욕 결석 시위는 미국 역사상 가장 큰 규모의 환경시위 중 하나로 이름을 올렸다.

결석 시위에 참여한 학생들은 처음부터 효과적으로 힘을 모아야 했다. 하지만 이들에겐 넉넉한 재원도, 주류 미디어에 접근할 방법도 없었다. 그래서 대중의 관심을 얻기도, 기존의 시스템을 용인할 수 없다고 설득하기도 힘들었다. 아직 성인이 아니었기에 투표권을 행사할 수도 없었다. 요컨대 이들에겐 대중의 행동을 촉진할 만한 핵심 자원이 부족했다. 그런데 이 청소년들은 과연 어떻게 역사상 가장 큰 규모의 환경시위를 주도하며 전 세계적으로 수백만 명의 참여를 끌어 낼 수 있었을까? 이들은 공식적인 권위와 자원이 부족할 때 사회운동이 나아가야 할 방향을 그대로 행동에 옮겼다. 그것은 곧, 시위대가 영향을 미치려는 사람들이 어떤 자원을 가치 있게 여기는지 식별하고, 해당 자원에 대한 접근을 통제할 수 있는 창의적인 방법을 마련하는 것이다.

시위에 참여한 청소년들은 어른들이 행동하길 원했다. 행동 유도를 위해 시위대는 지난 수십 년간 어른들은 기후변화에 대해 어떤 노력도 하지 않았음을 비판했다.[11] 그리고 그 비용은 미래 세대가 떠안게 될 것이라고 강조했다. 기성세대의 무관심은 자녀와 후손 등 미래 세대의 안전과 생존을 위협할 것이라고 소리 높였다. 공개적으로 수치를 당한 어른들은 자존감이 땅에 떨어졌다. 무너진 자존심을 회복하기 위해, 자녀 세대를 보호하기 위해 이들은 행동할 수밖에 없었다(일부 어른들은 결석 시위의 상징인 그레타를 비난하며 자존감을 회복하려 했다. 하지만 3장에서 살펴봤듯 우리는 스스로 나쁜 사람이라고 인식하는 걸 원치 않는다. 그래서 더 선한 사람이 되고자 노력하거나 수치심을 다른 사람에게 전가하려 한다).

다음은 모든 선동가가 직면하는 문제였다. 끊임없이 쏟아져 나오는 뉴스 속에서 사람들의 눈에 띄어야 했다. 결석 시위대는 활동의 진행 상황을 체계적으로 문서화해 소셜미디어에 공유했다. 몇 년 전 월가의 점령 시위대가 트위터, 레딧 등 각종 밈과 소셜미디어를 활용해 메시지를 전달했던 것과 같은 방식이었다. 당시 인도와 레바논, 터키 정부는 대중 반란과 봉기를 진압하기 위해 인터넷 연결을 모두 끊어 버렸다. 이런 상황에서 소셜미디어는 이곳 국민을 동원하는 데 아주 효과적이었다.[12] 그러나 결석 시위대 활동가들은 자신들의 메시지가 젊은 층을 넘어 전 세대에 전달되게 하려면 소셜미디어에만 국한해선 안 된다는 사실을 잘 알고 있었다. 그래서 이들은 성인이 주도하는 환경단체와 협력, 환경시위 홍보에 필요한 언론사 목록을 확보했다.

언론 홍보를 위한 이들의 노력으로 9월 20일 뉴욕 결석 시위에 대한 기사와 뉴스는 점점 많아졌다. 그러면서 시예는 핵심 메시지를 더 효과적으로 전달할 수 있는 방법을 고민했다. "핵심 메시지는 하나였어요. 모두 머릿속에 같은 메시지를 품고 있었죠. 하지만 개인적인 이야기를 메시지에 녹여 내면 사람들이 그 메시지를 기억할 확률이 22배나 높아집니다. 그래서 우리는 활동가들에게 자신의 이야기를 언론에 전달하는 효과적인 방법을 교육하기 시작했어요." 실제로 시예는 다양한 주제를 아울러 스토리텔링과 미디어 등 활동가들에게 효과적일 수 있는 다양한 툴을 교육했다. 시예는 마셜 간즈 Marshall Ganz가 정립한 '퍼블릭 내러티브'의 개념을 그대로 실행하고 있었다. 이것은 다른 사람이 운동에 동참하고 행동하도록 동기를 부여하는 리더십 관행이다.[13] 퍼블릭 내러티브는 나의 이야기(나의 가치는 어디로부터 나오는지), 우리의 이야기(이들 가치가 우리 사회를 어떻게 하나로 묶어 주는지), 현재의 이야기(왜 지금 당장 행동해야 하는지)를 결합한다. 이 프레임워크는 전 세계 시위 참여자들이 개인적인 신념과 가치를 이야기로 녹여 내 사람들의 행동을 촉진하는 데 도움이 됐다. 이전 장에서 우리는 권력 계층을 유지 및 정당화, 합법화하는 데 이야기가 어떤 식으로 사용되는지 알아봤다. 따라서 반대 담론을 통해 기존의 신화 해체에 초점을 맞추는 것은 사회운동의 중요한 역할인 셈이다.

시예는 극심한 기후변화의 영향과 함께 우리 사회의 높은 화석연료 의존도 등 멕시코에서 직접 경험하고 목격한 것들을 '나의 이야기'로 소개했다. 그리고 이를 '우리의 이야기'로 뉴욕 시민에게 전달했다. 브롱크스 지역 성인의 약 17%가 천식을 앓고 있으며, 허리케인 샌디Sandy가 도시를 강타한 후 재건 사업에 약 158조 원에 달하는 막대한 세금이 투입됐다는 것이다. 샌디는 이를 현재의 이야기로 연결해 기후변화는 신속하고 즉각적인 행동이 필요한 위기임을 명시했다.[14] 시예는 뉴욕 시민이 함께한다면, 변화는 얼마든지 가능하다고 설득했다. 이 같은 퍼블릭 내러티브는 분노를 일으키고 행동과 저항을 촉발한다.[15] 앞서 5장에서 살펴봤듯, 분노가 가능성의 인식과 결합하면 행동으로 상황을 변화시킬 수 있다는 생각을 끌어낸다.[16]

시예와 동료들은 최소 2만 명의 시위대가 확보되길 바랐다. 그리고 2019년 9월 20일, 그 꿈은 현실이 됐다. 뉴욕 시 거리에 20만명이 넘는 시위대가 운집했고, 같은 날 전 세계 163개국에서 청소년이 주도하는 비슷한 항의 시위가 동시다발적으로 전개됐다.[17] 학생들은 모두 한목소리로 여전히 기후변화에 일조하고 있는 어른들을 향해 소리 높였다. "낙농업체를 비롯해 엑슨모빌, 정치인, 유엔, 상위 1%의 부자들, 심지어 우리 부모들까지 바로 눈앞에서 자녀 세대의 권리를 빼앗고 있다!"[18] 이에 대해 이의를 제기하는 사람은 아무도 없었다. 학생들은 과학적 사실을 바탕으로 기후변화 해결을 위해 즉각적으로 나서야 한다고 외쳤고, 이 과정에서 현상 유지의 희생자인 동시에 도덕적 권위를 가진 리더로 자리매김했다.

이들이 적용한 건 과거 현상 유지 반대에 사용된 조직화 전략, 곧 비폭력 시민불복종 운동이었다. 미국의 수필가 겸 시인이고 철학자인 헨리 데이비드 소로Henry David Thoreau19는 1849년 출간된《시민불복종On the Duty of Civil Disobedience》에서 이 개념을 처음 사용했다. 소로는 정직한 시민이 부당함과 압제적인 법률에 대항하는 건 합리적이며 도덕적으로 반드시 필요하다고 믿었다. 그래서 그는 노예제에 반대하는 목소리를 내기 위해 자신이 거주하는 매사추세츠 주 세금 신고를 거부했다. 시민불복종과 비폭력 투쟁의 선봉에 있던 마하트마 간디와 마틴 루터 킹 역시 소로의 저술에서 깊은 영감을 받았다.20

이 같은 평화시위의 효과를 측정하기 위해 정치과학자 에리카 체노웨스Erica Chernoweth와 마리아 스테판Maria Stephan은 1900년부터 2006년까지 전 세계에서 진행된 각종 저항 시위를 폭력 시위와 비폭력 시위로 나눠 분석했다. 그 결과 평화 시위의 효과는 53%였던 반면 폭력 시위의 효과는 26%에 그쳤다. 왜 이런 불균형이 발생했을까? 평화 시위는 진입장벽이 낮아 시위대의 규모가 커진다는 공통점이 있었다.21 9월 20일 뉴욕 환경시위에서도 청소년은 물론 어린아이부터 부모, 은퇴자, 교사가 모두 하나 되어 시위에 동참했다. 이처럼 비폭력 시위는 운동의 규모가 쉽게 확장된다는 것 외에도 다양한 참여자를 영입하고 더 많은 혁신적 전술을 구사한다는 특징이 있다.22 전략적인 비폭력 시위는 인간의 두 가지 욕구를 충족한다.

우선 폭력으로부터 참가자를 보호함으로써 안전의 욕구를 보장한다. 또 평화 시위대는 위엄 있고 공정하다는 평가를 얻음으로써 자존감을 회복한다.

결석 시위대와 이들을 따랐던 각종 지지 세력은 기후변화를 공공 의제로 내세울 만한 힘을 확보했다. 시위 당시 '기후변화'의 구글 검색량은 2004년 이후 가장 높은 수치를 기록했다.[23] 이들은 또 어른들에게 즉각적인 행동을 요구하며 지구온난화의 치명적인 영향을 기술한 각종 자료를 활용함으로써 시위의 정당성을 입증했다. 나아가 도덕적 분노를 양산하며 퍼블릭 내러티브의 통제권을 완전히 장악했다. 학생들의 말과 행동은 전 세계의 이목을 집중시켰고, 기후변화 논의에 사용되던 기존의 틀을 바꾸는 데 상당한 도움이 됐다. 하지만 이들은 행동을 바꾸고 법을 변화시키는 데에는 시위대 활동 이상의 것이 필요하다는 걸 알고 있었다. 그래서 시예가 운영한 것과 비슷한 형태의 활동가 훈련 캠프를 운영하고, 시위 참가자들을 회의에 초대하는 등 조직적인 활동을 펼쳐 나갔다. 이를 통해 참가자들의 상호작용이 증가했고, 이는 시위 전체에 긍정적 영향을 끼쳤다.

조직화는 개별 조직원이 공통의 목표를 가진 하나의 집단으로 변화하는 데 있어 일종의 접착제 역할을 한다. 조직화를 통해 사람들은 조직 안으로 들어와 자신을 포기하고, 자신보다 더 큰 무언가에 연결돼 있다는 느낌을 받는다. 이 연결의 강도가 사람들이 깊은 가치를 두는 커뮤니티에 속해 있다고 느낄 만큼 단단해지면, 앞서 3장에서 논의한 것처럼 시간이 갈수록 저항의 생명력은 강해지고 사회적 반향은 커진다.[24] 나아가 시예와 동료들의 사례에서처럼 조직화가 이야기와 연계되면, 사람들은 공유된 정체성을 중심으로 '하나'라는 감정을 갖게 된다. 이 같은 공유 의식은 이야기 속 메시지의 합리적 근거뿐 아니라 감정적 호소를 통해서도 생겨난다. 바로 다음에 살펴보겠지만, 참여자의 역할과 상관없이 소통 및 조직화의 필요성은 사라지지 않는다. 이 두 가지는 각종 시위가 지지자를 얻고, 권력 확장에 필요한 가치 있는 자원을 획득하는 데 필수적인 부분이기 때문이다.

틀 밖에서 생각하기 •

사회 문제에 대한 실행 가능한 해결책이나 현상 유지에 대한 대안을 제공하려면 혁신은 필수다. 혁신 없이는 저항 운동이 구체적인 요구사항도, 성공의 기준도 가질 수 없다. 혁신가가 설계하는 해결책은 완전히 독창적인 것일 수도 있고, 기존의 검증된 아이디어를 새로운 방식으로 조합한 것일 수도 있다. 프랑스 극작가 올램프 드 구주Olympes de Gouges가 1791년 발간한 《여성과 여성 시민의 권리 선언Declaration of the Rights of Women and the Female Citizen》에서 제안한 여성의 권리 개념은 당시에 거의 주목을 받지 못했다. 이후 최근까지도 그녀의 이름은 역사책에 실리지 못했다. 하지만 그녀가 설파한 개념은 페미니즘 운동의 다양한 물결에 반대 담론을 형성하며 수십, 수백 년간 수정을 거듭해 퍼져 나갔다.

사회 혁신은 다양한 형태로 등장한다. 아이디어일 수도 있고 상품이나 서비스, 프로그램, 각종 절차, 법, 정책일 수도 있다. 하지만 그 형태와 상관없이 혁신가는 당면한 문제 해결 및 현재 상황 재정의를 위해 실행 가능한 다양한 경로를 제시해야 한다. 혁신가의 역할은 기존 상황의 약점을 식별하는 것이다. 이를 통해 현재 상황을 해결할 수 있고 부정적인 결과를 초래하지 않는 해결책을 개발해야 한다. 이후 해결책을 채택하거나 영향을 받을 수 있는 모든 그룹에 그 해결책을 구체적으로 설명해야 한다.[25] 물론 이 과정은 쉽지 않다. 혁신가는 미래의 모습을 그리면서 자신뿐 아니라 다른 사람들 눈에도 타당해 보이는 해결책을 마련해야 하기 때문이다. 공식적인 권한이나 자원에 대한 접근 권한 없이, 혹은 재정적인 지원 없이 이 작업을 한다는 건 아주 힘들다. 혁신가가 늘 기존의 틀 밖에서 생각하고, 복잡하고 모호한 상황을 인내해야 하는 이유가 바로 여기에 있다.

이것이 바로 장 로저스Jean Rogers가 한 일이다. 지난 2008년 금융위기가 월가를 덮쳐 수많은 사람의 삶이 산산이 조각났을 당시 그녀는 금융시장에 존재하던 게임의 법칙을 어떻게 하면 바꿀 수 있을지 고민하기 시작했다. 환경 엔지니어로서 로저스는 근 20년간 지속 가능 컨설턴트로 일하며 기업이 환경적으로 책임 있는 경영 방식을 채택할 수 있도록 지원했다. "기업이 지역사회는 물론 직원과 고객의 삶, 나아가 환경에 아무런 책임도 지지 않는다는 건 말이 안 된다고 생각했죠. 그 결과가 지금 나타나고 있습니다."

로저스는 자신의 친구 데이비드 고트프리드David Gottfried가 친환경 건물 등급 체계인 LEED 건물 인증 시스템을 개발해 확장해 가는 것을 지켜보았다. 그러면서 로저스의 아이디어도 작동하기 시작했다. 투자자는 데이터에 기반해 투자 여부를 결정한다. 하지만 투자자가 해당 사업의 사회적, 환경적 영향을 고려해 관련 데이터를 참고하려 해도 대부분 이용이 제한적이고 체계적이지도 않다. 그렇다면 기업이 재무실적을 관리하는 것만큼 일관되고 투명하게 사업의 환경적 영향을 관리할 수 있다면 어떨까? 그 방법을 고안해 낸다면 아주 기념비적인 사건이 될 터였다. 하지만 로저스는 기존의 방식을 선호하는 기업 문화에 직면했다. 두 살 난 딸아이가 있는 엄마로서 로저스는 변화를 끌어내는 일이 그 어느 때보다 시급하다고 느꼈다.

로저스는 모든 혁신가가 사회 문제 해결을 위해 시도하는 작업부터 시작했다. 우선 자신이 해결하고자 하는 문제에 대해 깊이 있게 이해하고자 노력했다.[26] 기업이 재무실적만큼 사회 및 환경적 관점에서 각종 실적을 추적하는 일이 왜 어려운지도 조사했다. 그러던 중 사회·환경적 영향력 측정에 사용되는 표준 메트릭스를 개발한 글로벌 리포팅 이니셔티브[GRI]를 알게 됐다. 기업들은 분야에 상관없이 이 메트릭스를 활용해 지속가능성 보고서를 작성할 수 있다. 이와 함께 기업 임원진과 투자자를 직접 인터뷰해 각 기업이 당면한 문제와 각종 제약을 좀 더 깊이 파악했다. 이 과정에서 로저스는 어디에나 적용할 수 있는 일원화된 기준이 없는 이유를 발견했다. 예를 들어, 식품 소매업체나 유통업체는 개인정보 보호가 중요한 은행이나 소프트웨어 업체보다 포장재 사용과 관련한 보고서 작성에 주력해야 한다. 요컨대 기업과 투자자, 규제기관이 서로 신뢰할 수 있는 엄격하고 검증된 표준을 마련함으로써 산업별 사회·환경적 영향력을 측정하고 이에 대해 자유롭게 소통할 수 있는 시스템이 필요하다는 것이다.

이후 로저스는 산업별 지속가능한 표준을 개발할 수 있는 방법론을 고안함으로써 연구를 마무리했다. 그리고 이 내용은 백서의 형태로 출간됐다.[27] 아무것도 모르고 시작했지만, 수없이 질문하고 조언을 구하는 과정이 결국 성과로 이어진 셈이다. 백서 출간의 반향은 실로 엄청났다. 로저스가 고안한 메트릭스는 언제쯤 사용 가능한지 여러 투자자와 자산관리사 들로부터 문의가 쇄도했다.[28]

로저스는 일단 아이디어를 내놓으면, 실행은 적합한 다른 누군가가 해 줄 것이라고 생각했다. 그래서 백서를 내고 1년 정도 그냥 잊고 지냈다. 하지만 월가 점령 시위가 점차 확산하면서 이제는 직접 나서야 할 때라고 생각했다. 지속가능성 표준을 개발해야 한다면 직접 해 보기로 결심한 것이다. 로저스는 남편의 든든한 지원 아래 직장을 그만뒀다. 그리고 6개월 시한을 두고 비영리단체 SASB^Sustainability Accounting Standards Board 설립에 집중했다.[29]

SASB 출범을 위한 자금 조달 외에 로저스의 첫 번째 임무는 산업별 지속가능성 메트릭스를 개발할 연구진과 기술전문팀을 꾸리는 일이었다. 로저스는 당시를 회상하며 이렇게 말했다. "80년 안에 80개 산업에 대한 메트릭스를 개발하겠다는 말에 사람들은 미쳤다고 수군댔죠. 하지만 우리는 그들이 틀렸다는 사실을, 우리는 할 수 있다는 사실을 증명해야 했습니다. 그래서 방법론을 개발하고 나서는 80년이 아닌 8년 안에 목표를 이루겠다는 거대한 청사진을 세웠습니다!"

SASB를 설립하고, 팀을 꾸리고, 표준 설계를 위한 방법론을 개발하는 것은 혁신가로서 로저스가 시작한 여정에 불과했다. 이제 그녀는 SASB를 합법적인 표준 설정 조직으로 전환하여 집단적인 사회운동으로 성장시킬 수 있는 힘이 필요했다. 로저스는 SASB가 진지하게 받아들여져 지지자를 모으려면 기업의 지속가능성과 관련된 비즈니스 리더와 투자자, 공공기관, 여러 NGO 단체 간 권력 관계부터 제대로 파악해야 한다는 사실을 알고 있었다. 요컨대 힘의 배치도가 필요했다. 이에 로저스는 권력 서열 최고 조직부터 가장 많은 예산을 가진 조직까지 가능한 많은 정보를 수집했다. 영향력 있는 리더가 있는 조직과 출간 논문이 인용된 적 있는 조직도 파악했다. 이와 함께 누가 누구와 연결돼 있고, 누가 누구에게 의존하고 있는지를 파악할 수 있는 모든 정보를 수집했다.

금융업계의 아웃사이더로서, 기존 체제에 반대하는 조직으로서 해야 할 일은 명확했다. SASB를 지속가능성 분야의 표준을 제시하는 합법적인 기관으로 만들기 위해 로저스는 핵심 이해관계자들이 가치를 두는 자원이 무엇인지 식별하고 그에 접근할 수 있는 권한을 가져야 했다. 이에 로저스는 투자자에게 새로운 메트릭스가 필요하다는 믿음을 공유할 사람들을 식별하기 시작했다. 그들로부터 투자를 얻는 것도 로저스의 목표였다. "첫 번째 이사회에는 증권거래위원회SEC와 회계기준위원회FASB 출신 인사들이 포함돼 있었죠. 이들로 인해 사람들은 SASB에 참여해도 되겠다는 타당성을 얻을 수 있었어요." 이후 로저스는 산업별 실무 그룹을 만들고 샌프란시스코와 뉴욕에서 각종 콘퍼런스를 조직했다. 정기적인 온라인 피드백 세션을 주최하기도 했다. 그러면서 SASB를 지지하는 커뮤니티도 생겨났다. 이들은 자본주의의 얼굴을 바꾸기 위해 나아가는 SASB의 여정에 자신들도 일조하고 있다고 생각했다.

한 멘토를 통해 인맥을 넓힌 로저스는 미국 상공회의소 및 증권거래위원회SEC 관계자들과 정기적으로 만나기 시작했다. 상공회의소는 정부를 상대로 기업 로비 활동을 벌이는 단체였다. 이들 단체의 개입은 로저스와 SASB에 대한 업계 주요 관계자들의 신뢰를 강화하는 계기로 작용했다. "(내가 아는 한) 그들이 가치를 두는 관점에서 우리의 가치를 제안했습니다. 심지어 현상 유지 상태를 '미친 것'으로 간주할 때도 있었죠. 투자자에게는 핵심 정보를, SEC에는 기업 생산성과 시장 효율성 관련 정보를 제공하겠다는 SASB의 약속은 딱히 관계가 없던 이들 기관을 우리의 든든한 배경으로 끌어올 수 있었던 이유입니다." 로저스는 시민사회 단체, 기업, 공공기관과 분기별 회의를 통해 각종 업데이트 현황을 보고하면서 협력자들의 범위를 점차 넓혀 나갔다. 이 과정에서 서로 연결점이 없는 기관들을 이어 주는 역할을 했고, 로저스는 지속가능성 문제에 관한 일종의 중개인으로 자리매김했다. 주요 정보에 대한 접근권, 곧 업계 핵심 조직과 인사들에 대한 정보를 통제할 수 있게 된 셈이다. 로저스와 SASB는 권력을 쌓아 가기 시작했다. 이들은 곧 SASB의 새로운 네트워크를 활용해 주요 투자자 및 기업을 고문과 이사회 구성원으로 영입했다. 마이클 블룸버그 뉴욕시장은 SASB 이사회 의장으로 이름을 올렸다. 블룸버그 시장의 영입으로 업계 내에서 SASB의 정당성은 더욱 강화됐고, 각종 비영리단체 및 공공기관과의 관계도 개선됐다. 이후 사회운동 참여자들의 조언을 바탕으로 SASB는 2018년까지 80개 이상의 산업에 대한 지속가능성 표준을 개발, 미국 내 지속가능성 회계 기준을 선도하는 업체로 우뚝 섰다. 모두 불가능하다고 여겼던 일이 현실이 된 것이다.

그러나 혁신 개발을 위한 로저스의 노력은 더 큰 뜻을 위한 노력의 일환이었다. 그것은 곧 자본주의를 재창조하고 변화시키는 것이었다. 거기에는 SASB 이상의 것이 필요했다. 하지만 표준은 개발되었고 사용될 준비도 마친 상황이었다. 그렇게 자신의 모든 것을 쏟아 부은 후, 로저스는 SASB CEO 자리에서 물러나기로 결정했다. "제 가슴을 뛰게 하는 건 혁신이더군요. 그걸 깨달았죠. 저는 배움을 즐기는 사람입니다. 자연히 호기심도 많고, 남들은 다 혀를 내두르는 어려운 문제를 해결하면서 희열을 느끼죠." 이제 남은 건 SASB 지속가능성 표준을 만드는 과정에서 발생한 각종 변경사항을 통합하고, 기업과 투자자들에게 새로운 표준을 보고하는 일이었다. 통합은 하루아침에 생겨나지 않는다. 이 점은 로저스와 그의 동료들도 잘 알고 있었다. 중요한 것은 단순히 법을 바꾸는 데서 그치지 않고 사회 곳곳에 뿌리 깊게 남아 있는 문화를 바꾸는 일이다. 그러한 변화는 얼마든지 가능하다. 구체적인 사례를 통해 살펴보도록 하자.

현실을 바꾸기 • ....

네덜란드와 벨기에는 각각 2000년과 2003년 동성 결혼을 합법화한 최초의 국가가 되었다. 이에 아르헨티나의 레즈비언 활동가 단체는 이른바 결혼 평등을 위한 캠페인을 시작했다. 하지만 이들은 가톨릭교회라는 엄청난 권력 집단의 저항에 부딪쳤다. 게다가 아르헨티나 성 소수자 커뮤니티의 게이 활동가들은 결혼 평등이 아닌 합법적 동성결혼을 지지하며 이들의 캠페인을 강하게 저지했다. 하지만 이후 10년이 채 안 돼 생각지 못한 일이 일어났다.

이 작은 레즈비언 활동가 단체가 결국 승리한 것이다.

2010년, 아르헨티나는 라틴아메리카 최초로, 전 세계에서 여섯 번째로 동성 결혼을 합법화한 나라가 됐다. 프랑스, 독일, 뉴질랜드보다 앞선 행보였다. 그게 전부가 아니었다. 나라의 법을 바꾼 캠페인은 가진 게 거의 없는 아주 작은 단체에서 출발했다. 부에노스아이레스에서 양성애자와 레즈비언 여성을 위한 쉼터를 운영하며 결혼 평등을 위한 투쟁에 앞장서 온 마리아 라치드Maria Rachid는 이렇게 말했다. "우리에게는 전통적인 사회운동이 활용하는 권력이 거의 없었다. 길거리 시위에 많은 사람을 동원할 수도, 그럴듯한 광고나 캠페인에 돈을 들일 수도 없었다."[30] 하지만 이들의 성공은 단순히 기적이나 운의 이야기가 아니다. 인내와 전략 그리고 힘에 관한 이야기다.

그들의 첫 번째 성과는 행동할 기회를 포착한 것이었다. 2003년 중도좌파 정치인 네스토르 키르치네르Nestor Kirchner가 아르헨티나 대통령에 선출되었다. 당시 키르치네르 정부는 대중의 분노를 유발하지 않도록 조심해야 한다는 걸 잘 알고 있었다. 1998년부터 2002년 사이 아르헨티나는 대공황으로 극심한 불황을 겪었다. 정부는 2001년 은행계좌 인출을 동결하는 등 긴축 정책을 잇달아 발표했고, 사회적 공황과 정치적 혼란이 뒤따랐다.[31] 경제위기가 심화하자 이번엔 시민들이 들고 일어났다. 당시 4선 연임 중이던 현직 대통령은 결국 물러났고, 이후 키르치네르가 새로운 대통령직에 올랐다. 이런 과정을 거친 탓에 키르치네르는 사회운동가들의 목소리에 누구보다 귀 기울였다. 그들의 요구를 수용해 평화 통치를 이어 가고 싶었다.

마리아는 당시 정부의 접근 방식을 이렇게 설명했다. "정부는 차별에 대항하는 정책을 개발 중이라고 했어요. 여기에 성적 다양성에 대한 부분도 포함하겠다고 했죠. 그래서 우리가 견뎌 온 여러 가지 차별 문제를 진단해 이를 극복하는 데 도움이 될 만한 공공정책을 추천해 달라고 요청해 왔습니다. 당시까지 그 어떤 정부도 성 소수자 커뮤니티와 반 차별 정책을 논의한 정부는 없었어요. 우리에게 있어서 정부는 늘 지지자가 아닌 박해자였으니까요."

하지만 당시 키르치네르 정부는 1976년부터 1983년까지 공포정치를 일삼은 군사통치 가해자들에 대한 추적을 시작했다. 이에 마리아와 그녀의 동료들은 정부의 반 차별 정책 마련 지원이 꽤 해 볼 만한 일이 될 것이라고 생각했다. "지금이 아니면 안 된다고 생각했어요. 우리에겐 평등한 결혼을 쟁취하겠다는 목표가 있었죠. 키르치네르 대통령 재임 중에 어떻게든 이뤄 내야 했습니다." 마리아와 동료들은 자신들에게 주어진 정치적 기회를 정확히 인지했다. 그리고 그 기회를 잡기로 한 결정은 이들의 사회운동에 중추적 역할을 했다.[32] 이들의 혁신은 분명했다. 동성 결혼을 합법화하는 법안을 만드는 것이었다. 그래서 스페인에서 같은 종류의 법안을 개발해 서명까지 끌어 낸 활동가들에게 연락을 취했다. 아르헨티나에서도 똑같은 열매가 맺어지길 바랐다.

그러나 좋은 기회가 주어지고 혁신 정책의 초안이 작성됐다고 해서 그 법안이 채택된다는 보장은 없다. 실질적인 변화를 만들어 내려면 변화를 선동하는 것에서 나아가 법안 채택을 위해 조율하고 통합하는 노력도 함께 필요했다. 이것은 사람들이 가치 있게 여기고 원하는 것, 합법적이라고 여기는 것을 바꾸는 것이었다. 또 법안이 변경되려면 정책 입안자와 선출 공무원들이 해당 변경안을 지지해야 했다. 이렇듯 정책 입안자부터 일반 대중에 이르기까지 수많은 사람의 행동과 정신에 영향을 미치려면 대규모 연합을 구축하는 절차가 필요했다.

이에 마리아는 성 소수자 운동 내에서 10개 조직을 모아 '아르헨티나 성 소수자 연맹Argentine LGBT Federation'을 결성했다. 참가자들 사이에 같은 정체성을 공유하고 하나 됨을 느끼도록 하는 것이 첫 번째 과제였다.[33] 마리아와 동료들은 트레이닝 워크숍을 기획해 참가자들이 그룹별로 특정 과제를 수행하도록 했다. 이를 통해 서로를 더 깊이 이해하고 유대감을 쌓도록 하기 위해서였다. 대표적으로 이들은 팀 단위로 파견돼 결혼 평등 법안에 대한 시민들의 서명을 받아 오기도 했다. 이런 노력은 결실로 이어졌다. 이에 대해 마리아는 이렇게 설명한다. "참가자들은 깊은 소속감을 느끼며 대의명분 실현을 위해 진정으로 헌신했다." 하지만 연맹의 규모는 여전히 작았고, 세력 확장에 사용할 만한 자원 접근도 쉽지 않았다. 그래서 이들은 10대 환경운동가들이 사용했던 것과 같은 무형자원인 도덕성을 이용했다.

이들이 사용한 프레이밍 전략은 인권의 관점에서 자신들의 요구를 관철하는 것이었다(미국 등 주변국에서는 시민권의 관점에서 성 소수자 캠페인을 진행했다). 이는 1980년대 아르헨티나 성 소수자 활동가들이 사용했던 것과 같은 방식이었다. 당시 아르헨티나는 수십 년째 잔혹한 독재정치의 그늘에서 씨름하고 있었다. 이후 독재정치가 종식되면서 각종 인권단체가 급격히 성장하기 시작했다.[34] 이런 상황에서 동성애자 권리 확보를 위한 싸움을 나라 전체의 인권 투쟁과 연결짓는 것은 성 소수자 커뮤니티를 인도적 차원에서 인정하고 동성애자 권리를 합법화하는 효과적 방법이었다.[35] 이렇듯 이전 세대의 관행을 그대로 좇아 동성 결혼 합법화를 평등 결혼의 차원에서 홍보함으로써 이들은 사람들의 도덕성에 호소했다. 그러면서 인권 수호 지지자들을 모두 끌어 들이기 원했다. 요컨대 독재 기간에 수많은 박해를 받았던 아르헨티나인들처럼 성 소수자 커뮤니티도 인간으로서 마땅히 누려야 할 권리를 박탈당한 것으로 홍보한 셈이다. 이런 프레임 덕분에 마리아와 동료들은 현상 유지에 반대하며 분노를 촉발하고 운동에 참여하도록 유인했다. 이를 통해 연맹의 영향력은 점점 확대됐고 새로운 동맹도 찾을 수 있었다.

이 같은 도덕성 외에도 활동가들은 또 다른 무형 자산, 곧 연대를 활용해 네트워크를 확대해 갔다. 커뮤니티 간 회의에 참석하고, 이웃 단체가 조직한 시위에 사람들을 파견해 지원하고, 서로의 목소리에 동조함으로써 힘을 실어 주고. 이 같은 연대는 특히 활동가들에게 있어 아주 귀중한 자원이 됐다. 마리아가 속한 연맹은 은퇴자를 비롯해 노조원, 이민자, 장애인, 아프리카계 아르헨티나인 등 수많은 소수집단과 지속적인 연대를 추구했다. 이런 방식으로 이들은 다양한 분야의 활동가들과 깊은 유대 관계를 쌓았을 뿐 아니라 처음에는 동성 결혼에 반대하던 많은 사람의 지지까지 확보할 수 있었다. 이렇게 세력이 점차 확대되자 연맹은 국회의원들에 대해서도 영향력을 행사할 수 있게 되었다. 이들에게 핵심 자원인 투표권을 통제할 수 있는 힘이 생겼기 때문이다. 연맹의 이 같은 노력은 큰 결실로 이어졌다. 상원 투표를 몇 주 앞두고 아르헨티나 최대의 노동조합 수장은 결혼 평등에 대한 지지를 공개적으로 선언했다.

결혼 평등이라는 목표 달성을 위해 실질적인 변화를 이뤄 내려면 또 하나의 요소가 필요했다. 바로 미디어였다. 마리아와 동료들은 미디어에서 좋아할 법한 지극히 개인적이고 감동적인 이야기를 제공함으로써 지원 사격을 요청했다. 수십 년간 함께 살았지만, 법적으로 부부는 되지 못한 몇몇 동성 커플이 기꺼이 자신들의 이야기를 공개했다. "한 커플의 경우 두 사람 다 인체면역결핍바이러스HIV 감염자였어요. 그래서 사회보장 혜택을 받으려면 법적으로 결혼을 해야 했죠. 이들의 이야기는 결혼 평등 법안이 왜 중요한지 사람들에게 보여 주는 계기가 되었죠." 방송에는 동성 커플이 가족, 친구들과 함께 시민등록부 등재를 위해 결혼 허가를 요청하는 장면이 포함됐다. 물론 해당 요청은 거부당했다. 하지만 법적인 불평등으로 고통받는 사람들의 실제 이야기를 보여 줌으로써 이들의 투쟁을 좀 더 인도적인 차원에서 설명하는 계기가 됐다.

신경과학자 멜라니 그린Melanie Green, 티모시 브록Timothy Brock은 전이transportation, 곧 이야기 주인공에 대한 믿음과 인식을 바꾸는 데 사람들이 그 이야기에 몰두하고 자신을 이야기 속 주인공에 연결 짓는 정도에 관해 연구했다. 이후 이들은 감정적 반응을 비롯해 정신적 이미지, 등장인물과의 연결 등 전이 증상이 상대방을 설득하는 데 효과가 있음을 입증했다. 예를 들어, 충성심과 우정의 중요성에 관한 이야기에 전이된 이들은 그런 도덕성이 명시돼 있지 않은 상황에서도 주인공을 긍정적으로 인식할 뿐 아니라 충성심과 우정에 대해 강한 믿음을 나타냈다.[36] 이 같은 실험 결과는 이야기가 운동의 강력한 원천이 될 수 있음을 분명히 보여 준다. 즉 마리아가 원했던 바로 그것! 대의명분에 대한 공감과 지지를 구축하고 세력을 확장하는 것이다.

그러나 결혼 평등 활동가들이 이 역사적인 캠페인을 시작하자 가톨릭교회는 절대 좌시하지 않았다. 교회는 정부와 언론 등 각종 네트워크를 총동원해 반격에 나섰다. 교회 외에도 반대 세력은 또 있었다. 일부 동성애 단체는 좀 더 가시적인 성과를 위해 '결혼 평등'이 아닌 '동성 결혼 합법화'의 관점에서 국회의원과 손을 잡고 운동을 전개하기를 원했다. 마리아는 당시를 회상하며 "우리 자신이 가장 큰 적이 된 셈"이라고 말했다. 이렇게 되면 운동의 목적 자체가 퇴색될 수 있었다. 연합 내 다양한 집단의 수요와 욕구를 충족하고

자 할 때 종종 이런 상황이 발생한다.[37] 하지만 이때 중요한 건 운동의 영향력을 확대하면서 지지자들의 충성도도 함께 유지하는 것이다. 마리아와 연맹은 타협을 거부함으로써 이런 위험을 극복했다. 이들은 자신들의 접근 방식에 확신이 있었다. 지난 2005년 동성 결혼 합법화를 성공시킨 스페인 활동가들로부터 이런 위험에 직면했을 때 어떻게 해야 하는지 조언을 들었기 때문이다. 그들은 일부 활동가들이 설득을 시도해도 절대 동성 결혼 합법화의 관점에서 운동을 전개해선 안 된다고 조언했다.

양측 간 긴장은 투표 직전까지 팽팽하게 유지됐다. 하지만 동성 결혼 합법화 지지 세력은 연맹의 통합 능력을 따라오지 못했다. 마리아는 당시 상황을 이렇게 설명했다. "우리 쪽이 상승세를 얻자 저들은 다시 연합할 것을 요구했어요. 물론 연맹 내 모든 사람이 재연합에 동의한 건 아닙니다. 이 문제를 두고 밤늦도록 회의를 하기도 했고요. 하지만 우리가 집중해야 할 건 법안 통과였습니다. 그게 가장 중요한 문제였죠." 결국 연맹은 이들을 받아들이기로 했다. 투표일에는 해당 법안을 상원에 함께 제출하기도 했다.

이 장면은 통합가가 피해야 할 중요한 덫을 묘사한다. 결혼 평등 운동의 많은 활동가가 그랬던 것처럼, 선동가 역할을 한 사람들은 대중의 인식을 높이고, 현상 유지 지지 세력을 비난하며, 연합을 확대하고, 운동 내 이질적인 부분을 통합하는 데 어려움을 겪을 수 있다. 이때 선동가는 '우리'와 '그들'을 구분 짓는 태도에서 벗어나 중재자, 조정가로서 통합가의 역할로 변화하는 게 필수적이다.[38]

결혼 평등 운동의 광범위한 네트워크로 인해 연맹은 성공적인 연합을 이뤄 낸 모범사례로 평가받았다. 실제로 저명 인권단체는 법안 지지를 밝히며 연맹과 공동서한을 작성, 국회에 제출했다. 또 아르헨티나 최대 노조는 언론을 통해 법안 지지 의사를 공개적으로 밝혔다. 주요 대학 역시 인권의 관점에서 결혼에 대한 권리를 동성 커플에게도 확대할 것을 국회에 촉구했다. 스페인 성 소수자 활동가들은 대표단을 보내 해당 법안의 중요성을 설파했다. 실제 동성 커플의 이야기가 전파를 타며 유명 연예인들까지 지지 의사를 밝혔다. 그 결과 전체 국민의 70% 동의를 얻어 결혼 평등 법안은 무사히 통과될 수 있었다.[39]

마리아는 당시의 성과를 이렇게 평가했다. "2010년, 우리는 법적 평등을 달성했습니다. 하지만 진정한 평등으로의 여정은 아직 갈 길이 멉니다. 여성은 아주 오래전에 법적 평등을 이뤄 냈지만, 여전히 남성과 동등하게 대우받을 그날을 손꼽아 기다리고 있습니다. 성 소수자 커뮤니티도 마찬가지입니다. 정책의 변화와 함께 의식의 변화도 같이 이뤄질 수 있도록 계속해서 싸워야 합니다. 지지 세력의 참여를 유지하는 것도 중요합니다. 하지만 매우 어려운 문제입니다." 마리아의 말처럼 피로감으로 인한 참여도 하락은 사회운동이 넘어서야 할 마지막 장벽이다. 결혼 평등 문제에 대한 신선함에 사라지고 불평등을 척결해야 한다는 시급한 외침마저 사그라지고 나면, 세력 확장은 고사하고 기존 구성원의 참여를 유지하는 것도 어려워진다. 최선의 방책은 인내다. 어떻게든 운동을 끌고 나가 기회가 생길 때마다 적절히 반응하고 변화를 유도하는 것이다. 이를 위해 활동가들은 분노를 자극하는 선동가의 역할, 변화를 주도하는 혁신가의 역할, 여러 당사자 간 의견을 조율하는 통합가의 역할을 적절히 수행해야 한다.

점점 더 쉬워지고 있는가? • ┈┈┈┈┈┈┈┈┈┈┈┈┈┈┈┈┈┈┈┈

21세기는 바야흐로 온라인 선동이 폭발적으로 일어난 시기다. 지난 2017년 10월, 미국의 유명 영화제작자 하비 와인스타인 Harvey Weinstein에 대한 성폭력 사건이 폭로된 후 이른바 미투#MeToo 운동이 급속히 확산됐다. 해당 해시태그는 며칠 만에 전 세계로 퍼져나갔다. 이후 프랑스와 벨기에서도 비슷한 의미의 해시태그 #BalanceTonPorc가 빠르게 번졌다. 벨기에 가수 앙젤Angele은 여기서 영감을 얻어 성폭력을 고발하는 노래를 만들기도 했다. 이어 스페인과 라틴아메리카에서는 #yotambien, 이탈리아에서는 #quellavoltache 해시태그가 만들어지며 미투운동은 전 세계로 퍼져 나갔다. 마침내 여성들은 성폭력에 관한 이야기를 전달할 수 있는 채널을 갖게 되었고, 그 결과 이전에는 감히 건드릴 수조차 없던 남성들이 단숨에 추락하는 상황이 전개됐다. 해시태그 미투#MeToo 는 운동 첫해에만 최소 85개국에서 국가별 평균 5만 5000회 이상 사용되었다.[40] 하지만 미투운동이 하루아침에 생겨났다고 생각하면 오산이다. 이미 10년 전, 성폭력 생존자 겸 활동가 타라나 버크Tarana Burke는 만연한 성폭력에 대한 경각심을 일깨우기 위해 미투운동을 시작했다. 버크의 노력은 그때나 지금이나 제대로 된 평가를 받지 못했다. 이번에는 할리우드 스타는 물론 〈뉴욕타임스〉 같은 유명 매체도 미투운동을 중요하게 다뤘지만, 그 공이 버크에게 돌아가진 않았다. 이에 화가 난 활동가들은 버크의 노력을 알리기 시작했고, 그제야 버크도 자신의 공을 제대로 인정받기 시작했다.

소셜미디어 플랫폼 덕분에 타라나 같은 활동가들이 더 쉽게 선동하고, 사람을 모으고, 생각을 나눌 수 있게 된 것에는 의심의 여지가 없다. 하지만 노련한 활동가로서, 커뮤니티 조직자로서 버크는 디지털 활동의 한계를 지적한다.[41] 소셜미디어는 인력을 동원할 수 있는 엄청난 잠재력이 있음에도 불구하고 심지어 선동가들에게조차 위험을 초래한다. 사람들의 지원을 요청하는 메시지가 이미 그것을 동의한 사람들에게만 전달될 수 있기 때문이다. 알고리듬과 머신러닝이 결합한 사람들의 선호는 온라인에서의 구분을 더욱 강화한다. 사회운동에 있어 광범위한 지지 세력을 확보하고 다양한 연합전선을 구축하는 것은 무엇보다 중요하다. 따라서 디지털 시대의 선동가는 서로 연결되지 않은 다양한 집단의 다양한 사람들과 정보를 공유해야 한다.

혁신가들 역시 위험에 처할 수 있다. 디지털 시대에 이들의 혁신은 훨씬 광범위하게 퍼져 나가 공유된다. 그러면서 지지 세력을 얻는다. 하지만 기술의 변화가 뿌리 깊은 권력 계층까지 변화시킬 순 없다.[42] 심지어 기술 자체가 해결책이었을 때조차 변화는 늘 정치의 영역이었다. 하지만 디지털 시대로 접어들며 많은 혁신가가 문제 해결에 있어 기술의 중요성을 지나치게 강조하게 되었다. 이는 지난 15년간 우리와 함께 일해 온 사회 혁신가들의 공통된 모습이었다.

통합가들에게 있어 기술은 다양한 지지층을 연결해 연합 전선을 구축하는 데 유용한 도구를 제공한다. 특히 소셜미디어는 사람들이 콘텐츠를 '클릭'하고 '좋아요'를 누르고 '공유'하는 이른바 '클릭 행동주의'에 참여하도록 한다.[43] 하지만 사회학자 제이넵 투팩치Zeynep Tufekci는 이에 대한 약점을 지적한다. "현대의 조직화된 사회운동은 물리적인 집회나 시위에 인력을 동원하지 않아도 빠르게 확산해 지지 세력을 확보할 수 있다. 하지만 확산 속도가 어느 순간 급격히 약화될 수 있다는 단점이 있다."[44] 오랜 시간에 걸쳐 탄탄하게 조직하지 않으면 참가자들 간 연결성은 피상적이고, 공동의 의사결정이나 전략 수립, 의사소통, 조직화에 대한 경험도 부족할 수밖에 없다. 이들 요소는 사회운동의 회복성과 효율성에 핵심적인 역할을 한다. '흑인의 생명도 소중하다' 운동의 공동 창시자인 앨리시아 가자Alicia Garza는 《힘의 목적: 무너졌을 때 하나 되는 법The Purpose of Power: How We Come Together When We Fall Apart》에서 이렇게 말했다. "해시태그로부터 사회운동을 시작할 순 없다. 해시태그가 시작하는 게 아니다. 사람들이 시작한다. 운동이 시작되고 끝나는 공식적인 순간은 없다. 누군가 한 사람이 시작하는 것도 아니다. 사회운동은 전등 스위치보다는 밀물과 썰물이 존재하는 파도에 가깝다."[45]

요컨대 사회운동의 힘은 단순히 많은 사람을 모으는 데서 오는 게 아니라 지속적인 집단행동이 일반 대중의 믿음과 행동에 영향을 미쳐 변화를 유도하는 데서 온다는 것이다.[46] 이를 위해서는 사람들이 원하고 필요로 하는 것이 무엇인지 이해하고, 함께하는 힘을 어떤 식으로 사용해 가치 있는 자원에 대한 접근을 통제할 것인지 그 방법을 파악해야 한다.[47] 이번 장에서 사례로 언급한 성공적인 사회운동은 이 두 가지 요소를 모두 갖추었다. 이에 관해 마셜 갠즈 Marshall Ganz는 힘주어 언급한다. "사회운동은 특정 사람이 가진 자원을 다른 누구에게 필요한 힘으로 전환함으로써 기회를 잡는 능력이다."[48] 신기술의 등장으로 사회운동이 힘을 얻어 그것을 행사할 수 있는 기회는 더 많아졌지만, 일부 지역에서는 사회 변화를 주도하는 사람들이 자신의 목소리를 내고 이를 알리는 것이 오히려 어려워졌다. 독재자들의 손에서 신기술은 유례없는 효과를 지닌 감시와 검열의 도구가 되었다. 누가 어떤 식으로 통제하느냐에 따라 신기술은 사회운동의 힘을 강화할 수도, 제한할 수도 있다.

이 같은 사회운동의 진실은 누구에게나 똑같이 적용된다. 주지하건대 신기술은 그것을 누가, 어떤 식으로 통제하느냐에 따라 우리에게 힘을 실어 줄 수도, 우리를 압제할 수도 있다.

7
장

권력은 변하지 않는다
다만 주인을 바꿀 뿐이다

모든 것이 엄청난 속도로 변하면, 그로 인한 불확실성은 권력도 반드시 변해야 한다는 생각으로 이어질 수 있다. 이것은 물론 일반적인 가정이다. 지난 2013년, 전통적인 권력기관과 인사들이 시민단체에 그 힘을 잃어 가자 저널리스트 겸 학자 모이제스 나임Moises Naim은 권력의 종말이 임박했다고 선언했다. "21세기, 우리는 권력을 더 쉽게 얻을 수 있지만 사용하긴 더 어렵다. 또 잃기도 쉽다."[1] 비슷한 맥락에서 5년 후 기업가 겸 사회운동가 제레미 하이만스Jeremy Heimans와 헨리 팀스Henry Timms는 연결성이 새로운 형태의 권력을 창출했다고 언급했다. 이것은 네트워크 중심의 비공식적이고 협력적이며 투명하고 참여형 권력이라는 특징이 있다. '미투운동'이나 '흑인의 생명도 소중하다' 같은 군중의 에너지를 기반으로 한다. 이것이 새로운 권력이라면 오래된 권력은 폐쇄적이고 접근할 수 없으며 계층적인 특징을 보인다고 하이만스와 팀스는 설명한다.[2]

권력의 종말이든 새로운 권력의 출현이든 위 두 사람은 오늘날 권력이 위치한 곳의 중요한 변화를 지적한다. 그러나 이제부터 살펴보겠지만, 권력 그 자체는 변하지 않았다. 다만 권력을 이루는 기본적인 구성요소가 바뀔 뿐이다.

권력의 기본은 바뀌지 않는다 •

인간의 삶을 획기적으로 바꾼 두 가지 기술 변화를 생각해 보자. 첫 번째는 1만 년 전 유목 생활을 정착 생활로 이끈 농업혁명이다.[3] 이로 인해 인류는 농사를 짓고 가축을 기를 수 있게 되었다. 먹을 것을 구하는 데 깨어 있는 시간을 모두 쓸 필요가 없게 되면서 사람들은 사냥과 채집 외의 활동에 참여하기 시작했다. 과거 수천 년 동안 마을에서 최고의 권력자는 사냥을 가장 잘하는 사람이었다. 이들이 먹거리에 대한 통제권을 갖고 있었기 때문이다. 하지만 이들이 가진 힘은 이제 눈에 띄게 줄었다. 반면 땅이나 동물, 농사기구에 대한 접근권을 가진 사람의 힘이 점점 커졌다. 요컨대 농업혁명은 두 가지 관점에서 힘의 분배에 변화를 가져왔다. 첫째는 지리적 관점의 변화다. 사람들은 이제 농업 자원이 풍부한 곳을 선호하게 되었다. 둘째는 사회적 관점의 변화다. 매일매일 새로운 먹거리를 구해야 한다는 부담이 사라지면서 일부 계층은 권력을 더욱 공고히 하는 지적, 상업적, 정치적 활동에 시간을 쏟을 수 있게 되었다.[4]

이후 1400년대 중반, 구텐베르크Gutenberg의 금속활자 발명은 인류 사회를 다시 한 번 획기적으로 변화시킨다. 기업가들이 금속활자술을 직접 배워 서유럽 전역에 인쇄소를 열면서 이 기술은 불처럼 빠르게 번져 나갔다. 이제 상인이나 소작농, 지식층 할 것 없이 누구나 많은 정보를 접할 수 있게 되었다. 하지만 금속활자 발명에 몹시 불쾌감을 느낀 이들이 있었다. 바로 문서나 책의 내용을 베껴 쓰는 필경사들이었다. 이들은 종교 문서를 읽고 쓸 수 있는 특별한 능력 덕분에 지난 수 세기 동안 지식의 첨병 역할을 했다. 하지만 금속활자의 발명으로 이 능력은 더 이상 쓸모없게 되었다. 이에 1492년 독일 수도원장 요하네스 트리테미우스Johannes Trithemius는 《필사생의 찬미In Praise of Scribes》에서 종교 문서를 필사하는 일이 줄면 종교에 타격이 있을 것으로 우려했다. 수도자들이 종교 문서를 베껴 쓰는 행위 자체가 공부였기 때문이다.[5]

하지만 승자는 결국 정해져 있었다. 금속활자가 발명된 후 50년 동안 유럽에서만 약 2000만 권의 책이 인쇄되었다. 이는 지식의 민주화에 혁혁한 공을 세우며 르네상스와 종교개혁[6]을 가속하는 역할을 했다. 심지어 금속활자 발명을 부정적으로 여겼던 트리테미우스 수도원장 역시 그 유혹을 피해갈 수 없었다. 일각에서는 그의 저서 《필사생의 찬미》조차 필사가 아닌 저자가 본문에서 매도한 바로 그 인쇄술을 통해 배포되었다고 말한다!

이러한 기술 변화의 물결은 사람들의 삶을 극적으로 변화시켰다. 그리고 한 가지, 권력의 지도 역시 바꾸었다. 권력 체계를 완전히 뒤바꾼 이런 변화는 그 자체로 압도적이었다. 변화의 종류는 달랐지만, 변화를 일으킨 역학은 모두 같았다. 곧 농부와 지주, 인쇄업자에게 권력을 안겨 준 것은 새로운 자원 접근에 대한 통제권이었다. 시대별로 권력의 생성과 소멸 패턴은 모두 같다. 기술적 변화는 새로운 자원을 생성하고, 그것은 매우 높은 가치를 지니게 된다. 그러면서 이들 새로운 자원을 통제하는 사람은 그것의 운영 방법을 알고 있는 것과 상관없이 엄청난 권력을 가진다. 이것이 기술 변화가 권력의 재분배로 이어지는 이유다.

물론 권력의 재분배는 다른 이유로도 일어날 수 있다. 예를 들어, 자연현상으로 아주 순식간에 권력이 재분배된 경우도 많다. 6600만 년 전 소행성 충돌로 1억 6500만 년 동안 지구를 지배했던 공룡이 한 번에 멸종된 사건이 대표적이다. 반대로 아주 오랜 시간에 걸쳐 재분배가 일어나기도 한다. 530년대 두 차례의 화산 폭발로 유럽 하늘은 시커멓게 뒤덮여 기후변화가 초래됐다.[7] 이는 유럽의 암흑기가 도래하는 계기가 됐고, 이로 인해 결국 세계 질서까지 완전히 바뀌었다. 그러나 인간이 주도하는 권력 재분배에서 가장 중요한 역할을 하는 건 기술이다. 그리고 지금은 그 어느 때보다 이 사실이 강하게 적용되는 시대다.

기술이 권력 지도를 변화시킨다 •

네주마Nezuma는 도로가 하나밖에 없는 잔지바르 운구자 섬에서 태어났다. 학교도 못 다닌 채 어린 나이에 결혼한 그녀는 마을을 떠난다는 상상을 단 한 번도 해 본 적이 없었다. 네주마는 이미 여섯 아이의 엄마였다. 그러던 어느 날, 네주마는 섬에서 약 32킬로미터 떨어진 킨야시니로 공부를 하러 떠났다. 태양열 기술자가 되기 위해서였다. 5개월간의 학습 과정을 마친 네주마는 그때까지 구경조차 할 수 없었던, 너무나도 귀중한 자원과 함께 마을로 돌아왔다. 바로 전기였다.

글자도 읽고 쓸 줄 모르는 네주마가 어떻게 태양열 기술자가 될 수 있었을까? 그 답은 운구자 섬에서 4800킬로미터 이상 떨어진 인도에서 찾아보자. 사회 활동가 겸 교육자인 벙커 로이Bunker Roy는 그곳에서 베어풋 칼리지Barefoot College라는 학교를 세웠다. 로이는 인도 최고의 사립학교 출신으로 한때 지독한 엘리트주의[8]에 젖어 있던 인물이다. 하지만 그는 자신이 참교육을 받기 시작한 건 1966년부터라고 말한다. 당시 인도 비하르 지역과 동부 우타프라데시 지역에는 심각한 가뭄과 흉년으로 대기근이 발생했다. 그 모습을 보며 로이는 빈곤한 농촌 마을의 자립을 지원하는 데 자신의 삶을 바쳐야겠다고 결심했다.

처음에는 식수용 우물을 파는 일부터 시작했다. 이후 로이는 자신과 함께 일하는 마을 사람들도 정교한 기술을 얼마든지 익힐 수 있다고 생각했다. 하지만 이들은 글자를 읽고 쓸 줄 몰랐다. 그래서 로이는 이들의 문맹 탈출부터 돕기로 했다. 1972년, 로이는 학교 설립에 관한 아이디어를 떠올렸다. 그곳은 아주 특별한 학교였다. 가끔은 맨발로 학교에 오는 가난한 시골 사람들을 위한 학교. 눈이 아닌 몸으로 익히는 것이 더 익숙한 학교. 로이는 곧바로 실행에 옮겼다. 자신이 그린 학교의 모습을 그대로 실현한 비정부기구 베어풋 칼리지를 설립했다. 첫 번째 훈련 센터는 인도에 세워졌다. 베이그왓 난다 세베단Bagewat Nanda Sevedan 교사는 학생들이 몸소 체험하며 배울 수 있도록 혁신적인 교육 툴을 만들었다. 이후 훈련 센터는 부르키나파소, 마다가스카르, 라이베리아, 과테말라, 피지, 세네갈, 잔지바르에 잇달아 건립됐다. 이것이 네주마가 공부를 해서 태양열 엔지니어가 될 수 있었던 이유다.

베어풋 칼리지 대표단은 열악한 환경의 전 세계 농촌 마을을 방문했다. 운구자 섬도 그곳에 포함됐다. 대표단은 학교의 주력 프로그램인 태양열 프로그램에 참여할 수 있도록 마을 사람들을 초청, 재생 가능하고 지속 가능한 태양열 에너지를 마을에 도입할 수 있도록 지원했다. 하지만 여기에는 몇 가지 조건이 있었다. 우선 마을 사람들은 교육 프로그램에 참여할 사람을 직접 선정해야 했다. 이때 참여자로 선정된 사람은 교육 종료 후 반드시 마을로 돌아와 태양열 장비에 대한 설치 및 유지보수 역할을 담당해야 했다. 단 일체의 장비는 학교에서 제공했다. 마을 사람들은 또한 서비스 유지보수에 필요한 비용을 교육 참여자에게 지불해야 했다. 이 정도는 무난한 조건이었다. 하지만 여기에 깜짝 놀랄 만한 조건이 한 가지 더 있었다. 교육 참여자는 반드시 여성이어야 했다. 최적의 인물은 교육이 끝나도 도망치지 않고 마을로 다시 돌아올 게 확실한, 아이가 있는 중년 여성이나 할머니였다. 이것은 베어풋 칼리지 대표단이 그간의 경험을 통해 내건 조건이었다.

운구자 섬 사람들은 네주마가 적격이라고 입을 모았다. 사람들은 평소 어려운 일이 생기면 네주마에게 도움을 청하거나 조언을 구했다. 그래서 그녀에 대한 신뢰가 무척 강했다. 하지만 네주마의 남편이 가부장적인 탓에 그녀가 교육 참여자로 선정되기는 거의 불가능해 보였다. 남편은 아내가 5개월씩이나 가족 곁을 떠나 홀로 생활하는 걸 극구 반대했다. 이에 마을 대표는 교육 프로그램의 혜택에 관해 지속해서 설명했고, 네주마의 친정 엄마는 딸이 교육을 받는 동안 아이들을 돌봐주겠다고 나섰다. 학교 관계자는 일주일에 한 번씩 남편이 학교를 방문할 수 있도록 주선하겠다고 약속했다. 이 같은 설득에 결국 남편도 동의했다. 이후 네주마는 킨샤시니에 있는 캠퍼스에 5개월간 머물며 태양열 전기 시스템을 설치하고 보수하는 방법을 배웠다. 교육은 이미 같은 프로그램에서 훈련을 마치고 태양열 기술자로 활동하고 있는 선배로부터 받았다. 교육에 참여하는 여성 대부분이 문맹이거나 반 문맹이었기 때문에 교육은 주로 색깔로 표시한 그림이나 설명서 등 시각적인 자료로 진행됐다. 네주마가 배운 건 비단 태양열 전기에 관한 내용만이 아니었다. 로이의 후임으로 베어풋 칼리지의 CEO가 된 사회기업가 미간 팔론Meagan Fallone은 여성의 건강과 권리, 디지털 기술 및 기업가적 역량에 관한 내용을 추가해 프로그램을 더욱 풍성하게 만들었다. 이를 두고 팔론은 말했다. "우리는 이른바 '태양열 엄마들'이 기술은 물론 자신의 신체와 권리, 책임에 대해서도 배우길 원했다. 이것이 그들의 변화를 위한 전체적인 접근 방식이었다."[9]

교육 종료 후 다시 마을로 돌아왔을 때, 네주마는 자신에게서 새로운 힘을 느꼈다. 자신이 익힌 기술을 통해 마을에 전기를 공급했다. 그리고 또 한 가지. 네주마는 전혀 예상치 못했던 도움을 받았다. 바로 남편의 전폭적인 지원이었다. 처음에 네주마의 교육을 반대했던 남편은 이제 누구보다 든든한 조력자가 되었다. 네주마가 이

웃집 지붕에서 보수 작업을 하면 남편은 사다리를 받치며 그녀를 도왔다. 네주마가 얻게 된 명성으로 자신을 포함한 가족 전체가 얼마나 큰 혜택을 받게 됐는지 깨달은 것이다. 이후 몇 달 만에 네주마는 마을에서 가장 귀중하고 수요가 많은 기술에 대한 접근을 통제할 수 있게 됐다. 그리고 이 통제력은 권력으로 이어졌다. 마을의 다른 여자들처럼 권력 계층 최말단에서 오직 남편에게만 의지하며 살아 온 사람이 이제 가장 강력한 힘을 가진 사람으로 거듭난 셈이다. 이것은 베어풋 칼리지의 혁신이 가져온 놀라운 성과였다. 이곳의 프로그램을 거쳐 간 중년 여성들은 마을의 권력자가 되었을 뿐 아니라 개인적으로도 강한 존재로 거듭났다.

로이와 팔론은 권력 지도를 바꿀 수 있는 기술의 잠재력을 간파하고 있었다. 우리는 이미 1800년대 산업혁명으로 이 같은 현상을 목격했다. 당시 산업혁명은 생산 방식을 완전히 바꿔 기성복부터 전화기에 이르기까지 일부 부유층의 전유물이었던 상품과 서비스를 많은 사람이 이용할 수 있도록 했다. 심리학자 스티븐 핑커^{Steven} Pinker는 《지금 다시 계몽*Enlightenment Now*》에서 "신기술과 과학적 진보는 우리의 일상을 향상하는 것 이상으로 엄청난 영향을 미친다"고 언급했다. 또 프랑스 과학자 겸 철학자 르네 데카르트[10]는 "기술의 발전으로 우리가 대자연의 주인이나 소유자라는 인식에 좀 더 가까워졌다"고 말했다.[11] 데카르트는 과학과 기술을 사람들이 자연을 이해하고 해석하며 분석하는 관문으로 인식함으로써 대자연을 통제할 수 있는 수단으로 여겼다. 요컨대 기술의 발달로 막강해진 인간은 소행성이 지구에 충돌하는 것을 예측하고 막아 냄으로써 인류의

멸종을 방지할 수 있다는 것이다.[12]

21세기 들어 더욱 급속히 전개된 디지털 혁명은 인간의 힘을 빠르게 증가시켰다.* 1989년, 세계 최대의 물리학 실험실 한 곳에서 팀 버너스 리Tim Berners-Lee와 로베르 카이오Robert Cailliau는 정보를 공유하고 검색하는 새로운 네트워크를 발명했다. 이들은 이 기술을 월드와이드웹World Wide Web이라고 칭했다. 버너스 리와 카이오는 월드와이드웹 기술이 인간의 생활 전반에 획기적인 변화를 가져올 것으로 내다봤다. 이들은 특허를 신청해 해당 기술을 다른 사람이 복제하거나 사용, 개선하는 행위를 막을 것인지를 두고 설전을 벌였다. 카이오는 당시 상황을 이렇게 회상했다. "팀이 이렇게 물었어요. '로베르, 자네 부자가 되고 싶나?' 잠시 고민한 뒤 저는 대답했죠. '부자가 돼서 나쁠 건 없지. 안 그래?' 하지만 팀은 돈을 버는 것에는 조금도 관심이 없었어요. 그가 관심을 두었던 건 오직 월드와이드웹을 모든 사람이 제대로 이용할 수 있냐는 것이었죠."[13]

결국 이들은 월드와이드웹을 오픈소스로 유지해 누구나 자유롭게 접근할 수 있도록 했다. 버너스 리는 전례 없는 규모의 협업과 지식공유가 전개됨으로써 인간의 잠재력이 폭발할 것으로 내다봤다. 이와 함께 모든 사람이 동시에 특정 지식에 접근하는 모습을 꿈꿨다. 이 같은 그의 상상은 대부분 현실이 됐다. 이제 인터넷에 접속하면 손끝에서 거의 무한한 정보를 얻을 수 있다. 정보 접근이 쉬워지

---

* 기술 그리고 각종 규제 및 통제에 대한 변화는 매우 빠른 속도로 진행되고 있다. 그래서 다음 변화가 일어날 즈음엔 이전의 것들이 모두 모순적일 수 있다. 책으로 뭔가를 남기는 게 가장 대표적인 경우다. 이 책에서는 "앞서 우리가 살펴봤던 것처럼"이라는 말을 자주 하고 있지만, 이 책이 실제 출간될 무렵엔 책에 실었던 내용에 수정이 필요할 수 있다.

고 온라인 연결이 강화되면서 사회운동이 기존의 권력 계층에 대항할 수 있는 새로운 채널들이 생겨났다. 앞서 '미투운동'이나 '흑인의 생명도 소중하다' 같은 사례를 통해 이를 확인했다.[14]

종합해 보면, 이러한 기술의 변화로 안전감과 자존감에 대한 인간의 욕구 충족 방식은 한층 다양해졌다. 그러나 사회 전체의 힘이 세졌다고 해서 모두가 힘이 세진 건 아니다. 베어풋 칼리지가 기술을 사용한 사례처럼 기존 권력 계층에 의해 가치 있는 자원에 대한 접근 자체가 제한된 사람들에게 권한을 부여하기 위해서는 의도적인 개입이 필요하다. 그러나 디지털 혁명에는 기술에 대한 의도적 개입이 없었기 때문에 버너스 리와 카이오가 그렸던 평등화를 거의 실현하지 못했다. 디지털 혁명은 이전의 기술 혁신과 마찬가지로 권력의 재분배로 이어졌지만, 그 혜택을 모두가 똑같이 누린 것은 아니다.[15] 단지 소수의 세력이 그 혜택을 독점해 모든 힘이 이들에게 집중됐다.

디지털 혁명은 세상을 어떻게 바꿨는가 •

인류 최초의 알고리듬 흔적은 이라크에서 발견된, 기원전 2500년 수메르 시대의 점토판에 새겨진 것으로 추정된다. 그것은 작업 분배 지침과 관련된 내용이었다.[16] 따라서 그 기원을 보면 '알고리듬'이라는 단어는 '일련의 지침'을 나타낸다.[17] 알고리듬은 초기 등장 후 크게 발전했으며, 오늘날에는 주로 컴퓨터에 작업을 지시하는 일련의 지침이라는 뜻으로 사용된다.[18] 이러한 지침은 사람이 입력할 수 있다. 예를 들어, 프로그래머는 A 지점과 B 지점 사이의 최단 보행 경로를 컴퓨터가 생성하도록 알고리듬을 만들 수 있다. 그러나 디지털 혁명이 견인한 빅데이터 시대에는 프로그래머가 제공한 대량의 인풋 데이터와 아웃풋 데이터를 바탕으로 컴퓨터가 해당 지침을 직접 생성할 수 있다. 가령 컴퓨터가 디비전 목록을 알지 못하는 상황에서도 프로그래머가 디비전 목록을 제공하면 컴퓨터가 자체적으로 패턴을 발견해 복제하는 방법을 터득한다. 이것이 바로 머신러닝machine learning이다. 머신러닝은 인공지능AI 응용 프로그램으로 데이터를 처리하고 학습하는 역량을 폭발적으로 증가시키는 것은 물론 기계의 효율성과 정밀도, 예측 정확도를 크게 높인다.[19]

인공지능 및 관련 응용 프로그램은 급속히 발전해 우리의 삶을 여러모로 향상시켰다. 빅데이터와 결합한 머신러닝 알고리듬은 수천 장의 의료 영상에서 인체 조직 속 암 덩어리를 사람보다 훨씬 빠르고 정확하게 찾아낸다.[20] 이 같은 건강 관련 기술의 발달로 건강관리 정보의 전송 비용이 감소해 저소득층 및 외곽지역 환자들에 대한 의료기회가 확대됐다.[21] 기술의 혜택은 비단 의료분야에만 국한하지 않는다. 각종 혁신적인 도구와 장치의 개발은 천연자원 및 에너지원의 생산성을 증대했을 뿐 아니라 자동차 및 산업 자재의 성능을 발전시켰다. 이와 함께 정보와 소비재의 유효성 및 가용성도 크게 개선돼 인간의 안전감 및 자존감에 대한 욕구를 충족시켰다.

알고리듬 기반의 의사결정은 대체로 인간의 의사결정보다 정확하고 편견이 적다. 또 훨씬 일관되고 정확하며 믿을 수 있어 우리 삶을 크게 향상했다. 따라서 알고리듬 의사결정은 인간의 의사결정으로 차별받는 사람들에게 혜택을 줄 수 있다. 예산이 적은 주택담보대출 신청자는 더 많은 대출을 받을 수 있고, 전통적인 조건에 부합하지 않는 구직자가 오히려 채용될 가능성이 더 크다. 또 알고리듬에 기반해 선택된 기업 이사회 구성원은 여성일 확률이 더 높다.[22]

이 같은 인류 사회의 진보와 권한 부여를 이끈 디지털 기술과 인공지능은 권력 분배에도 영향을 미쳤다. 그런데 여기에는 두 가지 관점에서 지속적인 경계와 감독이 필요하다.

첫째, 알고리듬은 여전히 실수를 범한다. 이때 디지털 기술과 빅데이터를 기반으로 구현되는 애플리케이션의 규모를 고려하면 아주 작은 편견도 수많은 사람에게 영향을 끼칠 수 있다.[23] 예를 들어, 미국 정부와 사법당국은 지역 순찰 및 범죄자 감시에 머신러닝 알고리듬을 이용하는 비중을 늘리고 있다. 대중교통에 설치된 안면인식 카메라나 공항에 설치된 생체인식 데이터 수집 장치는 범죄를 줄이거나 막는 데 도움을 준다. 하지만 알고리듬의 불완전성은 특정 인구에만 불균형적으로 해를 끼칠 수 있다. 이들은 대체로 사회 약자층이다. 실제로 안면인식 알고리듬은 백인보다 흑인을 오인할 확률이 훨씬 높다.[24] 안면인식 카메라가 검은 피부에서 더 부정확하게 작동하는 이유는 안면인식 분석 시스템을 테스트하는 데 사용되는 데이터셋 자체에 대표성이 떨어지기 때문이다. 이에 관해 MIT 미디어랩의 조이 부오람위니Joy Buolamwini는 이렇게 설명한다. "데이터셋이 다양하지 않으면 기존 표준을 지나치게 벗어나는 얼굴은 감지하기 어렵다."[25] 따라서 무고한 흑인 남성이나 여성이 기소될 가능성이 커진다. 비록 의도된 건 아니라 해도 이 같은 편견이 기존의 권력 체계를 영속화하는 데 기여한 사례는 어렵지 않게 찾아볼 수 있다.[26]

이처럼 알고리듬 기반의 의사결정은 의도치 않은 결과를 만들기도 하지만 그것을 감지해 수정하기는 어렵다. 알고리듬은 중립적이라는 가정에 익숙해져 그것이 우리 삶에 영향을 미친다는 사실을 인식하지 못하는 탓이다. 일각에서는 알고리듬은 일련의 규칙을 기반으로 작성된 것이므로 이것은 곧 수학이고, 그 결과는 편견이 배제된 사실이라고 주장한다.[27] 하지만 문제는 바로 그 규칙에 있다. 수학자 캐시 오네일Cathy O'Neil은 이를 두고 이렇게 설명한다. "알고리듬은 코드에 내제된 의견이다. 따라서 그 결과를 항상 객관적이라고 가정하면 인간의 책임을 배제하게 된다."[28]

이렇게 중요한 선택을 하는 사람들이 바로 컴퓨터 프로그래머와 엔지니어다. 이들이 누구고, 어떤 일을 하는지는 이들이 구축하는 알고리듬에 편견을 생성한다. 애플이나 페이스북 같은 곳에서 근무하는 기술 근로자 가운데 여성과 BIPOC(흑인, 원주민, 유색인종)[29] 인구가 차지하는 비율은 매우 낮다. 그러나 알고리듬 속 편견을 식별하고 이를 수정하려면 반드시 다양한 관점이 필요하다. 대부분의 경우 기술 근로자의 고용주는 기업이고, 이들 기업은 투자자를 책임지는 위치의 임원진이 세운 각종 질서에 따라 행동한다. 따라서 기업은 큰 수익을 내는 코드를 절대 공유하지 않는다. 누구도 알고리듬에 접근해 그것을 분석하거나 문제를 제기할 수 없다. 이 같은 투명성 결여로 상품을 개발해 수익을 내는 기업과 엔지니어의 손에서 통제권이 유지된다. 이들은 대중에 대한 감독과 책임에서도 자유롭다.

디지털 혁명으로 인한 두 번째 힘의 변화는 개인정보에 대한 통제권 이전이다. 디지털 기술의 발달로 온라인에서의 정보 접근은 거의 무제한으로 가능해졌다. 하지만 정보를 이용하는 당사자 개인에 대한 정보는 거의 통제할 수 없게 됐다. 여러분의 모든 움직임이 관찰되는 세상을 생각해 보라. 내가 방문한 곳, 먹은 음식, 사람들과 나눈 모든 대화가 감시될 수 있다. 영국 철학자 제레미 벤담Jeremy Bentham은 교도관 한 명이 모든 수감자를 24시간 감시할 수 있는 교도소를 상상하며 이런 시스템을 처음 고안했다. 벤담은 이 시스템을 '원형감옥(판옵티콘)'이라고 불렀다. 이후 1970년대 프랑스 철학자 미셸 푸코Michel Foucault는 소수가 감시를 통해 다수를 통제하는 방법을 설명하며 원형감옥에 비유했다.[30] 이런 사회는 엄격한 질서 아래 통제되지만, 개인의 자유는 완전히 사라진다. 오늘날 우리가 인식하든 그러지 못하든 우리의 삶은 소위 '디지털 원형감옥'에서 전개되고 있다.

우리가 디지털 기기를 사용하면 수백만 개의 데이터가 기록되고, 우리의 습관이나 필요, 욕구에 대한 흔적을 남긴다. 이들 정보는 데이터 저장소에 그대로 남아 정보 접근권을 가진 자들에게 우리를 탐색하고 감시할 수 있는 엄청난 기회를 제공한다. 감독과 책임이 배제된 상황에서 이러한 감시는 특히 독재 정부에서 얼마든지 악의적으로 활용될 수 있다.[31]

우리에 대한 방대한 양의 정보에 접근할 수 있는 건 비단 정부만이 아니다. 기업들은 감시 소프트웨어를 사용해 직원들이 하루에 타자 치는 데 소요한 시간을 추적하고, 무작위로 컴퓨터 스크린샷을

찍고, 방문한 웹사이트를 매일 기록한다. 그리고 이 자료는 상사에게 보고된다.[32] 일부 대규모 기술기업은 자사 직원들에 대한 정보뿐 아니라 일반 대중의 정보에도 접근할 수 있다. 가령 아마존Amazon은 내가 쇼핑에 할애한 시간을 알고, 알렉사Alexa는 내가 다른 사람과 나눈 대화를 저장한다. 페이스북Facebook은 '좋아요'를 어디에 눌렀는지, 누구의 계정을 방문했는지, 왓츠앱WhatsApp에서는 누구에게 문자를 보내고 전화를 걸었는지 모두 알고 있다. 이뿐만이 아니다. 내가 누구에게 돈을 빌렸는지, 내가 어떤 콘텐츠에 반응하는지, 그래서 사이트에 더 오래 머물렀는지 정확히 알고 있다. 애플 워치Apple Watch는 심장박동수까지 집계한다. 구글Google은 유튜브 검색과 조회 현황을 통해 내가 어디에 흥미가 있고 두려움을 느끼는지 파악한다. 심지어 특정 시간에 내가 어디에 있는지, 무엇을 보고 듣는지도 알고 있다.[33] 이들 기업은 우리가 원하고 필요로 하는 것을 알기 때문에 이런 정보를 누구에게 어떻게 사용하느냐에 따라 혜택을 주거나 해를 끼칠 수 있는 엄청난 힘을 가진다.

가치 있는 자원에 대한 통제권을 악의적인 목적으로 사용하려는 유혹은 늘 존재한다. 사회 심리학자 쇼사나 주보프Shoshana Zuboff는 《감시 자본주의 시대The Age of Surveillance Capitalism》에서 기업이 개인 정보를 이용하거나 판매함으로써 취하는 이익에 대해 자세히 기록하고 있다.[34] 처음에는 기술기업들이 서비스 개선을 목적으로 고객 정보를 확보했다. 하지만 1990년대에 접어들면서 일부 기업이 이들 정보를 광고 타깃팅에 사용하기 시작했다. 즉 고객별로 반응할 것 같은 광고를 달리 제작해 내보내는 것이다. 이런 방식은 급속히 확산됐고, 사람들의 관심을 끌기 위한 경쟁이 시작됐다. '참여'는 '주목 경제의 통화'[35]가 되었고, 고객 정보는 '새로운 석유'[36]로 부상했다. 이후 기술 대기업들은 고객 정보를 다른 이익 집단에 팔아넘길 수도 있다는 사실을 알게 됐다. 하지만 그런 위험성을 알고도 고객 정보를 활용한 타깃 광고는 멈추지 않았다. 보험회사, 은행, 기업 고용주, 정치 집단 등 사람들이 원하는 것을 알아내고자 하는 모두가 이들 기업의 고객이 됐다. 잠재 고객을 향한 이들의 목소리는 단순했다. "돈만 가져와라. 그럼 당신이 원하는 대로 사람들이 행동하게 해주겠다. 당신의 물건을 사고, 서비스를 계약하고, 심지어 다음 선거에서 당신에게 투표하도록 해 줄 수도 있다."

유튜브를 비롯해 애플, 넷플릭스, 아마존 사이트는 고객들이 다음에 무엇을 볼지 추천 영상을 제공한다. 페이스북, 트위터, 틱톡은 뉴스피드에서 선호할 만한 콘텐츠를 제공한다. 이들은 우리가 온라인에 접속해 가장 먼저 보게 될 화면, 가장 먼저 보게 될 뉴스피드, 가장 먼저 보게 될 상품을 결정한다. 데이트 앱에서는 내게 가장 적합한 상대를 추천하기도 한다. 트위터 창립자 잭 도시Jack Dorsey는 2018년 국회청문회에서 이렇게 증언했다. "고객들이 우리 서비스를 이용할 때마다, 그리고 앱을 열 때마다 무엇을 하고 무엇을 하지 말아야 할지 암묵적으로 지시합니다. 오늘날 트위터가 안고 있는 이런 요소에 의문을 제기해 볼 필요가 있다고 생각합니다."[37]

알고리듬과 개인정보에 대한 통제권 덕분에 기술 대기업은 상거래 및 정보 공유 채널의 문지기 역할을 하게 되었다. 이로써 소비자는 물론 고용주와 공급업체가 물건을 사고팔거나 일을 할 때 이들

기업을 통하지 않고는 선택지가 없어진 셈이다. 결국 대안이 부족한 탓에 설사 기술기업의 관행에 동의하지 않는다고 해도 이들의 기술과 플랫폼 이용을 철회하기는 쉽지 않다. 이들 기술 기업은 자신들의 지배력을 이용해 더 많은 힘을 쌓거나 반경쟁적 관행으로 힘을 남용하기도 한다. 약탈적 가격정책을 비롯해 배제 계약, 고액 수수료 부과, 경쟁 우위를 차지하기 위한 수백 곳의 경쟁사 인수가 이에 포함된다.[38] 그 결과 구글, 아마존, 페이스북, 애플은 웬만한 국가보다 큰 힘을 가진 독점 또는 반독점 기업으로 군림하고 있다.[39]

　그렇다면 일반 소비자는 어떤 위치에 있을까? 기술 대기업들은 권력의 뿌리를 단단하게 쥐고 있다. 첫째, 이들은 우리가 가치 있게 여기는 것이 무엇인지 실시간으로 아주 정확하게 알고 있다. 그리고 이 정보를 이용해 우리의 행동을 예측할 수 있다. 둘째, 우리에 관한 모든 정보뿐 아니라 이 정보를 우리의 믿음과 행동에 영향을 주도록 사용할 방법까지 일방적으로 통제한다. 셋째, 이들은 자신들의 힘을 사용해 소비자나 공급업체, 경쟁자에 대한 대안을 축소한다. 또 돈을 사용해 국회의원과 법 집행기관에 영향력을 행사한다. 이처럼 이들 기업이 가진 힘은 매우 크고 통제되지 않으며 불균형을 이루고 있다. 따라서 이들 기업의 임원진이 내리는 의사결정 역시 고의든 아니든 소비자의 관심과 필요를 제대로 반영하지 못할 수 있다. 그리고 종종 그렇다. 따라서 중요한 것은 우리는 물론 우리 아이들이 스스로 원하는 것이 무엇인지, 어떻게 행동해야 하는지를 비판적으로 사고하고 결정하는 능력이다. 각종 선전이 난무하고 힘이 한곳으로 집중되는 오늘날에는 이런 능력이 특히 더 중요하다.[40] 이 사실은 역사가 말해 준다. 디지털 시대에는 우리 사회의 기초를 바꾸려는 딥페이크와 가짜 뉴스, 허위 정보가 판을 치기 때문에 더욱 그렇다.

하지만 힘이 집중되는 현상 자체는 변하지 않는다. 권력 계층 변화를 위해 선동하고, 혁신하고, 통합하는 건 우리의 몫이다. 메러디스 휘태커Meredith Whittaker가 구글에서 10년을 보내고 깨달았듯 말이다.

기술 대기업의 힘 축소하기 •

2018년 3월, 구글이 미국 국방부와 계약을 맺고 드론 영상 분석에 필요한 인공지능 툴을 개발한다는 사실이 밝혀졌다.[41] 이후 구글은 이 프로젝트에 공격적인 의도가 전혀 없다고 주장했지만, 직원들의 분노는 사그라지지 않았다. 이때 휘태커는 구글 권력층과의 치열한 전투를 앞두고 두려웠지만, 자신이 행동할 때임을 확실히 알았다. 혼자 힘으로는 회사를 압박해 실질적인 변화를 끌어 낼 수 없다고 판단한 휘태커는 사람을 모으기 시작했다. 사내에서 비슷한 생각을 가진 동료들에게 연락을 취해 그들과 팀을 이뤘다. 그리고 권력층에게 의사결정을 간청할 게 아니라 스스로 의사결정을 할 수 있는 역량을 어떻게 구축할 것인지 탐색했다. 이들은 단지 선동을 원한 게 아니었다. 선동에서 혁신으로, 이를 통해 진정한 변화를 통합하길 원했다.[42]

이들의 노력은 메이븐Maven 프로젝트의 즉각적인 철회를 요청하는 공개서한으로 이어졌다. 구글과 그 모든 계약업체는 전쟁 기술 개발에 참여하지 않는다는 분명한 정책을 만들어 실행할 것을 요구했다.[43] 이 공개서한에 구글 직원 4600명 이상이 서명했다.[44] 그러나 한 달이 지나도록 경영진은 아무런 대답을 내놓지 않았다. 이에 12명의 주요 인사가 메이븐 프로젝트에 대한 구글의 지속적인 참여에 반발하며 회사를 떠났다.[45]

당시 언론은 구글의 메이븐 프로젝트 개입과 이를 둘러싼 직원들의 반응에 크게 주목하기 시작했다. 이는 회사의 변화를 더 세게 압박했다. 그 결과 구글은 2019년 3월 국방부와의 18개월 계약이 만료되면 계약을 갱신하지 않겠다고 발표했다.[46] 그러면서 순다르 피차이Sundar Pichai 구글 CEO는 성명서를 내고 이렇게 언급했다. "우리는 사람에게 상해를 유발하거나 직접적인 해를 끼치기 위한 무기 및 기타 기술 개발을 목적으로 인공지능 기술을 사용하지 않습니다."[47] 이러한 지침은 곧 인공지능 기술 및 그 사용은 사회적으로 유익해야 하며 불공정한 편견을 만들거나 강화하지 않고, 사람의 안전을 목적으로 책임지는 범위 내에서 사용돼야 함을 강조한다. 또 개인정보 보호 원칙을 반영하며 높은 수준의 과학적 우수성을 유지해야 함을 강조한다. 휘태커와 동료들은 이 내용을 공개선언문에 실어 발표했다. 몇 달 후 이들의 노력은 열매를 맺었다. 집단행동을 통해 그들의 요구사항은 아주 선명하게 드러났고, 언론이 이들에게 힘을 실어주기 시작했다. 회사와 직원 간 불협화음이 밖으로 새어 나가면 회사 평판에도 문제가 생길 수 있었다. 평판은 경영진과 주주가 깊이 신경 쓰는 매우 귀중한 자원이었다. 이후 휘태커와 동료들은 회사의 인공지능 남용에 반대하며 다시 한 번 집단행동에 돌입했다.

메이븐 프로젝트 반대 성명이 있고 몇 달 후, 이번에는 〈더 인터셉트The Interceptㄙ〉라는 온라인 매거진에 구글의 드래곤플라이Dragonfly 프로젝트를 조명한 기사가 실렸다.[48] 해당 기사는 이 프로젝트를 검열된 구글 검색엔진의 전형으로 묘사했다. 즉 이것은 인권과 민주주의, 종교, 평화시위와 관련해 중국에서 블랙리스트에 오른 웹사이트와 검색어를 모두 배제하는 검색엔진 개발 프로젝트였다. 이에 휘태커와 동료들은 한 번의 성공 경험을 바탕으로 또 한 번 공개서한을 작성해 사내에 회람했다. 이번에는 윤리적 검토 시스템의 개발을 촉구하며 개발 과정에 전 직원의 참여와 함께 드래곤플라이 프로젝트에 대한 윤리적 평가를 동시에 진행할 것을 요구했다.[49] 회람 3주 만에 이 서한은 1400명의 서명을 받았다. 휘태커와 동료들은 언론을 효과적으로 사용하며 자신들의 메시지를 더욱 확대했다. 이후 국제앰네스티Amnesty International는 지지를 선언하며 자체 서한을 발행, 드래곤플라이 프로젝트의 중단과 함께 검열과 관련한 투명성 확대, 내부고발자 신변 보호를 촉구했다.[50]

드래곤플라이에 관한 항의가 계속되는 가운데 또 다른 폭탄이 터졌다. 2018년 10월, 구글 안드로이드 모바일 오퍼레이팅 시스템 개발자인 앤디 루빈Andy Rubin이 2014년 성폭력 혐의로 회사를 떠날 당시 9000만 달러, 즉 약 1000억 원의 돈을 받았다는 사실이 드러났다.[51] 물론 경영진 입장에서는 거금을 들여서라도 추문에 휩싸인 고위직 인사를 최대한 빨리 내보내 소송에 휘말리지 않는 편을 선택하는 게 나았을 수 있다. 하지만 당시는 미투운동으로 촉발된 성폭력 및 성차별 문제가 전 세계를 뒤덮은 상황이었다. 이에 구글 직원들은 회사가 부도덕한 포식자를 보호했다며 분노를 감추지 못했다. 휘태커와 동료들은 다시 나서기로 했다. 그런데 이번에는 단순히 공개서한을 내는 것에 그치지 않고 사이버 세계에서의 시위를 물리적 공간으로 옮기기로 했다.

2018년 11월 1일, 전 세계 구글 직원 수천 명이 항의 시위를 위해 거리로 나왔다. 주최 측의 추산에 따르면 당시 파업에는 전 세계 구글 직원의 60% 이상이 참여했다.[52] 같은 날 이들은 매거진 〈더 컷 The Cut〉에 핵심 요구사항 5가지를 알리는 기사를 발표했다. 여기에는 강제적인 중재의 종식, 급여 및 기회의 불평등 종식 보장, 공개적으로 발표되는 성폭력 투명성 보고서 작성, 성적 위법행위를 신고하기 위한 명확하고 균일하며 전 세계에 통용되는 절차 수립, 최고경영자CEO 직속 최고다양성책임자CDO 영입 및 이사회 구성원에 직원 대표 임명 등 조직 지배구조의 변화 등이 포함됐다.[53]

2019년 2월, 구글은 직원 분쟁 시 강제 중재의 종식을 선언하며 핵심 요구사항 5가지 중 한 가지를 충족했다.[54] 하지만 드래곤플라이 프로젝트에 관해서는 아무런 발표도 없었다. 이로부터 수개월이 지난 2019년 7월 16일, 구글 임원진 카란 바티아Karan Bhatia는 미국 상원 법사위원회 앞에서 드래곤플라이 프로젝트를 중단한다고 밝혔다.[55]

휘태커의 사례는 기술 기업 근로자들이 회사가 더 윤리적으로 행동하도록 항의하며 압력을 행사한 수많은 사례 중 하나에 불과하다. 비단 구글뿐 아니라 아마존, 페이스북, 세일즈포스, 애플 등 많은 기업에서 비슷한 일이 전개됐다.[56] 이들은 혁신을 제안하고 그것이 채택될 수 있도록 다양한 통합을 시도했다. 자신들이 구축한 툴이 정치적이었음을 깨달았기 때문이다. 휘태커는 "이들이 원하는 건 자신들이 만든 상품에 대해 발언권과 통제력을 갖는 것, 그게 전부"라고 말했다.[57] 그렇게 직원들이 내는 목소리는 실로 엄청난 결과로 이어졌다. 그리고 몇 십 년이 지나 이제는 실리콘밸리를 압박해 경영진의 의사결정에 대해 민주적 가치와 인권을 수호하고, 사내 분위기를 더 포용적인 곳으로 만들어 첨단기술 업계 문화를 포괄적으로 바꾸자는 움직임이 일었다. 이런 열망에 따라 올해 구글 직원 약 400명은 노조를 결성했다.[58] 구글의 모기업 알파벳Alphabet의 이름을 본 떠 '알파벳 노조'라고 명명했으며, 설립 목적은 다음과 같이 정의했다. "알파벳 노조는 소속 노조원을 비롯해 전 세계를 보호하기 위해 노력한다. 연대와 민주주의, 사회경제적 정의를 장려한다."[59]

오늘날 일부 기업이 지나치게 많은 힘을 누리고 있다는 점을 고려하면, 내부 직원과 외부 활동가들이 힘을 합쳐 기업의 변화를 유도했다는 것은 큰 의미가 있다. 시민과 소비자, 소규모 기업에 거대 기업이 제공하는 서비스에 대해 더 많은 정보와 대안을 제공하려면 규제가 필요하다.

통제력 회복 •··

디지털 시대에 힘의 균형을 재조정하려면 개인정보 및 우리 삶에 많은 영향을 미치는 각종 알고리듬에 대한 통제력을 어느 정도 확보해야 한다. 이를 위해서는 어떤 노력을 할 수 있을까? 개인의 관점에서는 우선 인터넷 사용을 익명으로 하고 컴퓨터를 종료할 때 모든 인터넷 사용 기록을 삭제하는 방법이 있다. 또 개인정보 보호 기능이 뛰어난 브라우저와 앱을 사용하는 것도 방법이다. 하지만 이런 기능들 역시 그 효과는 제한적이다. IP 주소는 여전히 표시되기 때문이다. 이는 곧 우리가 방문한 웹사이트나 인터넷 서비스 제공업체, 고용주, 정부는 우리의 온라인 활동을 여전히 추적할 수 있다는 뜻이다.

궁극적으로 알고리듬의 편견으로부터, 개인정보에 대한 통제력 부족으로부터 우리를 진정으로 보호하는 길은 법을 바꿔 시행하도록 하는 것이다. 애플 CEO 팀 쿡Tim Cook은 2021년 한 컨퍼런스에 참석해 개인정보 보호와 관련한 광범위한 개혁을 강력히 촉구하며 이렇게 말했다. "고객의 개인정보를 활용하는 것에 대한 보편적이고 인도주의적인 대응이 필요하다."[60] 순다르 피차이 구글 CEO도 이러한 규제의 필요성을 역설했다. 지난해 〈파이낸셜타임스Financial Times〉 기고문에서 그는 "규제는 반드시 필요하며, 유럽 개인정보 보호 규정GDPR 같은 기존 규정이 강력한 바탕이 되어 그 역할을 할 수 있다"고 언급했다.[61]

2018년 유럽연합은 유럽 개인정보 보호 규정을 통과시켰다. 이

기념비적 법안은 모든 유럽 시민에게 기업이 수집한 개인정보를 자유롭게 열람하고, 기업이 데이터 수집에 대한 명시적인 동의를 구하도록 강제하며, 수집 가능한 데이터를 제한하고, 시민에게 개인정보 침해에 대한 보상 청구권을 부여한다.[62] 하지만 법안 통과가 활동가들의 노력이 끝났음을 의미하는 건 아니었다. 2018년 5월 25일 법안이 발효된 날, 오스트리아 변호사 겸 개인정보 보호 활동가 막스 슈렘스Max Schrems와 그가 이끄는 단체 노이브NOYB, None of Your Business는 페이스북과 구글을 상대로 그들의 불법적인 정책에 소송을 제기했다.[63] 이후 2020년 2월, 노이브는 아마존에 대해서도 비슷한 소송을 제기했다.[64]

슈렘스 같은 활동가들은 자신들을 감시자로 규정하고 개인정보 보호와 관련한 주요 사안이나 문제를 수면 위로 드러내 사법당국이나 규제기관의 이목을 끌도록 노력한다. 비단 법을 변경하는 것 외에도 활동가 및 조직의 행동, 곧 사회운동은 새로운 법안을 계속 적용하고 기업이나 공공기관이 이를 준수하도록 강제하는 데 필수적이다. 법학자 리나 칸Lina Khan이 지적했듯, 관련 법은 이미 교과서에 나와 있지만, 미국의 독점금지법처럼 수십 년 동안 일관되게 적용되지 않거나 거의 적용되지 않는 법도 있다.[65]

미국 국회의원이나 연방정부 및 주 정부 법무장관이 반경쟁적 관행에서 독점적으로 운영하는 여러 기업을 규제하기 시작하면서 칸과 같은 활동가들의 목소리는 거대 기술기업에 대한 정부의 감시 체제가 부활해야 한다는 움직임을 촉진하고 있다.[66] 따라서 지금까지는 기술기업의 시장 지배력 남용에 대한 제재를 위해 유럽 국회의원들이 가장 공격적으로 대처했으나[67] 이제는 전 세계 많은 정부가 극단적인 힘의 불균형이 초래하는 위협을 우려하면서 관련 입법을 늘려 가고 있다.[68] 이런 움직임은 비단 반독점 분야에서만 전개되지 않았다. 올해 호주는 소셜미디어 업체에 플랫폼에 올라가는 뉴스 콘텐츠에 대해 비용을 지불하도록 하는 법안을 통과시켰다. 공공의 이익으로서 저널리즘의 역할을 한 단계 발전시킨 기념비적 행보다.[69] 사법당국 또한 기술 기업이 알고리듬에 기반한 각종 편견에 책임을 지도록 요구하고 나섰다. 올해 이탈리아 볼고나 법원은 배달앱 딜리버루Deliveroo에게 배달기사가 제기한 소송에서 알고리듬에 의해 의도치 않게 근로자를 차별했다고 하더라도 이에 책임을 지고 배상하라고 판결했다.[70]

그러나 빠르게 진화하는 복잡한 기술을 규제하기는 쉽지 않다. 2020년 구글을 상대로 잇달아 제기된 독점 금지 소송 이후 피차이 CEO는 한 인터뷰에서 위에서 언급한 인공지능 기술에 대한 규제의 필요성에도 불구하고 법안이 가져올 수 있는 예기치 못한 결과를 우려했다. "결과는 미묘한 차이에서 갈린다. 규제가 오히려 일을 그르칠 수 있다." 휘태커는 인공지능 기술에 전문 지식을 가진 활동가가 꼭 필요하다고 보고 인공지능 나우 인스티튜트에서 계속 근무했다.[71] 그러다 2019년 6월 26일, 그녀는 하원 과학우주기술위원회에 증인으로 참석해 인공지능 기술 관련 우선순위를 강조했다. 여기에는 각종 위험에 관한 연구가 완료돼 적절한 규제가 시행되기 전까지는 안면인식 기술의 정치적, 상업적 사용을 중단해야 한다는 내용이 포함됐다. 관련 규제로는 생체정보보호법률 제정이나 편향에 대한

알고리듬 평가가 포함된다.[72]

편향에 대한 알고리듬을 평가하는 것은 해당 평가에 대한 책임이 어디에 있는지를 결정하는 것과 함께 윤리적이고 공평한 알고리듬을 구성하는 것이 복잡한 문제라는 면에서 특히 어렵다.[73] 그러나 우리는 알고리듬이 기능하는 방식을 알고 있고, 이를 관리 감독할 수 있는 준비가 돼 있다. 컴퓨터 과학자들은 이렇게 말한다. "쓰레기를 입력하면 쓰레기가 출력된다." 이것은 알고리듬에 편향된 내용을 입력하면 편향된 내용이 나올 수밖에 없음을 의미한다.[74] 알고리듬 개발자들이 출력 결과까지 직접 선택하는 것은 아니지만, 이들은 매개 변수를 통제할 수 있다(알고리듬이 구축된 신경망 토폴로지에는 무수히 많은 입력 변수가 포함돼 있다). 이들은 특히 알고리듬에 '공급'할 데이터를 결정하고, 그것을 미세하게 조정하여 학습 방법을 수정한다. 예를 들어, 안면인식 기술에서 백인보다 흑인의 얼굴을 오판할 확률이 압도적으로 높은 현상은 흑인 얼굴 이미지의 숫자를 압도적으로 많이 제공해 알고리듬 출력값의 정확성을 측정함으로써 해결할 수 있다.[75] 알고리듬에 제공되는 학습 데이터와 그 출력값의 측정에 대해 투명성을 요구하는 것은 규제에 개입한다는 목표로 얼마든지 달성할 수 있다.

기술에 대한 통제권을 회복하기 위한 조치를 취함에 있어 벙커 로이가 베어풋 칼리지의 운영에서 보여 준 포용적 태도는 앞으로 더 중요해질 것이다. 로이의 뒤를 이어 베어풋 칼리지를 이끈 미간은 말했다. "운구자의 '태양광 엄마'처럼 개발도상국 여성들이 엔지니어와 함께 머리를 맞대고 인간의 욕구를 더 충족시킬 수 있는 기술을 설계할 수 있을 때 비로소 모든 사람을 포용하는 기술 혁명을 만들어 낼 수 있을 것이다." 네주마의 사례는 기술이 인간의 삶에 긍정적 영향을 끼칠 수 있다는 증거다. 이제는 기술의 본질과 의미를 제대로 이해해 그것의 사용법을 널리 교육해야 한다.

자동화로 인해 컴퓨터와 기계가 인간 노동자를 대체하면서 이러한 기술 교육은 중요해지고 있다.[76] 경제협력개발기구[OECD]는 현재 회원국 직업의 22~45%가 사라질 위험에 처했다고 발표했다.[77] 기술기업에 대한 저항은 이들의 거대 권력에 대한 우려뿐 아니라 여러 분야의 노동자, 전문가가 제공하는 자원이 시장에서 가치를 잃음으로써 이들의 자율성과 성취감이 줄어드는 데서 기인한다. 이렇게 되면 이들은 안정감과 자존감이 하락해 러다이트[luddite], 곧 신기술 반대자가 돼 버린다. 자동화로 인간은 반복적인 업무로부터 어느 정도 해방되었다. 반면 창의력과 사회적 기술이 필요한 업무 수행에는 더 필수적인 존재가 되어 가고 있다.[78] 디지털 기계에 대항하는 인간 노동자의 힘은 반복에서 벗어난 업무 실행력, 신체적 재주, 다양성 및 관념, 독창성, 사회적 인지, 설득과 신뢰, 인간과 기계의 파트너십을 얼마나 잘 설계하느냐에 달려 있다.

재교육에 대한 투자는 문맹률 수준에 따라 성인과 청소년 등 연령대별 맞춤식으로 진행해야 한다.[79] 이를 위해서는 사람들의 기술 역량뿐 아니라 문화적, 도덕적, 예술적, 과학적, 비판적 능력을 개발할 수 있는 교육 시스템이 필요하다. 이러한 역량이야말로 기계와 인간을 구분하는 요소이며 이 능력에 따라 인간의 고유한 가치와 힘이 좌우된다.

많은 사람에게 권력을 • ┈┈┈┈┈┈┈┈┈┈┈┈┈┈┈┈┈┈┈┈┈┈┈┈┈

안전감과 자존감을 추구하는 인간의 욕구는 우리가 환경을 탐색하고 통제하며 활용할 수 있는 기술 개발을 촉진했다. 그래서 물을 정화하고 풍력에너지를 이용하는 방법은 물론 스마트폰과 로봇 등 각종 도구를 사용하는 방법도 익혔다. 이제 과학자들은 생명의 본질인 DNA 수정 작업에 착수했다. 크리스퍼CRISPR80 같은 유전자 조작 기술의 진보는 심각한 질병을 치료하고, 전 인류에게 공급할 충분한 식량 확보를 위해 생명의 형태를 수정하며, 인간이 환경에 초래하는 부정적 영향력을 억제할 잠재력을 갖고 있다. 하지만 이 같은 기술 이용에 충분히 숙달되었음에도 허리케인이나 산불 같은 지속되는 생태적 위기와 불평등은 우리에게 두 가지 중요한 교훈을 준다.

첫째, 기술의 변화가 발생할 때마다 권력도 이동했지만, 늘 평등하게 분배된 건 아니라는 점이다. 디지털 혁명은 신기술이 소수의 개인과 단체에 부와 권력을 집중시킨 여러 사례 중 하나다. 이에 관해 사회기업가 그레그 브로드스키Greg Brodsky는 이렇게 설명했다. "기술은 긱 경제(산업 현장에서 필요에 따라 사람을 구해 임시로 계약을 맺고 일을 맡기는 형태의 경제 방식—옮긴이)부터 게임, 쇼핑, 호텔 예약 등 경제의 거의 모든 부분에 일대 변혁을 몰고 왔다. 하지만 기술로도 변하지 않는 한 가지가 있다. 바로 힘 자체의 소유권이다. 어떻게 보면 기술 부문은 경제의 모든 영역에서 부의 불평등을 재창조하고 있다."81

둘째, 겸손에 대한 부분이다. 아무리 정교한 기술이라도 인간의 모든 것을 통제할 수는 없다. 이 점은 대자연이 늘 상기시켜 준다. 인간이 이룩한 일부 기술 진보는 역효과를 내기도 했다. 전 세계 자원을 활용하면서 지구에 위기를 초래하는 인위적 기후변화를 가속화했다. 석탄과 석유는 근대 산업과 경제 성장을 견인했지만, 그 결과 온실가스 증가로 촉발된 기후변화로 자연의 균형이 무너지고 있다. 자연의 균형 덕분에 기후를 예측할 수 있고 인간 문명도 1만 2000년 동안 개발될 수 있었다.[82]

인간이 모든 것을 통제할 수는 없지만, 어떤 방식으로 사회를 구성할 것인지는 선택할 수 있다. 그리고 우리가 가진 기술을 언제, 어떻게, 어떤 목적으로 사용할 것인지도 통제할 수 있다. 일각에서는 특정 기술을 사용해야 하는가에 대한 어려운 질문은 시장에 맡겨야 한다고 주장할 수 있다. 하지만 제품에 대해 단순히 수요가 있다고 그것이 존재 자체를 보장하진 않는다. 감시 기술 시장을 확보하려 줄을 서는 투자자들이 해당 기술의 광범위한 사용을 정당화할 수는 없다. 이처럼 정치적, 도덕적 감독이 전혀 없는 시장은 과거 300년 동안 1000만 명의 아프리카인들을 미국으로 추방한 노예무역의 바탕이 됐다.[83] 또한 시장에 대한 무분별한 의존은 기업이 주주 이익 극대화의 기치를 내거는 촉매제로 작용했다. 기업 경영진과 투자자들은 자신들의 활동이 미치는 환경적, 사회적 영향력을 인식하지 못해 환경파괴와 사회경제적 불평등을 악화시켰다. 이처럼 기술에 대한 통제권을 시장에만 맡겨 두면 세상은 더 위험하고 비인간적이며 불평등한 곳으로 변해 인류도 결국 멸종을 맞을 것이다.

그렇다면 시장 외에 누가 있을까? 이런 기술을 직접 개발해 잘 알고 있는 기술 전문가? 이들은 기껏해야 도덕적 책임을 요구하면서 좀 더 높은 목적에 충실해야 한다고 말할 것이다. 이를 두고 순다르 피차이는 이렇게 말했다. "인공지능은 수십억 인류의 삶을 개선할 잠재력을 가졌지만, 가장 큰 위험은 그 개선을 이뤄 내지 못하는 데 있다. 모든 사람에게 혜택을 주는 방식으로 책임감 있게 개발되도록 함으로써 미래 세대에게 기술의 힘을 믿도록 영감을 줄 수 있다." 그러나 최악의 경우 사회 시스템에 대한 도덕적 나침반을 잃을 위험도 있다. 이에 관해 르네상스 시대 작가 프랑수아 라블레Francois Rabelais는 이렇게 단언했다. "양심 없는 과학은 영혼의 파멸을 가져올 뿐이다."[84] 새로운 기술에 대한 통제권을 특정 소수 집단에 맡기는 건 위험하다. 이들에게 마음대로 사용할 수 있는 권한이 부여돼 힘이 집중될 수 있기 때문이다. 이렇게 되면 부와 권력을 가진 자들이 거액을 지불하고 크리스퍼 같은 최첨단 기술을 이용, 유전자를 향상하고 수명을 늘리며 유전적으로 우수한 후손을 낳는 일은 그리 어렵지 않을 것이다.[85] 이것은 소설가 올더스 헉슬리Aldous Huxley가 1932년 소설 《멋진 신세계Brave New World》에서 묘사한 디스토피아의 일종으로 우리는 이런 사회로 바뀌는 데 영향을 받지 않을 수 없다.

기술적 변화는 늘 우리에게 두 가지 경로 중 하나를 선택하도록 제시한다. 한쪽 길은 소수에게 힘이 집중돼 다수에게는 위험한 결과를 초래한다. 나머지 한쪽 길은 새로 개발된 가치 있는 기술에 대한 접근권의 구성을 두고 다 같이 의사결정을 진행한다. 이 같은 갈래 길에서 제대로 된 길을 탐색하는 유일한 방법은 어떤 길에 들어서야 기술 통제권을 되찾고, 사회적 관점에서 기술의 가치를 평가하며,

그에 대한 접근권을 민주화할 수 있는지 파악하는 것이다.[86] 이것이 다수의 손에 힘을 쥐어 주는 방법이다. 우리가 적극적으로 권력을 통제한다면 힘의 민주화는 얼마든지 성취하고 유지할 수 있다.

8
장

권력 통제

푸블리코 궁전에서는 흡사 조개껍데기 모양의 시에나 캄포 광장의 멋진 광경이 펼쳐진다. 캄포 광장은 1633년부터 매년 여름이면 열리는 팔리오 경마 대회로 유명한 곳이다. 탁 트인 광장을 지나면 바로 푸블리코 궁전으로 이어지는데, 여기에는 이탈리아 중세시대 화가 암브로조 로렌체티Ambrogio Lorenzetti의 기념비적 작품이 숨어 있다. 프레스코화 연작 〈선정과 악정의 알레고리The Allegory of Good and Bad Government〉가 바로 그것이다.

로렌체티가 이 작품을 완성했던 1338~1339년은 시에나 공화국이 이탈리아 도시국가 중 가장 번성하고 영향력 있는 국가로 군림할 때였다. 당시 시에나는 9인의 정부Government of the Nine, 곧 9명의 선출된 시민이 통치하는 체제였고 이들 정부는 2개월마다 새로 선출됐다.[1] 시에나 시민들은 이들 정부가 회의실로 사용하는 9인의 방Boardroom of the Nine에 걸 목적으로 로렌체티에게 작품을 직접 의뢰했다. 업무에 영감을 주고 이들의 의사결정이 얼마나 큰 영향력을 미치는지 상기시켜 주기 위해서였다. 그중 처음 두 작품은 좋은 정부와 나쁜 정부를 비교한다. 하나는 선을 상징하는 우화적 인물로 가득 차 있고, 다른 하나는 악을 상징하는 것들로 채워져 있다. 두 번째 두 작품은 시에나 시가지의 모습을 대조적으로 보여 준다. 하나는 시민들이 안전과 질서, 조화, 번영 속에서 평화롭게 살아가는 모습을, 다른 하나는 폭력과 빈곤에 압도된, 폐허가 된 도시 모습을 담고 있다. 60년 역사의 시에나 공화국은 9인의 정부가 통치하는 동안 인프라 확충 및 공공사업 확보, 문화적 발전의 모든 분야에서 가장 큰 성취를 이뤘다.[2] 그러나 폭력이 난무하는 당파 싸움과 충돌로 점철된 격변의 한 세기를 거치는 동안 선과 악의 대조는 아주 생생하고 극명하게 다가왔다.

지배구조가 그토록 중요한 이유는 무엇일까? 답은 간단하다. 우리가 아무리 노력해도 인간의 선한 의도에만 의지해서는 권력의 오만과 이기주의를 극복할 수 없기 때문이다. 역사는 우리에게 어떤 형태로든 과도한 권력은 경계해야 한다고 가르친다.[3] 너나 할 것 없이 누구라도 충분한 시간 동안 충분한 권력이 주어지면, 권력 남용의 가능성은 필연적으로 커진다. 앞서 2장에서 살펴본 브라질 출신 의사 베라 코르데이루조차도 처음에는 숭고한 목적으로 NGO 사업을 시작했으나 자신과 단체의 명성이 올라가면서 자만의 덫에 빠졌다.

권력이 과도하게 집중되는 현상은 완전히 차단할 수 없다. 하지만 사회과학에서는 이 문제를 상당 부분 해소할 수 있다고 설파한다. 14세기 시에나 시민들이 이미 알고 있던 것처럼 권력을 견제하려면 구조적 한계를 설정해 두 가지를 보장해야 한다. 첫째, 권력이

한 사람의 개인이나 소수집단에 집중되지 않고 여럿이 공유할 수 있도록 해야 한다. 둘째, 권력을 가진 사람은 그에 합당한 책임을 져야 한다. 코르데이루는 가족과 동료의 도움으로 권력이 자신에게 미친 부정적 영향을 깨달은 후, 권력이 팀원 간에 공유되고 팀 미팅에서 본인이 책임질 수 있는 새로운 관행을 만들어야겠다고 결심했다. 앞으로 살펴보겠지만, 권력 공유와 권력에 대한 책임이라는 두 가지 지렛대는 비단 팀 리더나 중세시대 통치자에게만 적용되지 않는다. 모든 기업과 조직, 사회에 똑같이 적용된다. 이것은 나 자신은 물론 모두의 힘을 견제할 수 있는 입증된 도구다.

직장에서의 권력 공유 •

2013년, 엘렌 오초아Ellen Ochoa는 존슨우주센터JSC의 감독관이 되었다. 이곳은 미국 항공우주국NASA의 임무를 통제하고 우주비행사 훈련 프로그램을 제공하는 곳이다. 라틴계 최초의 우주비행사가 된 오초아는 자신의 꿈을 이루기 위해 부단히 노력했다. 그녀는 자신 같은 사람은 직업적으로 모든 자격을 갖추었다고 해도 그것이 곧 취업을 보장하지 않는다는 사실을 잘 알았다. "당신이 만약 백인 남성 엔지니어라면 사람들은 특별한 이유가 없는 한 당신을 아주 훌륭한 엔지니어라고 생각할 겁니다. 하지만 당신이 여성이거나 흑인 또는 라틴계 엔지니어라면 그런 신뢰는 보장되지 않습니다. 누가 당신에게 관심을 보이기 전에 어떻게든 당신의 능력을 입증하기 위해 노력해야 할 겁니다."[4]

오초아의 이 같은 경험은 그리 특이하지도, 기술 업계에만 국한된 것도 아니다. 서구 세계에서는 직장 내 소수집단과 여성의 비율이 점점 높아지고 있지만, 조직적인 권력은 여전히 백인 남성들에게 집중돼 있다. 이들 집단은 보상이나 직업 만족도, 자원 접근성에서 모두 백인 남성들보다 훨씬 불리한 상황에 있었다.[5] 결국 조직은 권력 계층에서 비롯된 성별 및 인종 불평등을 계속 재생산하는 데 기여한 셈이다.[6]

이런 상황은 오초아의 전임자 마이클 코츠Michael Coats 국장이 자신의 임기 중 최우선 과제로 다양성 및 포용성 확대를 내세운 이유였다. 우주비행사 출신으로 공공 및 민간조직에서 모두 일해 본 경험이 있는 코츠는 다양성의 힘을 그 누구보다 강하게 믿었다.[7] 코츠는 포용성 확대의 필요성을 그저 말로만 외친 게 아니었다. 당시 부국장이던 오초아와 협력해 조직의 포용성을 확대하는 전략을 실제로 펼쳐 나갔다. 오초아는 당시 상황을 이렇게 떠올렸다. "코츠는 여성과 소수인종에게도 자신 같은 백인 남성이 누리는 기회를 똑같이 주고 싶어 했어요. 저도 처음에는 깜짝 놀랐죠. 하지만 우리는 이를 실현하기 위한 작업에 착수했어요. 그저 담론에 그친 게 아니었죠. 실제 변화를 끌어 내기 위한 노력을 시작했습니다."

이들은 다양성이 혁신에 기여할 수 있다고 믿었다. "코츠와 저는 존슨우주센터에 근무하는 모든 직원이 이곳에서 자신의 가치를 발견하지 못한다면, 그래서 한 명 한 명 스스로 최고의 직원으로 생각하지 않는다면, 조직의 잠재력이 제한될 것이라고 생각했습니다." 하지만 이것이 다양성 확대의 유일한 이유는 아니었다. 엘렌은 덧붙였다. "조직 내 다양성을 확대하는 일은 비단 조직에만 옳은 일이 아닙니다. 그 자체로 옳은 일입니다. 제 개인적인 경험에 비추어 봐도 이 점은 확실합니다. 학창시절에 저는 STEM^Science, Technology, Engineering, Mathematics 전공생 가운데 유일한 라틴계 출신이었습니다. 이후 물리학 박사 과정을 거치면서 저는 이런 생각을 했습니다. 여자는 엔지니어로 봐 주지 않는구나. 라틴계 여성으로서 저는 어디에도 속하지 못하는 왕따가 된 기분이었습니다."

존슨우주센터를 좀 더 포용성 있는 곳으로 만들면 조직이 훨씬 번성할 수 있다는 코츠와 오초아의 믿음은 다양성이 조직의 효율성을 높인다는 여러 연구 결과와 일치한다.[8] 그러나 인구통계학적 다양성만으로는 조직을 더 포용성 있는 곳으로 만들기는 어렵다. 실질적인 변화를 만들려면 권력은 소수의 인물에 집중되는 대신 모든 인구통계학적 집단에서 공평하게 공유돼야 한다.[9] 코츠와 오초아가 지적한 문제 그리고 오늘날 많은 조직이 고심하고 있는 문제는 바로 이러한 변화를 어떻게 통합하느냐는 것이다.

한동안 대중의 관심은 여성이나 소수집단 출신자가 권력 계층 최상층부로 오르는 모습에 집중돼 있었다. 이들에게는 사다리를 적극적으로 올라가도록 온갖 격려가 쏟아졌다.[10] 오초아는 손을 들어 목소리를 내고 자신의 주장이 전달될 수 있도록 하는 것이 매우 어려운 일이라는 걸 체감했다. 그러면서 여성 스스로 적극적으로 나서는 것만으로는 조직의 권력 재분배를 달성할 수 없음을 깨달았다. 게임을 잘하는 것보다 게임의 규칙을 바꾸는 게 필요했다.

엘렌의 경험은 몇몇 롤 모델이 각종 장벽을 허물고 다른 사람에게 영감을 줄 수는 있지만, 권력의 최상층에 오른 한두 사람의 여성이나 소수집단 출신이 힘의 분배까지 바꿀 수 없음을 시사한다. 이런 형식적인 대표 몇 사람은 눈에 잘 띄므로 일을 더 잘해야 한다는 부담을 느낀다. 그러면서 고립감을 느낄 수 있고, 자신의 의견이 좀처럼 받아들여지지 않는 경험도 한다. 로자베스 모스 칸터Rosabeth Moss Kanter는 설령 업무 성과가 좋다고 해도 이 같은 형식주의가 당사자에게 미치는 심리적 영향은 매우 부정적이라고 지적한다. 여기에는 불만족스러운 사회적 관계, 비참한 자아상, 모순적 요구로 인한 좌절, 자기표현 억제, 부적절한 자아상, 자기 증오가 포함된다.[11] 하지만 많은 기업이 이런 형식주의에 빠져 일종의 성 평등 및 인종 평등의 상징으로서 소수의 여성과 소수집단 출신을 리더의 자리에 앉히거나 이사회 구성원으로 영입한다.[12] 하지만 이 같은 관행은 권력 재분배 실현에 중요한 걸림돌이 된다.

앨리시아 디샌톨라Alicia DeSantola, 라크시미 라마라잔Lakshmi Ramarajan과 함께 우리는 지난 20년간 창업한 2000개 이상 벤처기업의 이사회 구성원을 분석했다. 그 결과 기업공개IPO 시기에 이사회 구성원에 여성이 포함돼 있지 않으면 여성 한 명을 영입할 가능성이 있었다. 하지만 이미 여성이 포함돼 있으면 굳이 한 명을 추가로 영입할 가능성은 거의 없는 것으로 나타났다.[13] 이사회에 여성 한 명을 포함하고 있는 것만으로도 이미 올바른 길로 가고 있음을 증명하기에 충분했기 때문이다. 하지만 힘의 역학관계를 바꾸기엔 절대 충분하지 않았다. 연구 결과 이사회 환경이 관리 감독 및 새로운 아이디어, 다양한 사고의 관점에서 더 수용적인 곳으로 변화하려면 여성 및 소수집단 출신 비율이 특정 임계값(약 30%)에 도달해야 하는 것으로 나타났다.[14]

그렇다면 코츠와 오초아는 여성과 소수자에게 힘을 실어 주기 위해 무엇을 더 할 수 있었을까? 직원들이 무의식적 편견을 인식하고, 이를 극복하기 위해 행동을 교정하도록 돕는 다양성 교육은 많이 사용되는 방법이다. 5장에서 고정관념에 기반한 편견이 권력 재분배에 주요 장벽이라는 점을 살펴봤기에 이 같은 다양성 교육의 의미는 더 깊다고 볼 수 있다. 이에 코츠와 오초아는 전 직원에게 다양성 교육을 의무화했다. 하지만 이들은 이 같은 교육만으로는 편견을 줄이거나 행동을 바꾸고 직장을 변화시키지 못한다는 걸 알았다.[15] 가치 있는 자원 접근에 차별을 받는 사람들에게는 아무런 혜택이 돌아가지 않기 때문이다. 이런 관점에서 다양성 교육은 조직을 근본적으로 변화시키지도, 심지어 조직 내 권력자에게 도전하지도 않는다. 교육 제공자들이 교육의 존재만으로도 조직의 역량이 커질 것이라고 믿으면 오히려 역효과가 날 수 있다. 이런 안일한 태도는 더 많은 차별로 이어질 위험이 있다.[16]

문제는 다양성 교육 자체에 있지 않다. 교육만으로 문제를 해결할 수 있다는 그릇된 인식에 있다. 조직문화를 더 포용적으로 만드는 요인을 분석한 학자들도 비슷한 결론을 내렸다. 요컨대 실질적인 변화는 권력의 재분배를 가능하게 하는 다각적인 개입을 필요로 한다는 것이다.[17] 개인의 태도와 편견에 초점을 맞추는 것에 더해 채용 절차부터 승진, 보상, 전문적인 기회 확보에 이르기까지 조직의 기존 절차와 시스템을 재고함으로써 이런 체계가 조직 내 불평등한 자원 접근권에 어떻게 기여하고 있는지 제대로 파악해야 한다.[18]

이 같은 작업을 수행하기 위해 코츠와 오초아는 혁신 및 포용 위원회Innovation and Inclusion Council를 수립했다. 구성원으로는 우주센터 각 부서 책임자, 인사팀장, 다양성 및 평등기회 사무소 직원, 2년 임기의 직원대표가 포함됐다. 이런 작업을 위원회에 위임하면 데이터 기반 의사결정과 조직 관행에 대한 심층적인 진단이 모두 가능하다.[19] 이러한 진단이 없으면 눈에 보이는 불평등은 바로 해소될 수 있지만, 근본적인 원인을 없애기는 어렵다.[20]

위원회는 누가 채용절차에 지원하고, 누가 승진했는지 체계적으로 추적했다. 그 결과 존슨우주센터는 채용 채널을 확대하고, 채용심사 절차에 더 다양한 사람을 포함 시킬 필요성이 있었다. 그때까지는 선임 한 사람이 채용심사를 전담했다. 목표는 인맥 기반 채용문화를 없애고 좀 더 광범위하고 다양한 채널을 통한 채용 시스템을 만드는 것이었다. 이를 위해서는 잘 드러나지 않는 소수집단과 연계된 조직에 적극적으로 문을 두드리는 과정이 필요했다.[21] 또 이상적으로는 이른바 '블라인드 테스트'를 통해 지원자의 나이, 성별, 사회경제적 배경을 최대한 감추어야 했다.[22] 궁극적으로 면접관의 직감이나 후보자의 문화적 적합성에 의존하지 않고, 모든 지원자에게 체계적이고 공평한 채용절차를 수립해야 했다. 당시에는 잠재력이 뛰어난 지원자라고 해도 면접관의 문화적 조건과 일치하지 않으면 배제되는 경우가 많았다. 이 두 가지 요소는 잠재력이 뛰어난 후보자를 채용에서 배제하는 주요 원인으로 작동했다.[23]

하지만 공정한 채용절차가 신입 직원들의 성공을 보장하진 않는다. 그래서 위원회는 센터 직원들로 하여금 구체적으로 어떤 문제에 직면해 있는지, 그리고 센터가 문제 해결을 위해 어떤 도움을 줄 수 있는지 제대로 이해하도록 했다. 엘렌은 "문제를 해결하려면 그 문제를 겪고 있는 사람과 많은 이야기를 나눠야 한다"고 언급했다. 경영학자 로라 모건 로버츠Laura Morgan Roberts와 토니 마요Tony Mayo는 이처럼 대화를 통해 신뢰를 쌓고, 공감대를 형성하며, 관점을 공유하는 것이 매우 중요하다고 강조한다.[24] 차별받는 이들의 말에 귀 기울이고 이들에게 발언권을 줌으로써 조직의 정책과 절차를 다시 설계해 나가면 차별의 위험을 줄이는 동시에 권력을 재분배할 수 있다.[25]

직원들과의 대화는 훗날 코츠에 이어 오초아가 감독관이 되어 업무를 수행하는 데도 중요한 통찰력을 제공했다. 이전까지 사람들은 조직 내에서 힘을 얻을 수 있는 다양한 방법에 거의 관심을 두지 않았다. 여기에는 네트워크에 접근할 수 있는 다양한 비공식적 기회나 조직 내 핵심 과제 등이 있었다. 휴가 중인 담당자를 누가 대신할지, 전사 센터 팀에는 누가 참여할지, 유력인사(하원의원 또는 백악관 과학기술정책국장 등) 방문 시 센터 투어는 누가 맡을지는 주로 각 부서 책임자의 권한이었다. 그리고 대부분 직장에서처럼 이들은 주로 자신이 의지하는 상사나 멘토를 찾아간다. 따라서 기회(혹은 배제)의 선순환(혹은 악순환)은 반복된다. 이러한 구조를 무너뜨리기 위해 오초아는 투명성기회프로그램Transparency Opportunity Program, TOP을 시범적으로 운영한 후 정식 출범했다. 이를 통해 조직 내부에서 제공되는 모든 비공식 기회를 공개적으로 게재함으로써 열정도 있고 자격도 있지만, 제대로 된 기회를 얻지 못하고 넘어갔을 모든 직원이 참여할 수 있도록 했다. 프로그램 운영진은 각 직원의 경력과 개발 목표를 면밀히 검토한 후 적합한 기회를 제공했다. 이러한 시스템은 센터 내 모든 직원이 기존에 제공된 기회를 인식하고, 여성과 소수집단 출신이 해당 기회를 적극적으로 잡을 수 있도록 독려하기 위해 설계됐다.

이후 오초아는 한 단계 더 나아가 조직문화를 바꿔 나갔다. 우선 TOP 실행 정도를 부서별 책임자의 성과측정 지표에 포함했다. 책임자를 통한 검증 시스템은 문화적 변화를 촉진하고 팀 내 자원을 공정하게 분배하는 데 일조했다. 오초아의 전략은 결실로 이어졌다. 그녀가 임기를 마칠 즈음 센터 내 각종 기회는 전보다 훨씬 공정하게 분배되고 있었다. 당시 오초아 밑에서 일하며 10년 후 센터 부국장에 오른 바네사 와이치Vanessa Wyche는 오초아의 기여를 이렇게 평가했다. "오초아는 사다리를 혼자서 오르지 않았습니다. 주변 사람들을 함께 이끌고 올랐습니다. 그건 영원한 유산으로 남았습니다. 저 역시 오초아의 노력이 없었다면, 투명한 기회를 통해 성과를 내지 못했다면 지금 이 자리에 없었을 겁니다. 오초아는 저를 비롯해 센터 내 많은 여성과 소수집단 출신을 위해 애써 주었습니다. 그녀의 노력을 통해 조직 내 권력이 재분배되고 공유될 수 있었습니다."

오초아는 센터의 발전에 내심 흐뭇했다. 그러면서 말했다. "이건 딱히 목적지가 있는 일이 아닙니다. 끊임없는 경계와 노력이 필요하죠." 권력을 공유하는 여정은 매우 험난하지만, 이제 우리는 이러한 변화를 조율하기 위한 로드맵을 갖고 있다. 사회심리학자 겸 다양성 전문가 로버트 리빙스톤Robert Livingston은 말한다. "조직이 해야 할 일은 '우리가 무엇을 할 수 있는가?'가 아닌 '우리가 기꺼이 할 의지가 있는가?'를 확인하는 것이다."[26]

이전보다 공평한 권력 분배를 달성하고 난 뒤에는 권력을 지닌 사람에게 책임을 부여하는 일이 남아 있다. 지금까지 우리가 권력, 그리고 권력이 인간 심리에 미치는 영향을 살펴본 바에 따르면 권력자가 누구든, 인구통계학적 특징이 어떻든, 열망이 무엇이든 힘을 가진 사람에게 책임을 부여하는 건 반드시 필요하다. 권력이 주는 오만과 자기집중에서 피할 자는 아무도 없다. 2장에서 등장한 홀로코스트 생존자 미리암도 예외가 아니었다. 그녀는 단 하루 동안의 권력 경험으로 사회 약자층을 보며 우월감을 느꼈다. 앞으로의 리더는 오늘날보다 훨씬 다양하겠지만, 권력을 가진 자들이 책임을 지지 않는 한 권력 남용의 위험은 늘 존재할 것이다.

조직 내 책임: 누구에게 무엇을 책임지게 할 것인가? •·······················

누군가에게 우리를 대신해 의사를 결정하고 행동할 권한을 위임하면 그 힘이 우리에게 적대적으로 사용될 위험이 뒤따른다. 이유는 무엇일까? 의사결정권자의 우선순위가 우리의 우선순위와 일치하지 않을 수 있기 때문이다. 이 같은 현상을 두고 경제학에서는 '주인-대리인 문제principal-agent problem'라고 칭한다. 기업 경영진과 주주의 관계가 대표적 예다. 기업 소유주가 CEO 및 경영진에 사업의 권한을 위임할 때 이들 대리인에 대해서는 적절한 관리 감독이 필요하고, 대리인은 권한에 합당한 책임을 져야 한다. 모든 경영자가 사기꾼이라서일까? 전혀 아니다. 권력을 지닌 사람은 누구나 그 힘에 취하기 쉽고, 그것을 막는 데 오직 개인의 자제력에만 의존하는 것은 현명하지 못하기 때문이다.

시간을 거슬러 1363년에도 같은 문제가 있었다. 당시 영국 최초의 무역회사 조직을 위해 모인 양모 상인들은 위와 같은 문제를 인식하고 권력자들의 힘을 견제하기 위한 지배구조를 고안했다. 이들은 각종 사안을 책임지는 '의장mayor(오늘날의 CEO)'을 선출했다. 그리고 24인으로 구성된 위원회를 발족해 대표의 권한을 상쇄했다. 이 기능은 훗날 잉글랜드은행Bank of England 등에서 위원회 구성원의 1/3은 1년 임기 후 재선출되지 못하도록 하는 규정의 모태가 되었다.[27]

요컨대 이들 위원회는 오늘날 이사회의 전신인 셈이다. 이사회는 주주의 이익을 대변하고 기업의 활동을 감시하며 최고경영진을 감독하는 조직으로서 경영진과 그 힘을 분배한다.[28] 이사회의 핵심 역할은 경영진 감독으로 인식되고 있지만, 모든 조직에 이사회가 있는 것은 아니다. 더욱이 오랜 역사에도 불구하고 경영진 감독에 대한 이사회의 역량과 의지는 조직마다 모두 다르다.

이사회를 연구하는 학자들은 이들이 경영진의 활동을 적절히 감시하는 데 여러 가지 장벽이 존재한다고 지적한다. 여기에는 기업이 직면한 문제의 복잡성을 비롯해 최고경영진에 반하는 뜻을 가진 일부 이사들의 활동 거부, 일 년에 고작 한두 번만 모이는 탓에 팀으로서 효과적으로 활동하기 어려운 상황 등이 포함된다. 그리고 가장 중요한 것은 이사회 구성원은 정규직 근로자가 아닌 탓에 관리 감독 업무에 전념하지 않는다는 점이다. 따라서 이들에겐 경영진의 활동을 꼼꼼하게 들여다보며 확인할 만한 동기가 약하다.[29]

이러한 장벽 중 일부는 이사회 채용 관행에 변화를 줌으로써 해결할 수 있다. 비교적 최근까지만 해도 이사 영입이 필요할 때는 대부분 엘리트 기업조직 내부에서 후보자가 결정됐다. 그 결과 이사들은 직간접적으로 경영진과 모두 연결돼 있었다.[30] 이러한 연결 고리가 얼마나 강했던지 지난 1999년 1월 JP모건 체이스J.P. Morgan Chase 이사회에서 일부 이사들이 바이러스에 감염된 후 넉 달 만에 미국 600대 기업의 경영진 약 97%가 같은 바이러스에 감염됐다![31] 굳이 바이러스 확산이 아니더라도 경영진과 이사의 유착관계가 문제가 되는 이유는 무엇일까? 그것은 느슨한 감독에 대한 위험 때문이다. 엔론Enron을 비롯한 다수 기업의 사례가 그 위험성을 보여 준다. 이런 문제에 대응하고자 이사들의 채용 관행이 변하고 있고,[32] 여러 이사회에 중복해서 참여하는 것은 제한되고 있다. 중복해서 참여하면 이사 활동에 전념할 시간이 줄고, 완전히 독립적인 태도를 보일 가능성이 적기 때문이다.

이사는 기업에 자본을 투자한 주주들을 대신해 감독 업무를 수행한다. 하지만 기업에는 주주 외에도 직원과 고객, 공급업체, 넓게는 대중까지 기업 활동에 직접적인 영향을 주고받는 이해관계자가 있다.[33] 그러나 이들 대부분은 회사의 방향에 대한 발언권이 거의 없다. 따라서 지난 수십 년 동안 많은 기업이 오직 주주가치 극대화를 추구했던 건 어쩌면 당연한 일이다.

이러한 권력 집중의 뚜렷한 징후는 최고경영진과 근로자 사이에 소득 격차가 점차 커지고 있다는 것이다. 미국 기업의 최고 급여와 최저 급여의 평균 비율은 1965년 20:1에서 2019년 320:1까지 벌어졌다. 같은 맥락에서 미국 기업 CEO의 임금은 1978~2018년 사이 무려 1167%나 증가한 반면, 노동자 임금은 고작 14% 증가하는 데 그쳤다.[34] 이 같은 권력 불균형은 단순한 불평등을 넘어 극적인 환경 변화를 초래하는 결과로 이어졌다. 3장에서 살펴봤듯, 일부 화석연료 생산기업 경영진은 자사의 영리 활동이 환경에 미치는 악영향을 의도적으로 은폐했다. 일부 기업은 웬만한 국가보다 더 부유해졌고, 그 힘을 이용해 여론을 형성하고 대정부 로비 활동을 펼치며 자신들의 이익을 유지해 나갔다.[35]

그러나 사회는 이를 좌시하지 않았다. 지난 수십 년간 전 세계 활동가들은 세력을 형성해 기업의 탐욕에 대항하며 자본주의의 폐해를 대중에게 알렸다. 환경 문제를 둘러싼 대형 로비스트와 환경운동가들의 전쟁은 끊임없이 지속됐고, 여러 세대가 함께 참여한 대중의 노력은 마침내 열매를 맺기 시작했다. 일반 노동자 역시 기업 내에서 변화를 주도하고 있다(7장에서 등장한 메러디스 휘태커가 대표적이다). 이들은 내부 조직을 동원해 기업 경영진에 주주가치 극대화에만 초점을 맞추지 말고 회사가 미치는 사회적, 환경적 영향력도 고려할 것을 촉구하고 있다.

이런 압력이 강해지자 다수 기업의 경영진이 주주를 넘어 다른 이해관계자들에게도 기여하고 싶다는 의사를 표했다.[36] 이에 2019년 8월, 미국 대부분의 주요기업 CEO가 회원으로 참여하는 '비즈니스 라운드테이블Business Roundtable'은 주주의 우선권을 거부하고 직원을 포함한 사회 전체에 가치를 창출하겠다는 성명을 발표했다. 하지만 기업 책임과 관련해서는 크게 나아진 것이 없다. 한 연구에 따르면 지난해 봄 코로나19가 확산하기 시작할 당시 비즈니스 라운드테이블 성명에 참여한 기업은 그러지 않은 기업보다 직원 해고율이 20%나 높았다.[37] 이들은 구호 활동에 기부하거나 할인행사를 진행하거나 팬데믹 관련 상품을 출시하는 것에 있어서도 소극적인 태도를 보였다. 하지만 딱히 놀랄 일은 아니다. 권력자들에게 변화를 맡기면 담론은 바뀔 수 있지만 그들의 행동은 거의 바뀌지 않는다.

한 가지 희망적인 소식은 기업이 재무실적뿐 아니라 사회환경적 영향에 대해서도 책임을 질 수 있게 만드는 새로운 구조와 시스템이 실질적인 변화를 불러올 수 있다는 점이다.[38] 6장에서 언급한 진 로저스가 2011년 설립한 지속가능성 회계기준위원회Sustainability Accounting Standards Board, SASB가 대표적인 예다.[39] 물론 SASB 같은 표준설정 조직이 만든 매트릭스만 갖고 변화를 주도하긴 어렵다. 하지만 미국의 베네피트 기업benefit corporation(이윤을 추구하면서 동시에 기업 시민으로서의 사회적 책임도 적극적으로 수행하는 기업―옮긴이)이나 영국의 지역공동체 이익회사Community Interest Companies(기업과 지역사회의 이익을 동시에 추구하는 기업―옮긴이), 프랑스의 역할 공동체sociétés à mission처럼 새로운 형태의 기업이 등장해 상호보완적인 힘을 키워 가고 있다. 이들은 기업이 사회적, 환경적, 재정적 목표를 동시에 추구하면서 이사회로 하여금 이러한 목표 달성에 책임을 지도록 하는 모범사례를 보여 주고 있다.[40] 재정적 목표와 함께 사회적, 환경적 목표를 가진 기업과 조직, 펀드를 찾는 투자자가 늘면서 외부 감사나 재무 분석가, 투자자 등 기업 주변부의 인식도 점차 변화하고 있다.[41]

그러나 이러한 책임 시스템이 도입된다고 해도 이사회가 주주만으로 구성되면 권력 집중현상은 개선될 수 없다. 자본을 투자하는 자(주주)와 노동력과 지식을 투자하는 자(근로자) 간의 과도한 권력 불균형은 단순한 불공평을 넘어 주주의 권력을 견제할 수 없게 만들어 상당한 문제를 초래할 수 있다.[42] 이에 관해 철학자 엘리자베스 앤더슨Elizabeth Anderson은 매우 도발적인 주장을 했다. "대부분 근로자는 공산주의 독재정권의 지배를 받는다. 기업 지배구조에서 대표자로 나설 수 없기 때문이다."[43] 경기불황 시기에 경영진의 급여 삭감 대신 근로자를 해고하는 일이나 팬데믹 상황에서 유급 병가를 지급하는 결정은 근로자에게 달려 있지 않다. 대부분 기업에서는 여전히 이사회와 최고경영진이 모든 전략적 의사결정을 한다.

다행히도 아주 간단한 해결책이 하나 있다. 근로자에게 더 많은 힘을 부여하는 것이다.[44]

근로자에게 힘을 실어 주기 •

산드라 로페즈Sandra Lopez는 수시로 엄마를 찾는 어린 두 아이를 기르며 가사도우미로 일주일에 엿새를 일했다. 행여 근무 시간이 길어져도 초과근무 수당 같은 건 없었다. 고객들은 종종 창문이나 실링팬 청소를 추가로 요청했지만, 그녀의 짧은 영어 탓에 정당한 비용을 요구하기도 어려웠다.

이러한 근무 조건은 과거부터 지금까지 대부분 가사도우미가 처한 현실을 나타낸다. 전 세계적으로 가사도우미의 숫자는 약 6700만 명에 달한다. 스물다섯 명 중 한 명은 여성이고, 이들 대부분은 비공식 경제 영역에서 보이지 않게 일하고 있다. 집이라는 사적 공간에서 아이를 돌보고 방을 청소하며 어르신을 보살핀다.[45] 이들의 작업은 매우 사적인 영역이므로 거의 규제도 안 받는다. 이들 가사도우미는 농부와 함께 미국 뉴딜New Deal 노동자 보호법에서 제외된 두 부류에 속한다. 이에 관해 전국가사노동자연대National Domestic Workers Alliance의 공동설립자 아이젠 푸Ai-Jen Poo는 이렇게 말한다. "가사노동자 시장은 수세대에 걸쳐 눈에 보이지 않는 비공식적 형태로 운영되어 왔다. 그래서 이들 노동자는 제대로 된 보호를 받지 못했다."[46] 따라서 가사도우미가 고용주의 권력과 책임에 문제를 제기하는 것은 아주 중요하면서도 도전적인 행위다. 사적인 영역에서 진행되는 업무의 특성상 직업적 관계와 개인적 관계의 경계가 모호해질 수 있기 때문이다. 이는 좀 더 광범위한 질문을 던진다. 그렇다면 근로자에 대한 고용주의 권한에는 어떤 한계가 있을까?

그 대답은 명확하다. 집단행동이다. 노조를 결성할 권리를 포함해 근로자 보호를 달성하기 위한 투쟁에서 뉴딜 노동자 보호법은 핵심적인 역할을 했다. 5장에서 살펴봤듯 노조는 고용주와의 관계에서 권력을 재조정하기 위해 근로자를 모아 법적인 변화를 끌어내는 데 중추적인 역할을 했다.[47] 하지만 노조는 종종 양극화된다. 비평가들은 노조가 비생산적인 근로자들을 보호하고, 개인의 목소리를 억압하며, 기업 운영에 저해되는 비합리적 요구를 한다고 지적한다. 또 고액의 소송과 분쟁을 촉발하며 부패에도 취약하다고 비판한다. 물론 이런 사례가 존재하긴 하지만, 산업화 사회에서 노조는 성장과 번영을 공유하는 데 핵심적 역할을 하는 것으로 입증됐다. 노조에 가입한 근로자는 그렇지 않은 근로자보다 더 많은 혜택과 임금을 받는다. 표준화된 고용조건에 따라 이들의 혜택은 비조합원 근로자들에게로 이어진다. 이러한 혜택을 통해 근로자는 생산성 저하 없이 회사가 창출하는 번영의 더 많은 부분을 공유한다.[48] 20세기 중반 미국에서 노조 조직률이 최고조였을 당시 노조는 회사의 수익을 임금 인상으로 연결해 전체적인 불평등이 해소되도록 하는 데 기여했다. 하지만 20세기 후반 노조가 점차 힘을 잃고 노조를 조직하는 데 법적 제한이 생기면서 또다시 권력 불균형이 나타나 근로자의 권리가 위태로워지고[49] 경제 성장까지 저해하는 결과로 이어졌다.[50]

가사도우미를 위한 단체행동은 이들이 작업장을 공유하지 않는다는 점에서 특히 어렵다. 하지만 아이젠 푸가 지적하듯 어렵다고 불가능한 건 아니다.[51] 지난 2003년, 그녀는 뉴욕 시 가사노동자 250명과 함께 고도로 분산되고 고립된 노동력에 대한 기본권 쟁취를 위한 캠페인을 시작했다. 이후 6년간의 항의와 투쟁 끝에 이들은 하나의 돌파구를 마련했다. 뉴욕이 가사도우미 권리장전에 서명한 최초의 주가 된 것이다. 이 권리장전에는 초과근무 수당 및 유급휴가, 퇴직금을 보장하며 공격과 괴롭힘으로부터 근로자를 보호한다는 조항이 포함됐다.[52] 물론 이 법이 완벽하진 않다. 각종 의무를 이행하지 않은 고용주에 대한 법적 싸움은 여전히 큰 장벽으로 남아 있다. 하지만 이 법은 산드라 같은 노동자의 일상적인 힘의 균형을 바꾸는 데 일조했다. 산드라의 사례는 집단행동의 중요성을 잘 보여 준다.

오늘날 긱 경제에서 권력 남용에 대한 법적 보호의 부재는 많은 근로자에게 영향을 미치는 중요한 문제다. '직원' 자격이 없는 공유 자동차 운전사나 음식 배달 종사자를 생각해 보자. 이들 '자영업 계약자'와 협업 관계에 놓여 있는 기업은 이들 없이 기업을 운영하기 힘들지만, 근무 조건을 일방적으로 통제할 수 있는 권한을 갖고 있다. 따라서 복잡한 도로를 빠른 속도로 오가거나 차량을 유지보수하는 데서 오는 건강상, 재정상 위험은 모두 이들 계약자의 몫이다. 하지만 수익은(고가의 주식 매도로 얻는) 고스란히 기업 소유주에게 귀속된다.

긱 경제 및 비공식 경제에서 근로자를 위한 법적 보호는 개선되었다고 해도 진정한 권력 재분배를 위해서는 조직 설계부터 다시 이루어져야 한다. 이를 위해 산드라 로페즈의 사례로 돌아가 보자. 산드라의 근로 조건은 눈에 띄게 향상되었다. 그녀는 이제 도시 전체의 고객과 연결해 주는 업 앤 고Up & Go라는 앱을 이용한다. 그럼 여러분은 이 앱이 그녀에게 중요한 자원인 고객을 통제하므로 우버Uber나 도어대시DoorDash처럼 엄청난 영향력을 행사한다고 생각할 수 있다. 그러나 이 경우에 힘의 관계는 반대다. 산드라는 이 플랫폼의 사용자인 동시에 소유주이기 때문이다. 지난 2018년 산드라는 브롱스 집 근처에서 가족생활센터를 홍보하는 전단지 한 장을 주웠다.

그곳은 가사도우미 협동조합 프로그램을 제공하는 곳이었다. 업체의 대표 겸 설립자가 될 수 있다는 데 매력을 느낀 산드라는 프로그램을 사용하기로 했고, 주말까지 반납하며 일 년 내내 프로그램 제작에 매달렸다. 여기에는 자신처럼 멕시코나 중남미 지역에서 온 17명의 이민자 여성들이 함께 참여했다.

협동조합은 근로자들이 공동으로 소유한 곳이었다. 그래서 이들에겐 조합의 방향에 대해 언급할 수 있는 발언권이 있었다. 어떤 서비스를 얼마에 제공할지, 일을 더 많이 해 근로시간을 늘릴지, 아니면 일은 좀 줄이고 가족과 더 많은 시간을 보낼지 모두 투표를 통해 직접 결정할 수 있었다. 이에 관해 산드라는 말했다. "사람들은 돈만 많이 받으면 된다고 생각할 수 있다. 하지만 내게는 돈보다 가족과 함께하는 시간을 가지면서 유연성 있게 일할 수 있는 근무환경이 더 중요했다. 우리는 모두 열심히 일한다. 하지만 우리의 삶의 가치가 얼마나 중요한지 쉽게 잊어버리곤 한다." 산드라의 협동조합은 조합원인 근로자의 욕구를 충족하도록 설계되었다. 예를 들어, 의사소통과 협상은 조합 전화나 인앱 고객서비스로 지원되며, 영어와 함께 스페인어로도 제공된다. 고객은 앱을 통해 서비스를 예약하므로 기대치를 분명하게 확인할 수 있다. 조합은 이들 자영업 계약자에게 뉴욕 권리장전에 관해 교육한다. 산드라는 이를 두고 이렇게 설명했다. "함께함으로써 우리 모두를 지원할 수 있는 구조를 만들었습니다. 협동조합은 우리를 보호하고 우리의 이익을 위해 싸웁니다. 혼자였다면 절대 이 같은 힘을 발휘하지 못했을 겁니다." 물론 이와 반대인 경우도 있었다. 지난 2019년 우버는 상장을 준비하면서 주주

이익 극대화를 위해 운전사 임금을 삭감했다.[53] 그러나 산드라 협동조합의 모든 수익은 조합 투자금을 제외하고 산드라와 공동설립자에게 직접 돌아간다. 이들은 귀중한 자원을 통제함으로써 힘을 갖게 된 셈이다.

이 같은 산드라의 여정은 그녀를 변화시켰다. "대표가 되기 전에는 수줍음이 무척 많았어요. 사람들 앞에서 말하는 건 고사하고 혼자서 말하는 것도 제대로 못 했죠. 하지만 협동조합 프로그램을 설립하면서 가사도우미로서 내 권리와 함께 조합 운영 전반에 관한 부분까지 구체적으로 알게 됐어요. 그러면서 점점 자신감이 생기더라고요. 그런 자기 확신은 개인적인 제 삶에도 아주 큰 영향을 미쳤습니다."

협동조합은 새로운 조직도, 가사도우미에 국한된 곳도 아니다. 예를 들어, 미국의 1800만 가정, 기업, 학교는 사용자 이익에 맞춰 가격을 조정하는 에너지 협동조합으로부터 전력을 공급받는다.[54] 이러한 지배구조의 차이는 절대 사소하지 않다. 기업에서 누가 무엇을 통제하는지가 이 지배구조에 의해 결정된다. 경제학자 겸 사회학자 줄리엣 스코르Juliet Schor는 협동조합과 규제개혁이 기업의 권한을 적절히 제한함으로써 긱 경제에서 창출된 가치가 더 공평하게 공유될 수 있다고 언급했다.[55] 주지하건대, 권력 공유와 책임이 핵심이다.

협동조합의 형태가 아닌 일반 기업은 여전히 위계질서가 강하고 모든 근로자에게 책임을 부여하진 않는다. 하지만 예외는 있다. 20세기 말, 독일과 네덜란드 및 일부 북유럽 국가에서는 '노동자 경영 참여에 관한 법률'을 통과시켰다. 이 법은 근로자 대표를 이사회에 포함함으로써 최고경영진, 주주, 근로자 대표가 회사의 방향을 함께 고민하고 협의하도록 보장한다.[56] 하지만 해당 법이 도입되었어도 종종 주주는 캐스팅보트(합의체의 의결에서 가부가 동수인 경우에 의장이 가지는 결정권―옮긴이)를 갖고 있어 근로자가 투표에서 주주를 이기는 건 거의 불가능하다.[57] 이 같은 허점을 보완하기 위해 사회과학자 이사벨 페레라스Isabelle Ferreras는 주주 대표와 근로자 대표 모두에게 거부권을 부여하자고 제안했다.[58] 이렇게 상호의존적인 관계가 되면 주주와 근로자는 회사의 미래를 위해 협력할 수밖에 없다. 이 같은 공동 의사결정을 위한 최선의 방법이 근로자 대표만을 위한 별도의 위원회를 구성하는 것인지, 이들을 기존 이사회에 포함시켜 이사회의 다른 구성원만큼 의사결정권을 부여하는 것인지는 아직 두고 볼 일이다. 궁극적으로 중요한 것은 근로자의 이익을 대변하고, 이사회 모든 구성원이 논의하고 협력하여 사실에 입각한 전략을 수립하며, 근로자가 이러한 의사결정에 영향을 미칠 만한 힘을 갖는 것이다. 이 같은 기업의 민주화 없이 근로자는 절대 사내 발언권을 얻을 수 없다.[59]

이처럼 권력의 균형을 맞추는 일은 도덕적 이유만으로도 꼭 필요하다. 실제 연구 결과 민주적 의사결정 체계를 갖춘 기업은 사회적, 환경적 목표를 추구하기에 더 적합한 기반을 갖추고 있는 것으로 나타났다.[60] 주주 및 최고경영진, 근로자가 서로의 의견을 나눔으로써 관점을 다양화하게 되면 회사가 다른 사람에게 해가 되는 한 가지 목표에만 집중하는 것을 막을 수 있다.[61] 이에 따라 사회는 기업이 사회 및 환경적 기준을 더 엄격히 준수하도록 요구했고, 민주적 의사결정 체계를 갖춘 협동조합은 대표적인 결실로 하나의 대안을 제시했다. 이것은 놀라운 일이 아니다. 민주주의는 균형적인 권력 분배를 보장함으로써 소수의 사람이 좁고 이기적인 목표에 집중하기보다 다양한 목표를 추구하게 한다.[62] 이는 조직에서도 마찬가지다.

사회의 권력 분배 •

2500년 전 그리스 아테네 태생의 클레이스테네스Cleisthenes는 민주주의의 아버지로 불린다. 그는 국민에 의한 통치를 뜻하는 '데모크라티아demokratia'라는 개혁적 개념을 발전시킨 인물로 유명하다.[63] 클레이스테네스는 정부의 권한을 3개의 독립기구로 분리함으로써 견제와 균형의 시스템을 마련, 아테네 시민들에게 권력을 고르게 분배하고 부패와 폭정을 방지했다. 이들 독립기구에는 오늘날 입법부에 해당하는 에클레시아ekklesia, 행정부에 해당하는 불레boule, 사법부에 해당하는 헬리아이아heliaia가 포함됐다.[64] 클레이스테네스의 이 같은 민주적 실험은 아테네가 기원전 4세기 마케도니아의 지배 아래 귀족정치로 전환되기 전까지 1세기 동안 지속됐다.[65]

이후 삼권분립 체제는 1748년 몽테스키외Montesquieu가 쓴 《법의 정신The Spirit of Laws》이 출간되면서 다시 주목받기 시작했다. 몽테스키외는 입법, 행정, 사법의 삼권분립을 폭정을 피하는 핵심이라고 설파했다. 그러면서 이렇게 언급했다. "권력을 부여받은 사람이 그것을 남용하기 쉽다는 사실은 역사를 통해 끊임없이 증명됐다. 따라서 그 본질상 권력은 반드시 견제돼야 한다."[66] 이 같은 그의 제안은 의회, 대통령, 대법원에 별도의 권한을 부여한 미국 헌법 제정에도 큰 영향을 끼쳤다. 이러한 권력분립은 현대 민주주의의 핵심이다. 민주주의 체제에서 독재 체제로 바뀐 수많은 사례가 증명하듯 민주주의는 침식과 몰락에 끊임없이 취약하기 때문이다.[67]

남성 시민이라면 누구나 에클레시아(오늘날의 입법부에 해당)에 참여할 수 있었던 아테네와 달리 미국 건국의 아버지들은 통치 책임을 선출된 대표자에 위임하기로 결정했다. 이들 대표자는 특정 임기 동안 시민을 대신해 통치했다. 현대 민주주의 개념과 동의어가 된 대의 민주주의의 핵심은 누구를 대표자로 뽑느냐 하는 것이다. 내가 지지하는 사람이 선출되지 않을 수 있지만, 대표자가 법을 준수하고 법의 요구에 따라 사임하는 한 선출 결과의 수용은 시민으로서 우리의 의무다.

하지만 제도적 설계가 아무리 정교하다 해도 권력 남용의 가능성이 완전히 없어지는 건 아니다. 헌법에 권력분립과 임기 제한이 명시돼 있다고 해서 독재 체제가 서서히 싹트는 것을 완전히 막을 수도 없다. 올해는 전 세계적으로 13년 연속 민주주의가 퇴보한 해다.[68] 권력에 대한 견제를 무력화함으로써 민주주의가 부식된 과정은 전 사회와 시대에 걸쳐 수없이 많다.[69] 이에 역사학자 티모시 스나이더Timothy Snyder는 이렇게 단언한다. "특정 제도를 통해 통치자가 된 인물이 바로 그 제도를 변화하거나 파괴할 수 없다는 가정은 완전히 잘못된 것이다."[70] 즉 얼마든지 그렇게 할 수 있다는 것이다.

　때로 민주주의를 파괴하는 건 갑작스러운 폭력적 쿠데타가 아니다. 시민의 권리와 자유를 서서히 침해함으로써 그것이 익숙하게 느껴지도록 한 다음 독재정치에 문을 여는 행태다. 토페 오군디페Tope Ogundipe는 디지털 권리 보장을 위한 범아프리카 조직인 패러다임Pardigm과 함께 이러한 권리 침해에 맞서 싸웠다. 패러다임의 최고 운영책임자COO로서 그녀의 임무는 나이지리아 국민의 온라인 자유를 보호하는 것이었다. 이러한 권리를 보호하려면 지속적인 경계가 필요한데, 그 핵심이 바로 시민참여에 있다.[71]

우리 모두는 강력한 책임을 져야 할 책임이 있다 •

　2015년 12월, 나이지리아 상원의원 발라 이븐 나알라Bala Ibn Na'Allah는 온라인에서 표현의 자유를 제한하는 새로운 법안을 발의했다. 법안이 통과되면 정부의 블랙리스트에 오른 사이트(정부 기관 사이트 포함)에는 어떠한 게시물도 올릴 수 없었다. 여기에는 트위터나 페이스북 같은 공용사이트는 물론 왓츠앱 같은 개인 메시징 앱도 포함됐다. 위반 시 징역 2년 또는 5600달러 상당의 벌금이 부과됐다. 친구에게 문자메시지를 보냈다는 이유로 징역형을 받거나 파산할 위험에 직면할 수 있는 상황이었다.

　이에 격분한 토페는 발 빠르게 움직여 국내외 지원 세력을 모았다. 이들의 최우선순위는 법안 관련 진행 상황을 확인하고, 이 내용을 시민에게 공유함으로써 법안이 비밀리에 통과되지 못하도록 막는 일이었다. 토페는 프리덤 하우스Freedom House, 웹 파운데이션Web Foundation, 펜 인터네셔널PEN International 등 디지털 정의를 위해 함께 운동을 전개했던 각종 단체에 연락을 취했다. 이들은 해당 법안이 표현의 자유를 침해할 위험이 있음을 주장하며 즉각 법안의 철회를 촉구하는 공식 서한을 작성했다.[72] 동시에 해시태그(#NoToSocialMediaBill)를 이용한 온라인 캠페인을 전개하고, 전통적인 언론 매체에도 도움을 요청했다. 당시 나이지리아에서 대국민 메시지를 전달하는 데 있어 라고스에 전파되는 황금시간대 라디오만큼 효과적인 매체는 없었다. 수백만 도시민이 러시아워에 대부분 라디오를 듣고 있었다.

이후 이들은 캠페인 영역을 온라인에서 오프라인으로 넓혀 가기로 했다. 이들은 전화, 왓츠앱, 직접 방문을 통해 지원 세력을 모았다. 또 지역사회 행사에도 참석하며 리트윗 등으로만 지지 의사를 밝히던 시민들을 거리 시위로 이끌었다. 토페가 거리 시위로 캠페인을 확대한 이유는 무엇일까? 그녀는 나이지리아 상원은 거리의 평화를 원한다는 사실을 간파하고 있었다. 이들은 법안에 대한 항의 시위로 더 큰 정치적 분란이 촉발되기를 원치 않았다. 토페의 생각은 적중했다. 2016년 5월 17일, 나이지리아 상원은 시위대의 함성에 결국 법안을 폐기했다.[73] 토페와 시위대는 정부가 시민의 권력을 빼앗는 걸 막음으로써 시민 경계를 성공적으로 수행했다.

근대 민주주의에서 공적 책임이라는 핵심 퍼즐 조각은 우리 각자에게 있다. 시민 경계는 시민들이 단지 대표자를 뽑는 것에 그치지 않고 대표자에게 책임을 물을 수 있도록 한다.[74] 따라서 시민은 투표권 행사라는 역할 외에도 반대 권력을 행사하고 숙고의 문화를 조성하는 데 중요한 역할을 해야 한다. 민주주의는 지배를 받는 것일 뿐 아니라 그에 대한 대가로 지배를 하는 것이다.[75]

토페의 이야기가 보여 주듯 언론은 시민 경계를 표현하는 데 중요한 수단이다. 언론은 시민이 주변 세계를 이해하고 권력자를 감시할 수 있도록 각종 내용을 폭로하고, 제시하며, 도전한다. 하지만 경우에 따라 계몽의 역할보다는 오락에 빠질 수도 있다. 또 편견과 불안, 증오를 조장하며 독재자에게는 탁월한 선전 수단으로 전락할 위험도 있다. 이 같은 사실은 매우 충격적이다. 철학자 겸 활동가 코넬 웨스트Cornel West는 이렇게 지적했다. "민주주의의 성패는 우리 사회의 고통스러운 진실을 대중에게 기꺼이 전달하는 자유와 솔직한 언론에 달려 있다."[76] 권력의 기본에서 '우리가 무엇에 가치를 두는가?'라는 핵심 질문에 대한 대답 역시 언론이 끌어낸다.[77] 또 집단 간 논쟁을 부추기고 어느 정도는 대중의 의지를 표현하는 데도 주도적인 역할을 한다.

예멘의 활동가인 노벨 평화상 수상자 타와쿨 카르만Tawakkol Karman처럼 전 세계 인권을 위해 싸우는 언론인들은 표현의 자유가 얼마나 중요한지에 대해 너무나 깊이 공감한다. "언론의 자유 없이는 민주주의도 없다. 사람들은 표현의 자유가 곧 언론의 자유라고 생각한다. 하지만 표현의 자유는 그 이상이다. 표현의 자유는 언론의 자유이자 정보에 접근할 수 있는 권한이요, 거주 이전의 자유요,

시위의 권리까지 포함한다. 이 같은 총체적인 표현의 권리는 진정한 민주주의 국가의 관문이요 증거다."[78]

　따라서 자유 민주주의 국가의 시민은 정부가 문제를 해결하는 데 있어 이런 권리를 어떻게 보호하는지 늘 경계하고 주시해야 한다. 또 정부의 행동을 평가하고, 판단하며, 필요할 땐 서슴없이 비난하고 반대해야 한다.[79] 하지만 이 같은 시민참여는 하루아침에 일어나지 않는다. 세대에 걸쳐 내려갈 수 있도록 가르치고 전달해야 한다.

계몽 시민의 양성 •

　시민의 경계를 행사할 수 있는 능력은 정치과학자 다니엘 앨런 Danielle Allen이 언급한 '정치적 준비성'에 달려 있다. 정치적 준비성은 진정한 정치적 평등의 전제 조건이다.[80] 시민이 민주주의의 작동 원리를 제대로 이해하지 못하면 '시민'은 제대로 된 정치를 할 수 없다. 교육은 권력을 이해하고 행사하는 기본 바탕이다.[81]

　그러나 어떠한 교육도 민주적 참여가 요구하는 지식과 비판 정신을 갖추게 하지는 못할 것이다. 정치이론가 안토니오 그람시 Antonio Gramsci는 전통적인 교육 체계와 시스템은 종종 헤게모니를 견고하게 유지하는 배타적인 관행과 내러티브를 통해 기존의 권력 계층을 영속시킨다고 강조한다. 이에 그람시는 아이들이 생각하고 학습하며 통치할 수 있는 사람으로 성장하는 데 꼭 필요한 교육을 비단 '올바른' 사회계층에 속하는 운 좋은 아이들뿐 아니라 모든 아이

에게 똑같이 제공해야 한다고 설파했다.[82]

스스로 생각할 수 있는 능력과 충만한 자신감을 바탕으로 새롭고 다양한 아이디어에 개방적이며 건설적으로 논쟁할 수 있는 시민으로 키워 내는 교육 시스템은 이미 가능하다는 게 입증되었다. 덴마크의 미래학자 겸 철학자 레네 레이첼Lene Rachel과 스웨덴의 사회이론가 겸 기업가 토마스 브조르크만Tomas Björkman은 1800년대 봉건주의 빈곤국이던 스칸디나비아반도 국가들을 1900년대 초 번성하는 산업화 국가로 만든 교육 개혁에 대해 설명한다.[83]

이 변혁의 뿌리에는 계몽주의에서 영감을 받은 '교양Bildung'이라는 교육 개념이 있었다. 이것은 단순히 훈련이나 기술 습득을 넘어 한 개인이 일생에 걸쳐 지속하는 문화적, 영적 감각 개발부터 사회 및 생활 기술, 비판적 분석 능력, 지적 능력 개발을 두루 포함하는 개념이다.[84] 교양을 추구함으로써 우리는 자기반성과 비판적 분석이 가능한, 자기 자신은 물론 가족과 이웃, 시민, 사회, 인류, 나아가 전 지구를 향한 책임감을 지닌 자율적 시민으로 거듭난다. 교양은 2장에서 언급한, 권력을 향한 발달 경로를 반영하는 도덕적, 정서적 성장인 셈이다.

1850년대 중반 민속 교양folk-Bildung으로 선회한 스칸디나비아 반도국들은 농촌 지역 소작농을 포함해 누구나 이용할 수 있는 전체론적 교육 시스템을 마련했다. 이를 통해 당시 가장 가난하고 소외된 이들까지 읽고 쓰는 능력뿐 아니라 이전에는 상상조차 할 수 없던 꿈을 가질 수 있게 되었다. 고등학생들은 최신 농업기술과 함께 국가의 헌법과 법률, 역사, 문화유산, 경제, 정치 체제까지 두루 학습했다. 자연히 기술 능력뿐 아니라 민주적 역량과 도덕성, 문화 인식을 개발해 나갈 수 있었다. 그 결과 사람들이 집단적 미래를 구상하고, 서로 다른 의견도 기꺼이 수용하는 수준 높은 신뢰 사회가 형성될 수 있었다. 노동운동과 협동조합 운동이 꽃을 피웠고, 지역 간 협의체와 공공도서관, 스포츠 연맹이 곳곳에서 생겨났다. 이와 함께 '아는 것이 힘이다'라는 구호를 내건 계몽주의 간행물이 발간돼 과학, 문학, 정치학 등 여러 학문이 대중화하기 시작했다.[85]

스칸디나비아의 경험이 나타내듯, 비록 유토피아와는 거리가 있지만, 민속 교양은 얼마든지 달성 가능한 목표다. 이런 교육적 기초를 바탕으로 시민들은 건강한 민주주의의 바탕이 되는 정보의 출처를 비판적으로 해석할 수 있다. 물론 특정 정보에 모두가 동의하지 않을 수 있다. 실제로도 그렇다. 그러나 최고의 민주주의는 우리의 다양한 생각과 의견, 우선순위를 한데 모아 집단지성이 표면화되도록 하고,[86] 논쟁과 토론의 결과가 개인의 생각보다 더 현명하도록 만든다.[87]

그러나 민주적 참여에 대한 압박이 끊임없이 이어지므로 이러한 숙고의 문화를 지속하는 것은 쉬운 일이 아니다. 언급한 스칸디나비아의 교양 이야기조차 수십 년간의 성장 뒤에는 균열과 갈등을 경험했다. 앤더슨과 브조르크만은 2000년대로 넘어오며 북유럽 국가들이 왜 도덕적 성장이나 역사, 문화, 미학, 민주주의의 중요성을 축소하고 상업적 가치를 강조하는 전통적 기술에 다시 초점을 맞추기 시작했는지 설명하고 있다.

개발을 멈추면 성장도 멈추고 퇴보한다. 하지만 스칸디나비아의 경험은 우리가 마음을 쏟고 노력할 때 민주 시민으로서 인식이 함양될 수 있음을 보여 준다.

시민 근육 기르기 •

아테네의 민주 정치를 뜻하는 데모크라티아^{demokratia}에는 여성과 노예가 포함되지 않았다. 미국의 독립선언문은 "모든 사람은 평등하게 태어났다"라고 공표하지만, 이 '모든 사람'에 여성과 아프리카 노예, 원주민은 포함되지 않았다. 몇 년 후 대서양 반대편에서 발발한 프랑스 혁명. 이때 발표된 〈인간과 시민의 권리 선언〉의 '인간과 시민'에도 여성은 포함되지 않았다. 오늘날 민주주의도 크게 다르지 않다. 그리고 두 가지의 실질적 위협이 전 세계 민주주의의 권력 불균형을 심화할 위험을 안고 있다.

첫 번째 위협은 부의 집중이다. 이것은 새로운 위협이 아니다. 인류 역사가 태동한 이래 철학자들이 수없이 경고해 왔다. 대표적으로 프랑스 철학자 루소^{Rousseau}는 이렇게 지적했다. "부에 관해서는 어떤 시민도 다른 사람을 살 만큼 부자가 되어서는 안 되며, 자신을 팔아야 할 만큼 가난한 사람도 있어서는 안 된다."[88] 부의 집중 정도는 시대별로 달랐다. 하지만 지난 수십 년간 부상한 신자유주의적 자본주의는 누가 권력자로 선출돼 의사결정을 할 것인지와 관련해 소수의 부유한 사람들에게 막대한 영향을 끼쳤다. 프랑스에서는 시민의 정치 자금 후원을 엄격하게 제한하는데, 소수 부자가 내는 후

원금이 나머지 인구가 내는 돈보다 40배나 많다. 스페인, 이탈리아, 독일, 캐나다, 미국도 비슷한 격차를 보인다. 이런 상황은 특히 미국에서 도드라지는데, 법원은 정치 후원을 일종의 표현의 자유로 보고 그 권리를 기업에까지 확대했다. '1인 1표'가 아니라 '1달러 1표'라고 해야 더 정확할 것 같다.[89]

부자가 민주주의 제도에 자신의 의지를 반영하고 게임의 법칙을 자신에게 유리하게 바꾸는 데는 정당 후원이나 선거 후원 외에도 다양한 방법이 존재한다. 일부는 수백만 달러의 로비 자금을 들여 자신에게 유리한 법안을 통과시킨다. 또 디지털 기술과 관련한 규제 공백을 노리고 시민의 개인정보를 악용, 막대한 부를 쌓기도 한다.[90] 국제적으로 통용되는 회계법의 부재를 이용해 해외 계좌에 자산을 은닉, 공정한 세금 납부를 피한다.[91] 요컨대 소수의 부자만이 가치 있는 자원을 통제함으로써 정치 체제를 휘둘러 자신의 이익을 채운다.[92] 동등한 시민으로서 참여할 수 없다는 건 권력을 포기하는 것이요, 집단의 미래를 결정할 가능성을 버리는 것이요, 권력자의 의지에 굴복하는 것이다.

두 번째 위협은 디지털 기술로부터 제기된다. 이 부분은 바로 앞 장에서 구체적으로 살펴봤다. 정보 통제의 비대칭성은 여러 가지 방법으로 시민의 감독 기능을 약화한다. 우선 감시가 증가하면 특정 의견에 대한 반대와 이의제기가 줄어든다. 5장에서 등장한 토페는 이 부분을 간파하고 있었다.[93] 수익과 연결된 알고리듬 기반 플랫폼의 경우 특정 사안에 가장 민감한 이들에게 논쟁의 여지가 있는, 선동적인 콘텐츠를 제공한다.[94] 이들 콘텐츠는 봇이 작업해 거짓인 경우가 많다. 이렇듯 알고리듬 기반의 소셜미디어는 우리가 보고 듣는 정보나 의견을 일방적으로 제공함으로써 정치적 양극화를 부추기는 동시에 잘못된 정보와 허위 뉴스를 퍼트려 불신을 조장한다.[95] 이런 상황은 민주주의의 근간인 숙고의 문화를 무너뜨린다.[96]

이런 위협에 대처할 수 있는 방법은 그리 간단하지 않다. 하지만 한 가지 확실한 건, 전 세계 산업과 경제는 지난 반세기 동안 급속히 발전했지만, 우리의 민주제도는 그 성장 폭을 따라잡지 못했다는 것이다. 이제는 일반 시민의 손에 권력을 되돌려 주는 혁신이 필요하다. 모두가 투표할 자격이 있고, 투표할 수 있으며, 투표할 의지가 있다는 걸 분명히 하는 건 아주 중요한 절차다.[97] 하지만 우리는 민주주의를 투표와 연결 짓는 함정에 너무 자주 빠지곤 한다. 이건 위험하다. 정치인들에게 투표는 야망 그 자체라는 걸 반드시 기억해야 한다. 가장 중요한 건 모든 시민이 게임의 법칙을 설계하고 수정하는 데 적극적으로 참여해야 한다는 것이다.[98] 이것이 바로 BVM 펀드Black Voters Matter Fund를 조성한 라토샤 브라운LaTosha Brown이 단체를 만든 이유다. 그녀는 흑인도 정치적 영향력을 행사할 수 있도록 적합한 수단을 제공하고자 했다.

"흑인들을 만나면 그들의 이야기부터 듣습니다. 뉴스를 통해 전해지는 소식 말고 실제로 그들이 신경을 쓰는 부분이 무엇인지 알고 싶었죠."[99] 라토샤와 동료들은 흑인 커뮤니티의 주요 문제를 파악하고 나면, 우선 변화를 끌어낼 수 있는 핵심 인물과 수단을 식별하기 위해 권력 지도를 그린다. 이후 교육위원회에 참가하거나 마을에 과속방지턱을 설치하는 등 아주 작은 일부터 시작한다. 이런 작은 시도는 커뮤니티의 행동 능력과 시민들의 조직 능력을 구축하는, 더 발전된 행동을 위한 일련의 토대를 마련한다. 이에 관해 라토샤는 이렇게 설명한다. "우리가 하는 일의 상당 부분은 사람들이 스스로 힘을 가졌다고 느끼게 하는 것입니다. 단지 결과를 말하는 게 아닙니다. 인간의 대리인에 관한 것이요, 인간과 인간의 연결에 관한 것입니다." 인간관계를 구축해 집단행동을 촉발하는 이 작업은 민주주의 근육을 강화하는 데 큰 도움이 된다.[100]

이처럼 일반 시민의 손에 권력을 이양하는 참여형 민주주의는 전 세계적으로 확산하고 있다. 최근 프랑스와 영국, 아일랜드는 낙태나 기후변화처럼 논쟁의 여지가 있는 사안 심의를 위해 무작위로 선출된 시민대표단을 꾸렸다. 2017년 한국은 시민의회가 선택한 에너지 정책을 시행했는데, 이는 당시 행정부의 선택에 반하는 것이었다.[101] 대만 정부는 2014년부터 의견 불일치가 아닌 합의를 중심으로 시민 의견을 수집하는 플랫폼에서 g0v라는 해커단체와 협력하고 있다.[102] 이후 2018년까지 26개의 법안이 상정됐는데, 이 가운데 80%는 정부의 구체적인 조처를 끌어냈다.[103] 이는 불일치와 양극화가 아닌 숙고와 합의를 촉진할 수 있는 기술의 잠재력을 보여 준다.[104]

이와 같은 혁신은 21세기 새로운 민주주의 모델의 마중물이 되어 국제정치 무대에서도 사용될 수 있을 것이다. 이렇게 되면 일반 시민이 유엔 결의안에 투표하거나 세계시민총회에 대표로 선발되는 상상은 불가능하지 않다. 이러한 참여가 의미 있고 건설적으로 되려면 민주 시민으로서 근육 발달에 도움이 되는 교육을 받아야 한다. 이것이 바로 일반 시민을 위한 전 세계 협력을 재구상하는 데 필요한 것이다. 시리아나 베네수엘라의 일반 시민이 유엔 결의안에 투표한다고 상상해 보라. 이들은 가장 강력한 인권 수호자로 거듭날 것이다. 우리가 이러한 권리를 가장 효과적으로 보호하는 방법은 권력에 대해 집단적으로 관리 감독하는 것이다.

과도한 권력 집중에 대한 해결책은 명확하다. 권력 공유와 책임이다. 이 두 가지에 실패하면 기업에서나 사회 전체적으로나 권력 남용과 폭정이 싹튼다. 이러한 실패를 막으려면 권력 견제가 우리 모두의 책임임을 깨달아야 한다. 이를 위해서는 권력의 본질과 작동 원리를 이해해야 한다. 권력의 기본요소가 중요한 이유는 바로 이 때문이다. 또 우리는 집단적 권력을 이용해 기업과 사회에서 권력 공유 및 책임을 보장하는 제도를 보호해야 한다. 이러한 집단적 권력이 번성하려면 지도자를 현명하게 뽑아야 한다. 그리고 그 지도자는 지방 사람이든 도시 사람이든, 부자든 빈자든 모든 국민의 발전에 사회적 자원을 기꺼이 투자하는 인물이어야 한다. 그렇게 해야만 우리 모두 도덕적 품성과 민주적 역량을 갖춰 시민으로서 힘을 행사할 수 있을 것이다. 그래서 정치인이나 재벌이 민주주의 체제를 훼손하려 들면 선동과 선전 의도를 간파하고 그 위협을 인식해 일상 속 권리와 자유를 지켜내고자 싸울 수 있을 것이다.

모든 건
우리에게 달려 있다

It's Up to Us

이 세계는 백지상태라고 생각해보자. 바로 당신이 사회의 힘과 권리를 분배할 수 있다. 이 새로운 사회에 참여하게 될 테지만 당신이 누군지는 알 수 없다. 사회적 지위도, 타고난 능력도 알 수 없다. 성별도, 인종도, 국적도 마찬가지다. 당신은 그저 '무지의 베일' 뒤에 존재할 뿐이다. 농부일 수도, 의사일 수도 있고 실직 상태일 수도 있다. 젊거나 늙거나, 부자거나 빈자거나 남자거나 여자거나, 편견이 있거나 없거나, 고등 교육을 받았거나 못 받았거나, 장애가 있거나 없거나 결정된 건 아무것도 없다. 민주주의나 독재 체제 가운데 무엇을 선택할 것인가? 모두에게 보편적인 의료서비스를 제공할 것인가, 돈 있는 사람에게만 제공할 것인가? 많은 아이에게 양질의 교육을 보장할 것인가, 다수를 배제할 것인가? 이것은 정치 철학자 존 롤스^{John Rawls}가 제기한 사고 실험으로 정당한 권력 분배에 관한 핵심적인 질문을 던진다. 이 실험은 '무지의 베일'을 통해 사회적 지위로 인한 편견 없이 모두의 행복과 기회를 고려해야 함을 강조한다. 이때 비로소 좀 더 공정한 사회로 나아갈 수 있다고 존은 믿었다.[1]

지난 수천 년 동안 철학자들은 무엇이 권력의 정당한 분배를 구성하는가에 대해 끊임없이 논쟁해왔다.[2] 이 같은 권력 분배는 우리 각자의 삶에 많은 영향을 미친다. 그리고 특정 상황에서 권력 분배를 변화시키기 위해 우리가 할 수 있는 일은 얼마든지 있다. 앞서 언급했듯, 모든 것은 권력의 기본요소로 귀결된다. 상대방이 원하고 필요로 하는 것을 발견할 수 있으면, 그 자원에 접근하는 방법을 찾아 권력의 균형을 바꿀 수 있다. 가족 및 직장, 사회에서 이 지식을 어떻게 사용할지 선택하는 건 전적으로 우리에게 달려 있다.

권력 구축에 필요한 것 •

권력을 구축하기 전에 먼저 누가 어떤 이유로 권력을 가졌는지부터 이해해야 한다. 이런 역학을 파악함으로써 정확한 권력 지도를 그려내는 일은 누구나 할 수 있다. 우리는 영향을 미치고자 하는 환경을 관찰할 수 있고, 누구나 안전과 자존감에 대한 깊은 욕구가 있다는 점을 알고 있다. 또 주변 사람들은 어떻게 이러한 욕구를 충족하고 있는지에 대한 통찰도 얻을 수 있다. 사람들은 부와 지위의 축적을 통해, 심리적 성취감을 통해, 애정과 소속감을 통해, 선택의 자유를 통해, 도덕성 함양을 통해 각자 다르지만 예측 가능한 방식으로 안전과 자존감에 대한 욕구를 충족한다. 다른 사람의 관찰을 요청할 수도 있다. 주변 사람에게 질문을 통해 우리가 처한 환경에서 가치 있는 자원이 무엇인지 파악한 다음, 내게 다양한 관점을 제공할 수 있는 사람, 그리고 해당 자원을 통제할 수 있는 사람으로 네트워크를 확대한다.

이 같은 권력 지도를 최대한 명확하게 파악하고 나면 총 4가지 권력 재분배 전략 가운데 무엇을 사용할지 결정해야 한다. 여기에는 상대방이 가치 있게 여기는 자원을 제공하는 유인 전략, 상대방이 제공하는 가치에 관심을 두지 않는 철회 전략, 상대방이 제공하는 대안을 축소하는 통합 전략, 상대방의 자원에 대한 나의 대안을 늘리는 확대 전략이 포함된다.

여러분 자신과 권력과의 관계 또한 여러분 책임이다. 권력 지도를 그려나가는 단계와 권력 재분배 단계는 기본적으로 같다. 권력을 악한 목적으로 사용하든 선한 목적으로 사용하든 관계없다. 권력 그 자체는 더러운 게 아니다. 다만 그것을 획득하고 사용하는 방법에 따라 위험이 도사리고 있을 뿐이다. 공감과 겸손을 향해 발전적으로 사용할 것인지는 여러분에게 달렸다. 권력의 기본요소와 지도 파악으로 손에 넣은 권력을 선한 목적으로 사용할 것인지도 여러분에게 달렸다.

독서를 통해, 미디어 노출을 통해, 자기반성을 통해 얻는 일과 삶의 경험으로 우리는 이 세상을 상호의존적인 하나의 그물망으로 바라보게 된다. 내가 가진 힘에 누군가 의존하고, 내가 하는 행동이 환경에 즉각적인 영향을 미치기도 한다. 우리는 모두 연결돼 있으며 그 누구도 영원히 살 순 없다. 이 부분은 우리의 권력을 위임할 지도자를 평가하는 중요한 기준이 된다. 두려움을 조장해 안전과 자존감에 대한 환상을 심어 주는 사람이 아닌 공감과 겸손을 바탕으로 고

차원적 목표 추구에 헌신할 수 있는 사람을 선택해야 한다.

이와 함께 혼자서 힘을 구축할 수 없으면 집단행동으로 얼마든지 가능하다. 우리는 모두 내일의 권력 분배를 위한 책임과 발언권을 동시에 갖고 있다. 그것은 우리가 변화를 선동하고 혁신하며 통합하는 데 참여할 수 있을 뿐 아니라 권력이 분배되는 방법이 궁극적으로 우리가 가치를 두는 것, 그리고 해당 자원에 대한 통제 방식에 달려 있기 때문이다. 이러한 집단적 선택은 우리의 자유와 권리를 보호하고 강화할 수도, 위험에 빠트릴 수도 있다.

무엇에 가치를 두는가? •

인류 역사가 시작된 이래 우리는 우리가 필요로 하는 물건을 만드는 사람들과 직접 상호작용하며 살아왔다. 하지만 산업화로 인해 경제적 상황과 우리의 역할이 변화하면서 주로 관계와 호혜에 초점이 맞춰져 있던 사람 사이의 교환 활동은 점차 물질적 이득에 좌우되어 갔다.[3] 이후 사람 사이에 '시장'이 등장하면서 우리는 장인의 노고나 공장 노동자의 가족, 경제 상황을 생각하기보다 손익분석에 점점 치중했다. 신자유주의 사회에서 자신의 가치는 주로 부를 축적할 수 있는 능력에 집중돼 있어 그 외 노동자층이나 빈곤층, 이민자, 소수인종, 장애인의 권리는 상당 부분 박탈당한다.[4]

하지만 굳이 이 방향으로 나아갈 필요는 없다. 연구에 따르면, '우리가 어떤 사람인가?'라는 것보다 '우리가 무엇을 가졌는가?'로 평가되는 사회에서 승자나 패자로 인식할 때 우리의 행복은 더 크게 위협받는다.[5] 자존감과 관련해 우리는 한 가지 면이 아닌 여러 가지 면에서 가치를 인정받을 때 가장 만족감을 느낀다.[6] 하지만 경제적 언어가 우리의 일상을 지배하면서 얼마나 자립했는지, 얼마나 성공했는지, 얼마나 경쟁 우위에 있는지를 기준으로 자신의 가치를 평가하게 됐다.[7]

우리 시대가 요구하는 건 대대적인 문화적 변화다. 그 변화란, 자신의 가치를 평가할 때나 기업, 조직의 행동을 평가할 때 모두 경제적 성공 외의 면도 중요하게 인식하는 것이다.[8] 한 가지 희망적인 사실은 오늘날 젊은 세대가 이러한 변화를 열망한다는 것이다. 그래서 전 세계의 많은 젊은이가 단지 돈을 버는 것뿐 아니라 지역사회가 당면한 사회적, 환경적 문제 해결을 지원하는 데도 깊은 관심을 보인다. 그러나 이들이 추구하는 가치는 종종 물질적 가치와 거리가 멀다는 이유로 그에 합당한 인정을 받지 못한다(수입이 적은 것은 말할 것도 없다).

이처럼 대규모의 문화적 변화를 끌어내려면 선동과 혁신, 통합의 노력이 필요하다. 그리고 그런 노력은 기후변화를 위한 행동을 촉구하는 어린 학생들부터 기업 가치를 평가하는 새로운 방법을 개발 중인 SASB에 이르기까지 이미 활발히 진행 중이다. 이러한 발전은 의사결정에 사용되는 기준이 더 이상 경제적인 것에 국한되지 않는 사회로 이끌 것이다. 이러한 변화가 생겨나면 다른 자원, 이를테면 지구를 보호하고 빈곤과 싸우며 집단의 복지를 향상하는 데 사용되는 자원도 그 가치를 더 높게 인정받을 수 있다. 권력 재분배의 발판이 마련되는 셈이다. 그러나 이것이 더 공정한 권력 분배로 이어지느냐는 우리가 가치 있는 자원에 대한 접근을 어떻게 통제하느냐에 달려 있다.

가치 있는 자원을 누가 통제하는가? •

권력 계층은 우리의 삶에 안정감을 줄 수 있다. 또 자존감 향상의 욕구 충족을 위한 사다리도 제공한다. 하지만 앞서 살펴봤듯 권력은 쉽게 남용된다. 따라서 언제 어디서든 권력 남용을 감시하고, 행여 남용이 발생하면 그것에 도전할 통찰력과 용기를 가져야 한다. 그러지 않으면 권력이 남용되는 상황을 되풀이하면서 소수에게 권력이 집중되는 현상은 더욱 심해질 것이다. 이들 중 일부는 권력을 공유해서 권력 불균형의 강한 위험을 피하면 오히려 이득이라는 것을 깨달을 것이다. 하지만 대다수는 그런 지혜가 부족할 가능성이 크다. 이들은 다른 사람들, 심지어 자기 자신에게 해를 끼치는 상황에서도 자신의 권력을 보호하고 성장시키기 위해서 무슨 일이든 할 것이다.

우리는 직장에서, 더 넓게는 사회 전체에서 게임의 규칙을 고안하고 논의하며 결정할 수 있는 집단적 능력을 키워 감으로써 권력의 집중현상에 반격할 수 있다. 바로 여기서 민주주의가 작동한다. 민주주의 시스템에 평등하게 참여할 능력을 키우지 못하면 우리의 미래를 함께 결정할 수 있는 역량을 포기하는 셈이다. 우리보다 더 강한 사람의 의지에 굴복하는 것이다. 요컨대 우리의 힘을 포기하는 것이다. 결론은 단순하다. 앞으로 우리는 직장에서나 사회에서 우리의 민주적 힘을 적극적으로 되찾아야 한다.

서문에서 살펴본 양치기 기게스의 이야기를 떠올려 보자. 자신을 안 보이게 하는 반지를 손에 넣자 그는 새롭게 얻은 힘을 이용해 왕을 죽이고 여왕과 결혼한다. 그러면서 막강한 힘을 얻는다. 플라톤 역시 비슷한 이야기로 우리에게 경고한다. 한 사람 혹은 소수에 붙들린 견제되지 않은 권력은 악한 목적으로 사용될 가능성이 늘 존재한다. 그러나 그런 악한 목적을 방지하는 방법은 권력에 등을 돌리는 게 아니다. 권력을 제대로 이해하고 구축하여 사용함으로써 한 개인으로서 또 시민 집단으로서 우리의 권리와 자유를 지키고 부당한 권력 체계에 맞서 싸우는 것이다.

—·부록·—
사회과학에서의 힘의 정의

다른 모든 학자와 마찬가지로 우리 역시 우리보다 먼저 힘에 관해 연구하고 기록한 많은 선대 학자의 연구 결과를 바탕으로 이론을 정립했다. 이번 책의 핵심 주제인 '힘의 기본요소'를 정의하는 데 역시 많은 연구진과 결과물이 큰 영향을 끼쳤다. 우리는 이들의 기여를 최대한 인정하고 담아내고자 노력했다.

사회과학자들은 다양한 방식으로 힘을 정의한다. 우선 저항에도 불구하고 자신의 의지를 끝까지 관철하는 능력으로 정의한다.[1] 또 상대방이 내가 원하는 행동을 하도록 강제하는 능력으로 정의하기도 한다.[2] 이와 함께 논의나 의사결정이 이루어지는 경계를 설정하는 능력으로,[3] 보상을 주지 않고 벌칙을 부과함으로써 나의 의지를 상대방에게 강요하는 능력으로,[4] 상대방을 설득하여 특정 사실을 믿도록 하는 능력으로,[5] 내가 원하는 방식대로 일을 처리하는 능력으로 정의하기도 한다.[6]

이들 정의에는 크게 두 가지 공통된 영역이 존재한다. 우선 힘을 다른 사람에게 영향을 미치는 개인이나 집단의 능력으로 본다는 것

300 · 권력의 원리

이다.[7] 이러한 힘의 영향력을 행사하는 방식은 다양하다. 사회과학자들은 이를 체계적으로 구분한다.[8] 먼저 사회학자 마뉴엘 카스텔스Manuel Castells는 "힘은 강압(국가의 지배적인 폭력)적으로 행사되며, 문화적 생산과 분배 메커니즘을 통해 사람들의 생각에 의미를 부여하는 방식으로 행사된다"라고 말했다.[9] 따라서 힘을 정의하는 두 가지 범주는 기존 연구에서 식별한 힘의 유형을 뒷받침한다. 첫 번째 범주는 설득에 기반한 힘의 유형이다. 여기에는 신뢰할 수 있는 경험과 지식에서 비롯되는 전문가적 힘, 존경과 인정에서 비롯되는 지시적 힘, 문화적 규범에 대한 통제에서 비롯되는 힘이 포함된다. 두 번째 범주는 힘(신체적인 폭력 등)과 권위(또는 불법적인 권력) 등 강압적인 방법으로 사람들에게 영향력을 행사하는 힘의 유형이다. 이처럼 넓고 풍부한 내용을 기반으로 우리는 힘을 설득이나 강압을 통해 다른 사람이나 집단의 행동에 영향을 미치는 것으로 정의한다.

공통 영역 두 번째는, 힘의 대한 정의는 모두 암시적이든 명시적이든 힘이 다른 사람에 대한 의존도와 함수관계에 있음을 사실로 받아들인다는 점이다. 사회학자 리처드 에머슨Richard Emerson이 개발한 '권력 의존성 이론power-dependence relation theory'은 위의 내용을 분명히 설명한다. 이 이론에 따르면, 권력은 의존성과 역수 관계에 있다. 행위자 B에 대한 행위자 A의 힘은 행위자 B가 행위자 A에 의존하는 정도에 좌우된다. 행위자 A에 대한 행위자 B의 의존도는 A가 제안한 목표물 획득에 B가 얼마나 동기부여 되어 있는가에 비례하며, B가 해당 목표물을 A-B 관계 외부에서 이용할 수 있는 정도에 반비례한다.[10] 우리가 이 책에서 정의한 권력의 기본요소는 바로 이 개념을 기반으로 한다. 행위자 B에 대해 행위자 A가 행사하는 힘은 B가 가치 있게 여기는 자원에 대한 접근권을 A가 얼마나 통제할 수 있는가에 달려 있다. 마찬가지로 행위자 A에 대해 행위자 B가 행사하는 힘은 A가 가치 있게 여기는 자원에 대한 접근권을 B가 얼마나 통제할 수 있는가에 달려 있다. 이 같은 논리는 힘은 늘 관계 안에서 존재하며 제로섬 게임이 아니라는 데 바탕을 두고 있다. A와 B 사이의 힘의 관계는 상호 의존적이고 이들은 둘 중 하나가 접근할 수 있는 자원에 똑같이 가치를 둔다. 그런데 만약 한쪽이 나머지 한쪽이 제공할 수 있는 것보다 많은 자원을 필요로 하면 둘 사이의 균형 관계는 깨진다.

여기서 중요한 건 양쪽이 가치를 두는 자원은 물질적인 것뿐 아니라 심리적인 것도 포함한다는 점이다. 이에 관해 에드나Edna와 유리엘 포아Uriel Foa는 이렇게 설명한다. "해당 자원은 드레스나 와인, 돈과 같은 물질적인 것일 수도 있고 키스나 의학적 치료, 신문, 축하의 악수, 존경 혹은 비난의 눈빛, 토닥임, 코 잡아당기기 같은 심리적인 것일 수도 있다. 요컨대 자원은 사람 사이에 교환할 수 있는 모든 형태의 구체물이나 상징물을 아우른다."[11] 이 같은 자원에 대한 통제권을 소유하는 건 힘의 원천이 되지만, 힘을 보장하는 건 아니다. 모리스Morris가 지적하듯 자원 그 자체에는 힘이 없다.[12] 더욱이 가치 있는 자원에 대한 통제권을 소유한다고 해서 반드시 힘을 행사할 수 있는 것도 아니다. 누군가는 이 통제권을 다른 사람에게 영향을 미치는 데 사용할 수 있지만, 다른 누군가는 그러지 못할 수도 있다. 다른 사람에게 영향을 미치는 능력을 가졌다고 해서 그 능력을 반드시 사용하는 것도 아니다.

힘은 다른 사람에게 영향을 미칠 수 있는 능력이므로 가치 있는 자원에 접근할 수 있는 통제력에 달려 있다는 건 힘의 관계를 이해하는 데 핵심적인 부분이다. 이와 관련한 사회과학 분야의 연구 결과를 보면, 힘을 이루는 기본요소의 역학관계는 비단 사람 사이의 힘의 관계뿐 아니라 조직과 조직,[13] 국가와 국가 간 힘의 관계[14]에도 적용된다.

힘의 기본요소를 통해 사람 간 관계, 조직 간 관계, 국가 간 관계를 이해하려면, 이런 관계가 놓인 맥락을 제대로 파악해야 한다. 문화적 규범은 특정 맥락에서 모두에게 가치 있는 것이 형성되는 반면, 자원의 분배는 일부 사람과 조직에만 유리하고 나머지에는 불리하게 형성된다. 이를 두고 롱Wronog은 다음과 같이 설명했다. "힘의 불평등한 분배는 개인의 특성과 능력이 불평등하게 분배된 결과가 아니다. 이는 우리 사회의 주된 작동 방식을 그대로 반영한다."[15] 이런 맥락에서 권력은 권력 계층의 재생산에 기여한다. 푸코는 "권력은 어디에나 존재한다"고 말했다.[16]

권력 계층은 뿌리 깊게 고착화돼 있지만, 5장에서 살펴봤듯 같은 목표를 향해 강하게 연대하는 집단행동을 통해 얼마든지 무너뜨릴 수 있다.[17] 다른 사람의 행동에 영향을 미치는 능력으로서 힘의 정의는 '확장하는 힘,' 곧 집단적인 힘의 영역까지 함축한다. 사람들은 집단적으로, 조직적으로 연대하여 다른 사람에게 영향을 미칠 수 있다. 이 같은 '함께하는 힘'은 조직 내에서 공통의 목표 달성을,[18] 사회 내에서 기존의 권력 체계 변화를 가능케 한다.[19]

확장하는 힘이든 함께하는 힘이든 힘에 관한 모든 개념은 '사회적 힘'을 다루고 있다. 그리고 힘의 관계는 본질적으로 상호관계에 있다. 1973년 정치이론가 한나 피트킨Hanna Pitkin은 다른 사람에게 행사하는 힘과 행동하는 힘을 확실히 구분했다. "한 사람이 다른 사람에게 힘을 행사할 수 있고, 이런 종류의 힘은 실제로 상호관계적이다. 하지만 오직 자신만의 힘으로 목표한 바를 성취할 수도 있다. 이때의 힘은 상호관계적이라고 볼 수 없다. 또 사회적, 정치적 행동을 목적으로 힘을 행사하고자 한다면 다른 사람을 참여시킬 수 있지만, 반드시 그럴 필요는 없다."[20] 이후 학자들은 행동하는 힘은 사회적 맥락에 따라 다를 수 있다는 점을 강조하며 행동하는 힘이 상호관계적이지 않다는 한나의 주장에 반기를 들었다.[21]

결론적으로 힘은 설득이나 강압을 통해 다른 사람에게 영향을 미치는 개인이나 집단의 능력과 관련돼 있다. 이런 능력은 가치 있는 자원에 대한 접근권을 통제하는 데서 비롯된다.[22]

—• 감사의 말 •—

이 책은 하버드대학교 및 토론토대학교 학생들이 심은 작은 씨앗에서 비롯됐다. 이후 전 세계를 무대로 다양한 연구를 수행하는 특권을 누릴 수 있었기에 비로소 열매를 맺을 수 있었다. 권력에 대한 학생들의 호기심, 답을 찾기 위한 연구, 가정과 직장, 나아가 사회 전체에 영향을 끼치고자 하는 열망은 집필 여정을 시작할 수 있었던 출발점이 되었다. 학생들 한 명 한 명의 참여와 지원 그리고 가르침에 깊은 감사를 전한다. 이 책이 그들이 답을 찾는 데 도움이 되고, 개인의 삶은 물론 사회 전체에 긍정적인 차이를 만드는 동력이 되길 바란다.

비록 책의 겉면에는 우리 두 사람의 이름만 올라가 있지만, 이 자리를 빌려 집필에 참여한 모든 분께 감사의 마음을 전한다.

먼저 저작권 대리인 역할을 해 준 엘레스 체이니. 그녀는 처음부터 친절하고 한결같은 태도로 우리의 집필 여정을 이끌었다. 우리에 대한, 책에 대한 신뢰와 함께 출간에 대한 그녀의 비전은 책 쓰기를 시작하는 불쏘시개 역할을 했다. 처음 만난 날부터 우리는 그녀의 뉴욕 사무실 화이트보드에 권력의 기본요소들을 빼곡히 적어 가며 수많은 이야기를 나누었다. 이후 엘레스는 늘 우리 편에서 귀중한 조언과 피드백을 수시로 건네며 책이 무사히 출간될 수 있도록 도왔다. 더불어 책이 출간되기까지 물심양면으로 지원해 준 엘레스 체이니 저작권 협회의 모든 관계자 분, 특별히 앨리슨 데브뢰, 클레어 길레스피, 이사벨 멘디아에게 깊은 감사를 전한다.

다음으로 이 책의 편집자인 사이먼 앤 슈스터 출판사의 스테파니 프레리히. 이 책을 향한 그녀의 열정은 끊임없는 영감과 자극이 되었다. 스테파니는 무수한 시간을 들여 여러 가지 버전의 원고를 읽고 편집했다. 그녀의 감각과 지혜, 다양한 관점은 책의 뼈대를 잡고, 콘텐츠를 정제해 글의 완성도를 높이는 데 크게 기여했다. 스테파니보다 더 좋은 파트너는 만날 수 없었을 거라 생각한다. 이와 함께 스테판 베드포드, 크리스틴 베른트, 앨리시아 브랜카토, 다나 케인디, 앨리슨 포너, 모감 하트, 엘리자베스 허만, 존 카프, 질리안 레빅, 매스 모나한, 르위린 폴카노, 리처드 로러, 에밀리 심슨 등 사이먼 앤 슈스터 출판사 모든 관계자께 깊은 감사의 말씀을 전한다.

더불어 인터뷰를 통해 자신의 경험과 지식, 지혜를 기꺼이 나눠 준 분들께도 특별한 감사를 표하고 싶다. 그들이 전해 준 이야기 중에는 책에 실린 것도, 실리지 못한 것도 많다. 하지만 우리가 만난 한 사람 한 사람 모두 우리에게 큰 영감을 주었고, 그분들 덕분에 권력에 관해 깊이 이해할 수 있었다. 인터뷰에 흔쾌히 응해 준 카렌 아담스, 모하마드 알 주르드, 가브리엘라 알라야, 시예 바스티다, 매리 버드, 데이비드 비티, 베스티 비몬, 캐럴 베파, 에스마 벤 하미다, 파

올라 버그나, 비카스 버마, 라토샤 브라운, 캐롤 브라우너, 타라나 버크, 캐롤 카루소, 루시아 카사데이, 스리레카 차크라보티, 사샤 차노프, 베라 코르데이로, 펜도 다우비, 셰릴 도시, 엘리나 듀몬트, 오마르 엔카르나시온, 세실 팔콘, 미간 팔론, 짐 프루처먼, 데이비드 저젠, 도로시 그린어웨이, 리아 그리마니스, 클라우드 그루니츠키, 프란시스 홀랜드, 마쉬루프 호사인, 타티아나 자마, 타와콜 카르만, 크리스틴 라가르드, 산드라 로페즈, 프란시스 니센, 아난드 마힌드라, 오리아나 맘비, 바네사 마토스, 안토인 민드짐바, 실비아 모스, 네주마 줌베, 타냐 네스테렌코, 엘렌 오초아, 토페 오군디페, 아이젠 푸, 마리아 라치드, 에밀리 라페티, 안드리아 라이머, 진 로저스, 길리암 루셀, 미리암 라이크스, 어바쉬 사니, 팔락 샤, 웬디 셔만, 브라이트 시몬스, 마리아 스펙, 댄 타버, 저스터스 우웨이예수, 도나텔라 베르사체, 플로렌스 버젤렌, 알렉산드리아 빌라세너, 글렌 웰, 미카 화이트, 메러디스 휘태커, 클라우딘 울프, 바네사 위체, 그리고 닝, 아카시 모두에게 진심으로 감사의 마음을 전한다. 닝, 아카시는 부득이 가명을 사용했다. 이와 함께 연구 프로젝트의 일환으로 15년 전 공동 연구로 처음 인연을 맺어 흔쾌히 인터뷰에 응해 준 영국 의료보장서비스[NHS] 의료진과 직원분 들께도 깊은 감사를 표한다. 보안상의 이유로 실명을 언급할 순 없지만, 그분들의 인터뷰를 통해 권력에 대해 좀 더 깊이 이해할 수 있었다.

이 책은 우리가 인터뷰한 다양한 인물과 연구진의 깊은 통찰을 바탕으로 쓰인 책이다. 따라서 우리는 서로 다른 상황에서, 나라에서, 학문적 관점에서 그들이 전해 준 깨달음과 지식에 큰 빚을 지고 있다. 일일이 다 열거할 수는 없지만, 그들의 아이디어와 생각을 정당하게 사용했길 바란다.

더불어 친구들, 동료들, 학생들 역시 책에 등장한 다양한 아이디어를 토론하고 논의하는 데 기꺼이 응해 주었다. 엘리자베스 앤더슨, 미셸 앤트비, 소피 바크, 로렌 베이컨, 시반 발리, 프랑코이스 본니치, 크리스틴 브루스치, 수잔 쿠퍼, 탐 드아노, 제리 데이비스, 앨리시아 드산톨라, 소피아 고메즈 드 실바, 스테판 디미트리아디스, 프랭크 도빈, 데이비드 이브스, 알누르 에브라힘, 더흐 엘멘도르프, 이사벨 페레라스, 아르콘 펑, 러비 그베보, 마티아 길마르틴, 매리안 글린, 로이스톤 그린우드, 모니카 히긴스, 라케시 쿠라나, 클레이튼 쿤즈, 니콜라스 크라위스, 마이클 리, 더치 레오나르드, 닉 레빗, 마이클 런즈버리, 요한나 마이르, 조슈아 마골리스, 존 메이어, 빅토리아 느구옌, 토마츠 오블로즈, 티모시 오브라이언, 앤 클레어 파치, 캐서린 파라다이스, 제프 폴저, 우디 파월, 빈센트 폰즈, 카쉬 란간, 수비 란간, 한나 릴리 바울스, 마티아스 리세, 크리르티안 실로스, 조지 세라핌, 진 클라우드 토잉, 애니 트라인크, 브라이언 트렐스태드, 데이비드 우드, 에빌린 장 모두에게 감사의 마음을 전한다.

또 집필 과정에서 아끼지 않고 조언해 준 이리스 보넷, 다이아나 카파조, 미히르 드사이, 짐 피셔, 애덤 그랜트, 사라 카플란, 마리사 킹, 크리스 마르키스, 제리 멜란드, 쉐바 멜란드, 가탐 무쿤다, 아들린 사이어, 그레그 스톤, 마이클 츠만, 마조리 윌리암스, 헨리 팀, 안드레아 틸식에게도 진심으로 감사한 마음을 전한다.

이와 함께 원고를 꼼꼼히 읽고 편집 과정에서 다양한 제안을 해

준 에밀리 오구리, 에리카 체노웨스, 마이클 푸어스틴, 마샬 갠즈, 미셸 겔판드, 아비 골드파브, 존 자치모윅, 미셸 라몬트, 로버트 리빙스톤, 모데카이 리온, 빌 맥에빌리, 줄리 미로카, 스웨타 라자, 새트윅 샤마, 티예잉 유에게 특별히 감사의 마음을 전한다.

또 원고를 처음부터 끝까지 한 장 한 장 읽고 세세하게 조언해준 벤자민 압탄 시갈 바세이드, 캐롤 카루소, 세실 팔콘, 캐롤린 파우어, 바바라 로렌스, 매튜 리, 우마이마 멘드로, 아예샤 나이르, 디파 푸루쇼다만, 메틴 센굴, 차닝 스펜서, 엘리엇 스톨러, 아듀크 델웰, 줄리 엔, 마셀라 진게레비츠에게도 진심 어린 감사를 전한다. 특히 원고를 두 번이나 읽고 우리와 무수한 이야기를 나누며 생각을 나누어 준, 끝없는 나의 전화 공세에도 귀찮은 기색 한 번 없이 기꺼이 함께해 준 라크시미 라마라잔, 그리고 책의 뼈대를 다시 잡고 바로 세우는 작업을 도와 준 피터 스코블릭에게 특별한 고마움을 표하고 싶다.

더불어 사회 혁신 및 변화 이니셔티브, 하버드 케네디 스쿨 공공 리더십 센터, 하버드 비즈니스 스쿨 사회적 기업가 이니셔티브 등의 단체에도 깊이 감사하는 마음이다. 또 인터뷰 대상자를 소개하는 일부터 원고를 읽고 수정하며, 우리의 아이디어를 확대하는 작업까지 집필 과정 내내 많은 도움을 주었던 브리카니 버틀러, 콜린 켈리, 인고 미셸펠더, 앨리 필립스, 알론드라 라미레즈, 무 치 윤에게도 감사를 전하고 싶다. 이와 함께 로트먼 팀, 그중에서도 특히 이 책의 긍정적인 영향력을 확신했던 카렌 크리스튼슨, 다니엘 엘렁, 켄 맥구핀, 수전 토빈에게 감사의 마음을 전한다.

이 책은 열정과 헌신으로 함께해 준 많은 파트너가 있었기에 무사히 출간될 수 있었다. 제이슨 거돔은 집필 과정에서 필요한 원격 회의 시설을 지원해 주었다. 리비 퀸은 각종 인터뷰 준비부터 원고 피드백, 책의 핵심 아이디어 전개에 이르기까지 전방위적 도움을 주었다. 그녀의 역할은 정말 컸다. 두 사람에게 깊은 감사를 전한다. 이와 함께 연구 조교로 많은 도움을 준 에밀리 그랜드진, 매트 히긴스, 마리사 킴지, 레스젝 크롤, 모디 사베티, 알렉스 우발리조로에게도 꼭 감사의 마음을 표하고 싶다. 그토록 재능 있고 열정적인 학생들과 함께 수 있어 정말 감사한 마음이었다.

무엇보다 책의 콘셉트를 정하는 데서부터 집필이 끝날 때까지 큰 도움을 준 카라 셰퍼드 존스, 난 스톤에게 특별한 감사를 전하고 싶다. 이번 집필 과정에서 보여준 카라 셰퍼드 존의 열정과 야망은 내게 끊임없는 동기부여가 되었다. 그녀는 아주 사소한 것부터 큰 것에 이르기까지 집필 과정의 전반을 함께해 주었다. 작가로서, 연구자로서, 사회 활동가로서 그녀의 수많은 지식과 통찰은 이 책 곳곳에 녹아 있다. 이와 함께 난 스톤의 지혜와 능력, 무한한 지지가 없었다면 집필 여정을 결코 성공적으로 끝내지 못했을 것이다. 늘 넓고 따뜻한 마음으로, 그러나 편집에 관해서는 예리하게 조언해 준 그녀 덕분에 책은 편집을 거듭하며 훨씬 개선되었다. 그녀는 훌륭한 작가요, 내게는 소중한 친구다.

세월이 흘러도 변치 않는 사랑과 믿음으로 우리를 격려해 주시는 부모님께도 진심으로 감사의 마음을 전하고 싶다. 또 주어진 삶을 온전히 살아내도록, 세상의 아름다움을 축복할 수 있도록 늘 좋은 영감을 주는 우리의 형제자매 에밀리와 라파엘에게도 깊은 감사를 전한다. 어느 때고 도움이 필요하면 늘 편히 기댈 수 있는 어깨를 내어 주고, 내가 바쁠 때면 아이들을 도맡아 보살펴 주며 집필에만 몰두할 수 있게 도와 준 우리 남편들, 로메인과 네드에게도 진심 어린 감사를 전하고 싶다. 또 지칠 줄 모르는 에너지와 유머, 아이디어로 늘 재잘거리며 따스한 포옹과 뽀뽀를 아끼지 않는 소중한 우리 아이들. 노에와 루. 그리고 소히어와 리비아. 어린아이답지 않은 지혜와 인내를 보여 준 아이들 덕분에 무사히 집필을 마칠 수 있었다. 가족이 가장 큰 힘이었다. 이들이 없었다면 아무것도 이루지 못했을 것이다.

끝으로 지금보다 공정하고, 민주적이며, 친환경적인 사회를 만들기 위해 끊임없이 노력하는 모든 분께 감사의 마음을 전하고 싶다. 그분들은 집필 과정에 큰 영감을 주었다. 그분들의 노력이 얼마나 중요한지, 그러나 얼마나 어려운지 잘 알고 있다. 그래서 무한한 존경과 감사를 표하고 싶다. 이 책이 부디 그분들의 노력에 힘이 되어, 더 많은 사람이 그 노력에 참여할 수 있기를 바란다.

서문. 힘에 대한 오해
—

1 Plato, Plato's Republic, Book II (Agora Publications, 2001): 47-48.

2 Niccolò Machiavelli, De Principatibus/Il Principe (Antonio Blado d'Asola, 1532).

1장. 힘의 근원
—

1 Lia Grimanis, Keynote Talk at International Women's Forum, World Leadership Conference, Toronto, November 15, 2017.

2 Grimanis, Keynote Talk.

3 Grimanis, Keynote Talk.

4 국제코칭연맹(ICF)은 전문성 개발의 정도에 따라 인증 제도가 다르다. 협회인증코치(ACC), 전문인증코치(PCC), 마스터인증코치(MCC)로 구분되며 많은 코치가 운영코치로 일한다. 모든 코치는 CPA, CFA 등과 같은 성문화된 방법론을 따른다. 리아는 오직 ICF 인증 코치만을 영입했다.

5 리아 그리마니스와 작가들과의 대화, 2019년 6월, 2019년 9월, 2020년 10월.

6 리아 그리마니스와 작가들과의 대화.

7   전문 코치진과 작가들과의 대화, 2020년 8월.

8   Mary Parker Follett, *Dynamic Administration: The Collected Papers of Mary Parker Follett, eds.* Henry C. Metcalf and L. Urwick (New York-London: Harper & Brothers, 1942), 101; see also Mary Parker Follett, Creative Experience (New York: Longmans, Green, & Co., 1924), xiii.

9   Pam Houston, "The Truest Eye," *O, the Oprah Magazine,* November 2003, accessed December 10, 2020, http://www.oprah.com/omagazine/toni-morrison-talks-love/4/.

10 이 도표는 에머슨의 권력 균형 전략을 적용한 사례를 보여 준다. Richard M. Emerson, "Power-Dependence Relations," American Sociological Review 27, no. 1 (1962): 31-41.

11 Andrew Francis-Tan and Hugo M. Mialon, "'A Diamond Is Forever' and Other Fairy Tales: The Relationship Between Wedding Expenses and Marriage Duration." *Economic Inquiry* 53, no. 4 (2015): 1919-30.

12 Stefan Kanfer, *The Last Empire: De Beers, Diamonds, and the World* (New York: Farrar, Straus and Giroux, 1995): 270-72.

13 Edward J. Epstein, *The Rise & Fall of Diamonds* (New York: Simon & Schuster, 1982): 125-26.

14 Francis-Tan and Mialon, "A Diamond Is Forever."

15 사회심리학자 로버트 치알디니는 인지된 자원의 가치에 영향을 미치는 6가지 전술을 식별했다. 여기에는 자원이 희소하다는 것을 느끼도록 하는 것에서부터 우리가 존경하고 신뢰하는 권위자가 해당 자원을 추천한다는 것, 호의를 베풀거나 선물을 주어 사회적 의무를 느끼게 하는 것, 상대방이 보답을 원할 때 적절한 것으로 보답하는 것, 공개 성명을 발표하도록 압박하는 것, 칭찬을 통해 좀 더 가까워지는 것, 주변 사람들의 행동을 보여 주고 그와 똑같이 하라고 압박하는 것이 포함된다. 구체적인 내용은 다음 자료를 확인하기 바란다. Robert B. Cialdini, *Influence: The Psychology of Persuasion,* vol. 55 (New York: Collins, 2007).

16 Anne Bowers, "Category Expectations, Category Spanning, and Market Outcomes," *Advances in Strategic Management*, 32 (2015): 241-276.

17 Alexandra Wexler, "De Beers Diamonds Reflect a Changing Market," *The Wall Street Journal*, November 30, 2019, https://www.wsj.com/articles/de-beers-diamonds-reflect-a-changing-market-11575109800.

18 Robert H. Frank, *Luxury Fever: Why Money Fails to Satisfy in an Era of Excess* (Free Press, 2001); Thomas Biesheuvel, "The Elite Club That Rules the Diamond World Is Starting to Crack," *Bloomberg*, July 29, 2019, https://www.bloomberg.com/news/articles/2019-07-29/the-elite-club-that-rules-the-diamond-world-is-starting-to-crack.

19 Lara Ewen, "Rock Bottom: Tracing the Decline of Diamond Retail," *Retail Dive*, June 18, 2019, https://www.retaildive.com/news/rock-bottom-tracing-the-decline-of-diamond-retail/555795/.

20 Edahn Golan, "De Beers's Market Share Falls in 2019, Hides a Surprise," *Rubel & Ménasché*, October 8, 2020, https://www.rubel-menasche.com/en/de-beers-market-share-falls-in-2019-hides-a-surprise/.

21 Emerson, "Power-Dependence Relations."

22 National Portrait Gallery, "Lyndon Johnson and the 'Johnson Treatment,'" accessed November 18, 2020, https://npg.si.edu/blog/lyndon-johnson-and-johnson-treatment.

23 "Stay Tuned: Campaign 'Spying' & the Ways and Means of Power (with Bob Caro)," *café*, April 11, 2019, https://cafe.com/stay-tuned/stay-tuned-campaign-spying-the-ways-and-means-of-power-with-bob-caro/.

24 Robert A. Caro, *Master of the Senate* (Westminster, MD: Knopf Doubleday Publishing Group, 2009), 153.

25 〈응용심리학저널〉의 2008년 기사에서 앤더슨, 스파타로, 플린 세 학자는 외향적인 사람들은 팀 지향적인 조직에서 더 많은 영향력을 행사하는 반면, 기술 분야 등 개인 지향적인 조직에서 가장 많은 영향력을 발휘하는 사람은 양

심적이고 성실한 사람이었다. 이에 관한 내용은 다음에 구체적으로 언급돼 있다. Cameron Anderson, Sandra Spataro, and Francis Flynn, "Personality and Organizational Culture as Determinants of Influence," *Journal of Applied Psychology* 93, no. 3 (2008): 702-10.

26   Raoul Girardet, *Mythes et mythologies politiques* (Seuil, 1986).

27   Lee Ross, "The Intuitive Psychologist and His Shortcomings: Distortions in the Attribution Process," in *Advances in Experimental Social Psychology*, ed. Leonard Berkowitz, vol. 10 (Academic Press, 1977), 173-220.

28   "Pride goeth before destruction, and a haughty spirit before a fall," *King James Bible*, Proverbs 16:18.

2장. 힘은 더러울 수 있다. 하지만 꼭 그럴 필요는 없다
—

1   Robert Greene, *The 48 Laws of Power* (New York: Penguin Books, 2000), 16, 56, 89, 101.

2   Niccolò Machiavelli, *The Prince*, trans. W. K. Marriott (London & Toronto: E. P. Dutton & Co., 1908), 134.

3   Paul Rozin and Edward B. Royzman, "Negativity Bias, Negativity Dominance, and Contagion," *Personality and Social Psychology Review* 5, no. 4 (2001): 296-320.

4   Saul Alinsky, *Rules for Radicals: A Pragmatic Primer for Realistic Radicals* (New York: Vintage Books, 1989), 51.

5   Bertrand Russell, *Power: A New Social Analysis* (Psychology Press, 2004), 12.

6   Miriam Rykles in discussion with the authors, April 2019 and February 2020.

7   전체적인 내용은 다음 자료를 참고하기 바란다. Dacher Keltner, *The Power Paradox: How We Gain and Lose Influence* (New York: Penguin Press, 2016). See also Adam D. Galinsky et al., "Power and Perspectives Not Taken,"

Psychological Science 17, no. 12 (2006): 1068-74; Deborah H. Gruenfeld et al., "Power and the Objectification of Social Targets," *Journal of Personality and Social Psychology* 95, no. 1 (2008): 111-27; Joe C. Magee and Pamela K. Smith, "The Social Distance Theory of Power," *Personality and Social Psychology Review*, no. 2 (May 2013): 158-86.

8   Simon Baron-Cohen et al., "The 'Reading the Mind in the Eyes' Test Revised Version: A Study with Normal Adults, and Adults with Asperger Syndrome or High-Functioning Autism," *Journal of Child Psychology and Psychiatry and Allied Disciplines* 42, no. 2 (2001): 241-51.

9   Michael W. Kraus et al., "Social Class, Contextualism, and Empathic Accuracy," *Psychological Science* 21, no. 11 (2010): 1716-23.

10 Cameron Anderson et al., "The Local-Ladder Effect: Social Status and Subjective Well-Being," *Psychological Science* 23, no. 7 (2012): 764-71.

11 Vanessa K. Bohns and Scott S. Wiltermuth, "It Hurts When I Do This (or You Do That): Posture and Pain Tolerance," *Journal of Experimental Social Psychology* 48, no. 1 (2012): 341-5.

12 Petra C. Schmid and Marianne Schmid Mast, "Power Increases Performance in a Social Evaluation Situation as a Result of Decreased Stress Responses," *European Journal of Social Psychology* 43, no. 3 (2013): 201-11.

13 Cameron Anderson and Adam D. Galinsky, "Power, Optimism, and RiskTaking," *European Journal of Social Psychology* 36, no. 4 (2006): 511-536.

14 Robert Graves, *The Greek Myths* (Mt. Kisco, NY: Moyer Bell, 1988).

15 Graves, *The Greek Myths*, 313.

16 Dacher Keltner et al., "Power, Approach, and Inhibition," *Psychological Review* 110, no. 2 (2003): 265-84; Nathanael J. Fast et al., "Illusory Control: A Generative Force Behind Power's Far-Reaching Effects," *Psychological Science* 20, no. 4 (2009): 502-8.

17 상게서, "Illusory Control," 502-8.

18 데이비드 게르겐과 작가들과의 대화 - 2019년 6월. 데이비드의 다음 자료도 참고하기 바란다. *Eyewitness to Power: The Essence of Leadership Nixon to Clinton* (New York: Simon & Schuster, 2000).

19 François Hollande in discussion with the authors, July 2019.

20 "Acton-Creighton Correspondence" (1887), accessed December 9, 2020, https://oll.libertyfund.org/title/acton-acton-creighton-correspondence.

21 도덕적 순결은 도덕적 관점에서 자신을 깨끗하다고 여기는 생각에서 파생된 것으로 도덕적으로 선하다는 인식으로 이어진다. 체화된 인지에 관한 연구에 따르면 사람들은 도덕적으로 불순한 행동으로 인해 더러움을 느낄 때 심리적으로 자신을 더 깨끗하게 하고 싶은 욕구를 표출한다. 도덕적 불순함에 대한 무의식의 감정은 다음 자료에 보다 구체적으로 기술돼 있다. *Science* 313, no. 5792 (2006): 1451-2. See also Spike Lee and Norbert Schwarz, "Dirty Hands and Dirty Mouths: Embodiment of the Moral-Purity Metaphor Is Specific to the Motor Modality Involved in Moral Transgression," *Psychological Science* 21, no. 10 (2010): 1423-5.

22 William Shakespeare, *Macbeth*, Act 5, Scene 1.

23 Tiziana Casciaro, Francesca Gino, and Maryam Kouchaki, "The Contaminating Effects of Building Instrumental Ties: How Networking Can Make Us Feel Dirty," *Administrative Science Quarterly* 59, no. 4 (2014): 705-35.

24 Tiziana Casciaro, Francesca Gino, and Maryam Kouchaki, "Learn to Love Networking," *Harvard Business Review* 94, no. 5 (2016): 104-7.

25 Casciaro, Gino, and Kouchaki, "The Contaminating Effects," 705-35.

26 Vera Cordero in discussion with the authors, September 2018 and February 2019.

27 Julie Battilana et al., "Associação Saúde Criança: Trying to Break the Cycle of Poverty and Illness at Scale," Harvard Business School Case 419-048, 2018.

28 Battilana et al., "Associação Saúde Criança."

29　Casciaro, Gino, and Kouchaki, "Learn to Love Networking," 104-107.

30　도덕적 행위가 아님에도 자신의 행위를 도덕적이라고 스스로 설득하는 이 행위는 인지적 부조화를 극복하는 방법이다. 구체적인 내용은 다음 자료를 참고하기 바란다. Leon Festinger, *A Theory of Cognitive Dissonance* (Stanford: Stanford University Press, 1957).

31　"Princess Diana: A 'Modern' Mother Who Ripped Up the Rule Book," *HistoryExtra*, November 3, 2020, https://www.historyextra.com/period/20th-century/princess-diana-mother-parenting-william-harry-mother-son-relationship/.

32　David Eagleman, *Livewired: The Inside Story of the Ever-Changing Brain* (New York: Pantheon Books, 2020).

33　Jamil Zaki, *The War for Kindness: Building Empathy in a Fractured World* (New York: Crown, 2019).

34　C. Daniel Batson et al., "Empathy and Attitudes: Can Feeling for a Member of a Stigmatized Group Improve Feelings Toward the Group?" *Journal of Personality and Social Psychology* 72, no. 1 (1997): 105-18.

35　Fernanda Herrera et al., "Building Long-Term Empathy: A Large-Scale Comparison of Traditional and Virtual Reality Perspective-Taking," *PLOS ONE* 13, no. 10 (2018): e0204494.

36　Christopher J. Patrick, ed., *Handbook of Psychopathy*, 2nd ed. (New York: Guilford Publications, 2019).

37　Harma Meffert et al., "Reduced Spontaneous but Relatively Normal Deliberate Vicarious Representations in Psychopathy," *Brain* 136, no. 8 (2013): 2550-62.

38　Hazel R. Markus and Shinobu Kitayama, "Culture and the Self: Implications for Cognition, Emotion, and Motivation," *Psychological Review* 98, no. 2 (1991): 224-53; Theodore M. Singelis, "The Measurement of Independent and Interdependent Self-Construals," *Personality and Social Psychology Bulletin*

20, no. 5 (1994): 580-91; Serena Chen, "Social Power and the Self," *Current Opinion in Psychology* 33 (2020): 69-73.

39 For an example, see Wendi L. Gardner, Shira Gabriel, and Angela Y. Lee, "'I' Value Freedom, but 'We' Value Relationships: Self-Construal Priming Mirrors Cultural Differences in Judgement," *Psychological Science* 10, no. 4 (1999): 321-6.

40 자아 발달의 저명한 심리학적 모델은 다음 자료를 참고하기 바란다. Lene Rachel Anderson and Tomas Björkman, *The Nordic Secret: A European Story of Beauty and Freedom* (Stockholm: Fri Tanke, 2017).

41 Matthieu Ricard, *Altruism: The Power of Compassion to Change Yourself and the World*, translated ed. (New York: Little, Brown & Co., 2015); Thich Nhat Hanh, *The Art of Power* (New York: HarperCollins, 2009).

42 Analayo, *Satipatthana Meditation: A Practice Guide* (Cambridge, UK: Windhorse Publications, 2018).

43 피터 새들미어의 다음 자료를 참고하기 바란다. "The Psychological Effects of Meditation: A Meta-Analysis," *Psychological Bulletin* 138, no. 6 (2012): 1139-71.

44 Martin Luther King Jr., "A Christmas Sermon on Peace," December 24, 1967.

45 Cem Çakmaklı, Selva Demiralp, S.ebnem Kalemli-Özcan, Sevcan Yes¸iltas¸, and Muhammed A. Yıldırım, "The Economic Case for Global Vaccinations: An Epidemiological Model with International Production Networks," w28395, National Bureau of Economic Research, January 2021.

46 John Vidal and Ensia, "Destroyed Habitat Creates the Perfect Conditions for Coronavirus to Emerge," *Scientific American*, March 18, 2020, https://www.scientificamerican.com/article/destroyed-habitat-creates-the-perfect-conditions-for-coronavirus-to-emerge/.

47 Karin Brulliard, "The Next Pandemic Is Already Coming, Unless Humans Change How We Interact with Wildlife, Scientists Say," *Washington Post*,

April 3, 2020, https://www.washingtonpost.com/science/2020/04/03/coronavirus-wildlife-environment/.

48 Mary Beard, *The Roman Triumph* (Cambridge, MA: Belknap Press, 2009).

49 이 이미지는 대중 인식에 오래도록 자리했지만, 이에 대한 증거가 명확하지 않고 서로 다른 출처 간 해석이 분분하다. 정리된 자료는 다음 내용을 참고하기 바란다. Beard, *The Roman Triumph*, 85-92.

50 Mashroof Hossain in discussion with the authors, May 2019 and June 2019.

51 "Rohingya," *Britannica Academic*, Encyclopædia Britannica, 2020.

52 Hannah Beech, Saw Nang, and Marlise Simons, "'Kill All You See': In a First, Myanmar Soldiers Tell of Rohingya Slaughter," *New York Times*, September 8, 2020, www.nytimes.com/2020/09/08/world/asia/myanmar-rohingya-genocide.html.

53 Amy Edmondson, *The Fearless Organization: Creating Psychological Safety in the Workplace for Learning, Innovation, and Growth* (Hoboken, NJ: Wiley, 2018); Amy Edmondson, "Psychological Safety and Learning Behavior in Work Teams," *Administrative Science Quarterly* 44, no. 2 (1999): 350-83.

54 줄리아 로조브스키의 다음 자료도 참고하기 바란다. "The Five Keys to a Successful Google Team," 2015, https://rework.withgoogle.com/blog/five-keys-to-a-successful-google-team/.

55 Bradley P. Owens, Michael D. Johnson, and Terence R. Mitchell, "Expressed Humility in Organizations: Implications for Performance, Teams, and Leadership," *Organization Science* 24, no. 5 (2013): 1517-1538. In *Think Again: The Power of Knowing What You Don't Know* (Viking, 2021), Adam Grant also shines a light on humility as essential to keeping an open mind, learning, and improving decision-making.

56 줄리 엑스라인, 피터 힐의 다음 자료도 참고하기 바란다. "Humility: A Consistent and Robust Predictor of Generosity," *Journal of Positive Psychology* 7, no. 3 (2012): 208-18; Jordan Paul Labouff et al., "Humble

Persons Are More Helpful than Less Humble Persons: Evidence from Three Studies," *Journal of Positive Psychology* 7, no. 1 (2012): 16-29.

57   사람들이 강력한 정치 지도자를 선출하기 위해 사용해야 하는 또 다른 기준에 관한 내용은 다음 자료를 참고하기 바란다. Gautam Mukunda, *Picking Presidents: How to Make the Most Important Decision in the World* (Oakland, CA: University of California Press, forthcoming 2022).

58   Danielle V. Tussing, "Hesitant at the Helm: The Effectiveness-Emergence Paradox of Reluctance to Lead," (PhD diss., University of Pennsylvania, 2018), 1-118.

59   권위주의적 태도와 그로 인한 결과에 관한 자료는 다음 내용을 확인하기 바란다. Bob Altemeyer, *The Authoritarian Specter* (Cambridge, MA: Harvard University Press, 1996); Daniel Stevens, Benjamin G. Bishin, and Robert R. Barr, "Authoritarian Attitudes, Democracy, and Policy Preferences among Latin American Elites," *American Journal of Political Science* 50, no. 3 (2006): 606-620; and Matthew C. MacWilliams, *On Fascism: Lessons from American History* (London: St. Martin's Press, 2020).

60   Anita Williams Woolley et al., "Evidence for a Collective Intelligence Factor in the Performance of Human Groups," *Science* 330, no. 6004 (2010): 686-8.

61   Marko Pitesa and Stefan Thau, "Masters of the Universe: How Power and Accountability Influence Self-Serving Decisions under Moral Hazard," *Journal of Applied Psychology* 98, no. 3 (2013): 550-8.

62   Amy Edmondson, "The Competitive Imperative of Learning," *Harvard Business Review* 86, no. 7-8 (2008): 60.

3장. 사람들은 어디에 가치를 두는가?
—

1   유교, 힌두교, 불교, 플라톤 사상, 기독교, 이슬람, 칸트 철학 등 인간 본성에 대

한 본질적 견해의 요약과 비교는 다음 자료에서 확인할 수 있다. Leslie Forster Stevenson, *Thirteen Theories of Human Nature* (Oxford: Oxford University Press, 2018).

2 Mihaly Csikszentmihalyi, *Flow: The Psychology of Optimal Experience* (New York: Harper, 2008), 8.

3 Johannes Gerschewski, "The Three Pillars of Stability: Legitimation, Repression, and Co-Optation in Autocratic Regimes," *Democratization* 20, no. 1 (2013): 13-38.

4 Diego Gambetta, *The Sicilian Mafia: The Business of Private Protection* (Cambridge, MA: Harvard University Press, 1996).

5 United Nations Office on Drugs and Crime, "Global Study on Homicide 2018: Gender-Related Killing of Women and Girls," 2018; Jan Stets, *Domestic Violence and Control* (New York: Springer-Verlag, 1988).

6 Margaret W. Linn, Richard Sandifer, and Shayna Stein, "Effects of Unemployment on Mental and Physical Health," *American Journal of Public Health* 75, no. 5 (1985): 502-6.

7 Michael Grabell, "Exploitation and Abuse at the Chicken Plant," *The New Yorker*, May 8, 2017, https://www.newyorker.com/magazine/2017/05/08/exploitation-and-abuse-at-the-chicken-plant.

8 David Nakamura and Greg Miller, "'Not Just Chilling but Frightening': Inside Vindman's Ouster amid Fears of Further Retaliation by Trump," *Washington Post*, February 8, 2020, https://www.washingtonpost.com/politics/not-just-chilling-but-frightening-inside-vindmans-ouster-amid-fears-of-further-retaliation-by-trump/2020/02/08/7d5ae666-4a90-11ea-bdbf-1dfb23249293_story.html.

9 Thomas Hobbes, *Leviathan,* ed. C. B. Macpherson (New York: Penguin, 1985).

10 Philip Pettit, *Just Freedom: A Moral Compass for a Complex World* (New York: W. W. Norton, 2014), xxvi.

11 Babu-Kurra, "How 9/11 Completely Changed Surveillance in U.S.," *WIRED*, September 11, 2011, https://www.wired.com/2011/09/911-surveillance/. 통제의식을 약화하는 불확실성과 위협을 경험할 때 사람들은 구조와 질서를 제공하는 정부기관의 정당성을 옹호하는 경향이 있다. 이와 관련된 내용은 다음 자료에 구체적으로 소개돼 있다. Aaron C. Kay, Jennifer A. Whitson, Danielle Gaucher, and Adam D. Galinsky, "Compensatory Control: Achieving Order Through the Mind, Our Institutions, and the Heavens," *Current Directions in Psychological Science* 18, no. 5 (2009): 264-268.

12 Toshiko Kaneda and Carl Haub, "How Many People Have Ever Lived on Earth?" Population Reference Bureau, January 23, 2020, https://www.prb.org/howmanypeoplehaveeverlivedonearth/.

13 사람들의 자기관에 대한 고전적인 치료 방법은 다음 자료에 소개돼 있다. Morris Rosenberg, *Conceiving the Self* (New York: Basic Books, 1979). 자존감은 자아 개념의 구성요소다. 자아 개념은 스스로 자신을 어떻게 보는가에 관한 것이고, 자존감은 자신을 평가하는 방식에 관한 것이다. 이에 관한 구체적인 내용은 다음 자료를 확인하기 바란다. Jim Blascovich and Joseph Tomaka, "Measures of Self-Esteem," in *Measures of Personality and Social Psychological Attitudes*, vol. 1, eds. John Robinson, Phillip Shaver, and Lawrence Wrightsman (San Diego: Academic Press, 1991), 115-60.

14. 심리학의 핵심 개념인 자존감은 실존적 의미와 중요성 같은 유사한 개념과의 차이를 나타내는 데 있어 논란의 여지가 있다. 자부심의 척도는 실존적 불안이 우리의 가치를 긍정적으로 봐야 하는 필요성과 연관돼 있다는 견해를 뒷받침하는데, 이 같은 자부심의 척도는 실존적 의미의 척도뿐 아니라 특히 다른 사람에 대한 중요성 척도와 높은 상관관계가 있다. 이에 관한 내용은 다음 자료에 소개돼 있다. Andrew Reece et al., "Mattering Is an Indicator of Organizational Health and Employee Success," *The Journal of Positive Psychology* 16, no. 2 (2019): 1-21.

15 자존감을 개인의 상위 목표로 보는 관점은 에이브러햄 매슬로우의 욕구 5단

계 이론에 뿌리를 두고 있다. 매슬로우는 자존감을 자아실현 욕구의 하위단계로 보았다. 이 내용은 다음 자료에서 구체적으로 확인할 수 있다. (Abraham Maslow, "A Theory of Human Motivation," *Psychological Review* 50, no. 4 [1943]: 370-96). 그러나 이후 심리학자들은 자아실현의 욕구는 다른 사람으로부터 얻는 외적 존중이 아닌 나 자신으로부터 얻는 내적 존중이 필요하다고 언급했다. 클레이튼 앨더퍼의 ERG 이론은 매슬로우의 모델을 존재의 욕구, 관련성의 욕구, 성장의 욕구 3가지 범주로 재구성했다. 존재의 욕구는 사람들의 기본적인 생리적 욕구와 안전의 욕구와 관련이 있다. 관련성의 욕구는 매슬로우의 사회적 욕구와 자존감의 외부 구성요소와 관련이 있는 사회 및 지위 욕구에 해당한다. 성장의 욕구는 매슬로우의 존경 욕구 및 자아실현 욕구에 해당하는 것으로 개인적 성장에 관한 내재적 욕구를 의미한다. 이에 관해서는 다음 자료를 참고하기 바란다. Clayton Alderfelder, "An Empirical Test of a New Theory of Human Needs," *Organizational Behavior and Human Performance* 4, no. 2 [1969]: 142-75). 사람들은 하위 욕구가 충족되고 난 후에야 비로소 상위 욕구를 충족하고자 한다는 계층적 욕구 이론은 다양하게 존재한다. 그러나 확실한 것은 사람은 유능하고, 사랑받을 가치가 있고, 도덕적으로 선하고, 그룹 내에서 높은 지위를 가지고 있다는 자체 평가로부터 자부심을 얻는다. 이런 관점에서 자존감은 절대적 욕구다.

16　Susan T. Fiske and Shelley E. Taylor, *Social Cognition: From Brains to Culture* (Los Angeles: SAGE, 2013), 123-24.

17　For a psychological view of secure and fragile self-esteem, see Michael Kernis, "Toward a Conceptualization of Optimal Self-Esteem," *Psychological Inquiry* 14, no. 1 (2003): 1-26; Jennifer Crocker and Lora E. Park, "The Costly Pursuit of Self-Esteem," *Psychological Bulletin* 130, no. 3 (2004): 392-414. 흥미롭게도 불교는 자신에 대해 지나치게 집중하는 것 자체를 초월한다는 관점에서 자존감과는 아무 관련이 없어 보인다. 하지만 무너지기 쉬운 불안정한 모습과 안정된 자존감 사이에서 평형을 찾는 것으로 이해될 수 있다.

18　안정된 자존감에 대한 이 같은 견해는 현대의 도덕 철학을 반영한다. 현대 도

덕 철학에서 진정성은 맹목적인 태도와 함께 외부에서 부과한 가치 코드의 기계적 수용을 거부한다. 이때 진정성이란 그 사람이 누구인지, 즉 개성을 표현하는 동기와 추론에서 기인한다. 보다 구체적인 내용은 다음 자료를 참고하기 바란다. Somogy Varga, *Authenticity as an Ethical Ideal* (New York: Routledge, 2012). For other sources, see Jacob Golomb, *In Search of Authenticity: From Kierkegaard to Camus* (London: Routledge, 1995); Charles Taylor, *The Ethics of Authenticity* (Cambridge, MA: Harvard University Press, 1991). 자존감이 높다고 해서 자신을 개선하는 데 관심이 없는 건 아니다. 실패는 누군가에게 매우 실망스러운 경험으로 더 나은 사람이 되고자 하는 동기를 제공하지만, 기본적인 자기 수용과 자기 가치까지 침해하진 않는다. 자존감 추구와 관련한 철학적 논의에 대해서는 다음 자료를 참고하기 바란다. Kwame Anthony Appiah, *The Honor Code* (New York: W. W. Norton, 2010); Geoffrey Brennan and Philip Pettit, *The Economy of Esteem: An Essay on Civil and Political Society* (Oxford: Oxford University Press, 2005). For the link between authenticity and the sense of power, see Sandra E. Cha et al., "Being Your True Self at Work: Integrating the Fragmented Research on Authenticity in Organizations," *Academy of Management Annals* 13, no. 2 (July 2019): 633-1; Muping Gan, Daniel Heller, and Serena Chen, "The Power in Being Yourself: Feeling Authentic Enhances the Sense of Power," *Personality and Social Psychology Bulletin* 44, no. 10 (October 1, 2018): 1460-72.

19 사회 심리학자 세이모르 엡스타인은 계층적 모델을 이론화했다. 이때 전반적인 자존감이 개인의 자기평가에 첫 번째 영역이고, 두 번째 영역은 일반적인 능력과 도덕적 자기 승인, 사랑받을 만한 가치에 대한 부분이다. 우리는 이와 비슷한 모델을 개발했다. 첫 번째 영역이 안전감과 자존감의 영역, 이를 채우는 두 번째 영역에는 물질 및 사회 지위적 욕구, 성취의 욕구, 소속감의 욕구, 도덕성의 욕구가 포함된다. 구체적인 내용은 다음 자료를 참고하기 바란다. Seymour Epstein, "Self-Concept Revisited: Or a Theory of a Theory," *American Psychologist* 28, no. 5 (1973): 404-16.

20   Geoffrey Supran and Naomi Oreskes, "Assessing ExxonMobil's Climate Change Communications (1977-2014)," *Environmental Research Letters* 12, no. 8 (2017): 1-18.

21   M. B. Glaser, "Exxon Primer on CO2 Greenhouse Effect," Memo to Exxon Management, 1982; Lisa Song, Neela Banerjee, and David Hasemeyer, "Exxon Confirmed Global Warming Consensus in 1982 with In-House Climate Models," *Inside Climate News*, September 22, 2015, https://insideclimatenews.org/news/22092015/exxon-confirmed-global-warming-consensus-in-1982-with-in-house-climate-models/.

22   Jane Mayer, *Dark Money: The Hidden History of the Billionaires Behind the Rise of the Radical Right* (New York: Knopf, 2017).

23   Robert J. Brulle, "Institutionalizing Delay: Foundation Funding and the Creation of U.S. Climate Change Counter-Movement Organizations," *Climatic Change* 122, no. 4 (2014): 681-94.

24   Amy Lieberman and Susanne Rust, "Big Oil Companies United to Fight Regulations, but Spent Millions Bracing for Climate Change," *Los Angeles Times*, December 31, 2015, https://www.latimes.com/nation/la-na-oil-operations-20151231-story.html.

25   Noam Chomsky, *Who Rules the World?* (New York: Henry Holt, 2016).

26   George Marshall, *Don't Even Think About It: Why Our Brains Are Wired to Ignore Climate Change* (New York: Bloomsbury, 2015).

27   Milton Friedman, "A Friedman Doctrine: The Social Responsibility of Business Is to Increase Its Profits," *New York Times*, September 13, 1970, https://www.nytimes.com/1970/09/13/archives/a-friedman-doctrine-the-social-responsibility-of-business-is-to.html.

28   Thomas Piketty, *Capital and Ideology*, trans. Arthur Goldhammer (Cambridge, MA: Harvard University Press, 2020).

29   자존감 향상을 위한 연구에 관해서는 다음 자료를 참고하기 바란다. Niro

Sivanathan and Nathan C. Pettit, "Protecting the Self through Consumption: Status Goods as Affirmational Commodities," *Journal of Experimental Social Psychology* 46, no. 3 (May 1, 2010): 564-70.

30 Michael Hughes, *Forging Napoleon's Grande Armée: Motivation, Military Culture, and Masculinity in the French Army, 1800–1808* (New York: New York University Press, 2012). 동시대의 한 프랑스 정치가의 전기에 따르면, 나폴레옹은 레지옹 도뇌르 훈장에 대한 비판을 그저 상징적인 것으로 간주하고, 메달까지도 보잘것없는 싸구려 보석으로 취급하는 행태에 대해 이렇게 응수했다. "당신은 이걸 싸구려라고 부른다. 글쎄, 이건 남자들을 이끈 (……) 싸구려 보석. 당신은 남자를 합당한 추론으로 싸우게 만들 수 있을까? 절대 그럴 수 없을 것이다. 추론은 학자들의 연구에나 필요한 것이다. 군인은 명예와 구별, 보상이 필요하다." Antoine-Claire Thibaudeau, *Mémoires sur le Consulat 1799 à 1804* (Paris: Chez Ponthieu et Cie, 1827), 83-84.

31 Aruna Ranganathan, "The Artisan and His Audience: Identification with Work and Price Setting in a Handicraft Cluster in Southern India," *Administrative Science Quarterly* 63, no. 3 (2018): 637-67.

32 사회경제적 지위와 자존감 사이의 긍정적인 연관성에 대해서는 다음 자료에 잘 설명돼 있다. Jean Twenge and W. Keith Campbell, "SelfEsteem and Socioeconomic Status: A Meta-Analytic Review," *Personality and Social Psychology Review* 6, no. 1 (February 2002): 59-71. 메타분석 결과 사회경제적 지위와 자존감의 상관관계는 수입보다 직업과 교육에서 더 강하게 나타났다. 따라서 사회적 지위는 경제적 지위보다 우리의 가치를 더 많이 좌우한다는 것을 알 수 있다.

33 전족과 결혼의 적합성 관계 이론은 대중적이지만, 이에 대한 반대 의견도 있다. 로렐 보센, 힐 게이츠는 19세기 시골 여성들 사이의 전족 풍습은 결혼 가능성을 전혀 높이지 못해 오히려 전족의 사회적 가치에 대한 지배적인 의견을 약화시켰다고 지적했다. 전족의 역할이라곤 당시 급속히 발전하던 섬유 산업에서 포로 노동력을 창출한 것에 지나지 않는다. 산업혁명으로 손을 쓰는

일에 대한 가치가 변화하자 전족 풍습도 빠르게 사라져갔다. 이와 관련해서는 다음 자료를 확인하기 바란다. Laurel Bossen and Hill Gates, *Bound Feet, Young Hands: Tracking the Demise of Footbinding in Village China* (Stanford University Press, 2017); Howard S. Levy, *Chinese Footbinding: The History of a Curious Erotic Custom* (New York: Bell, 1967).

34 Appiah, *The Honor Code*, 98-100.

35 Stefan Kanfer, *The Last Empire: De Beers, Diamonds, and the World* (New York: Farrar, Straus and Giroux, 1995).

36 심리학에는 사람들의 필요와 욕구에 관한 경쟁적인 모델이 있다. 데이비드 맥클렌드의 모델은 소속감과 성취, 동기부여책으로서의 힘에 초점을 맞추고 있다. 반면 에드워드 데시와 리처드 라이언의 자기 결정 이론은 관계, 능력, 자율성에 초점을 맞춘다. David C. McClelland, *Human Motivation* (Glenview, IL: Scott Foresman, 1985); Edward L. Deci and Richard Ryan, "Self-Determination Theory," in *Handbook of Theories of Social Psychology*, ed. Paul A. M. Van Lange, Arie W. Kruglanski, and E. Tory Higgins (London: SAGE, 2012), 416-36. Similarly, in their book *Beyond Reason: Using Emotions as You Negotiate* (New York: Viking Penguin, 2005), 협상 전문가 로저 피셔와 다니엘 샤피로는 사람들이 협상에 활용하는 5가지 요소로 인정, 소속감, 지위, 역할, 자율성을 언급한다. 이때 유사점이 차이점보다 중요하다. 그러나 우리의 접근 방식은 이런 모델을 종합해 사람들이 기본적인 욕구로서 안전감과 자존감을 추구하는 데 있어 통합적인 관점을 제공하는 것이다.

37 George Valliant, *Triumphs of Experience* (Cambridge, MA: Harvard University Press, 2012).

38 Liz Mineo, "Good Genes Are Nice, but Joy Is Better," *Harvard Gazette*, April 11, 2017, https://news.harvard.edu/gazette/story/2017/04/over-nearly-80-years-harvard-study-has-been-showing-how-to-live-a-healthy-and-happy-life/.

39 해당 연구의 완전한 데이터셋은 다음 자료를 참고하기 바란다. see

George Vaillant, Charles McArthur, and Arlie Bock, "Grant Study of Adult Development, 1938-2000," *Harvard Dataverse*, vol. 4 (2010).

40   Christian Jordan, Virgil Zeigler-Hill, and Jessica Cameron, "Self-Esteem," in *Encyclopedia of Personality and Individual Differences*, eds. Virgil Zeigler-Hill and Todd Shackelford (Springer, 2019). 프란시스 프레이와 앤 모리스는 동료 간 신뢰와 사랑, 소속감을 바탕으로 이루어진 리더십의 중요성을 관찰했다. *Unleashed: The Unapologetic Leader's Guide to Empowering Everyone Around You* (Boston: Harvard Business Press, 2020).

41   Scott Veale, "Word for Word/Last Words; Voices From Above: 'I Love You, Mommy, Goodbye,'" *New York Times*, September 16, 2001, https://www.nytimes.com/2001/09/16/weekinreview/word-for-word-last-words-voices-from-above-i-love-you-mommy-goodbye.html; CNN, "Paris Terror: Survivor: Kept Saying I Love You," July 21, 2016, video, https://www.youtube.com/watch?v=K5hp6SWXSKg.

42   Daniel Burke, "Coronavirus Preys on What Terrifies Us: Dying Alone," CNN, March 29, 2020, https://www.cnn.com/2020/03/29/world/funerals-dying-alone-coronavirus/index.html.

43   Dominic Abrams and Michael A. Hogg, "Comments on the Motivational Status of Self-Esteem in Social Identity and Intergroup Discrimination," *European Journal of Social Psychology* 18, no. 4 (1988): 317-34.

44   Andreas Schleicher, *PISA 2018: Insights and Interpretations* (Organization for Economic Cooperation and Development, 2019).

45   Kate Wintrol, "Is Mens Sana in Corpore Sano a Concept Relevant to Honors Students?" *Journal of the National Collegiate Honors Council*—Online Archive 291 (2010): https://digitalcommons.unl.edu/nchcjournal/291.

46   Teresa Amabile and Steven Kramer, *The Progress Principle: Using Small Wins to Ignite Joy, Engagement, and Creativity at Work* (Boston: Harvard Business Press, 2011).

47 Joris Lammers et al., "To Have Control Over or to Be Free from Others? The Desire for Power Reflects a Need for Autonomy," *Personality and Social Psychology Bulletin* 42, no. 4 (2016): 498-512. 자율성에 대한 우리의 욕망이 어떻게 표현되는가는 문화적 맥락에 따라 다를 수 있다. 가령, 아시아계 미국 아이들은 어떤 퀴즈를 풀지 엄마가 선택해 줄 때 가장 좋은 성과를 낸 반면, 영미계 아이들은 퀴즈 종류를 스스로 선택했을 때 가장 좋은 성과를 냈다. Sheena Iyengar and Mark R. Lepper, "Rethinking the Value of Choice: A Cultural Perspective on Intrinsic Motivation," *Journal of Personality and Social Psychology* 76, no. 3 [1999]: 349-66). 이처럼 문화와 맥락에 따라 자율성의 접근 방식은 다를 수 있다. 그럼에도 불구하고 학자들은 선택에 대한 욕구는 타고난 것으로 인간이나 다른 동물에서 모두 발견되는 생물학적 특징일 수 있다는 증거를 발견했다. Lauren A. Leotti, Sheena S. Iyengar, and Kevin N. Ochsner, "Born to Choose: The Origins and Value of the Need for Control," *Trends in Cognitive Sciences* 14, no. 10 [2010]: 457-63.) See also Sheena Iyengar, *The Art of Choosing* (New York: Twelve, 2011).

48 Francesca Gino, Maryam Kouchaki, and Adam D. Galinsky, "The Moral Virtue of Authenticity: How Inauthenticity Produces Feelings of Immorality and Impurity," *Psychological Science* 26, no. 7 (2015): 983-96.

49 Paul P. Baard, Edward L. Deci, and Richard M. Ryan, "Intrinsic Need Satisfaction: A Motivational Basis of Performance and Well-Being in Two Work Settings," *Journal of Applied Social Psychology* 34, no. 10 (2004): 2045-68; Jeffery Pfeffer, *Dying for a Paycheck: How Modern Management Harms Employee Health and Company Performance—and What We Can Do About It* (New York: Harper Business, 2018).

50 Fintan O'Toole, *Heroic Failure: Brexit and the Politics of Pain* (London: Head of Zeus Ltd., 2018).

51 Paraphrased from Jennifer Szalai, "Fear and Fumbling: Brexit, Trump, and the Nationalist Surge," *New York Times*, December 18, 2019, https://www.

nytimes.com/2019/12/18/books/review-politics-pain-fintan-otoole-case-for-nationalism-rich-lowry.html/.

52 M. Ena Inesi et al., "Power and Choice: Their Dynamic Interplay in Quenching the Thirst for Personal Control," *Psychological Science* 22, no. 8 (2011): 1042-1048; Stefan Leach, Mario Weick, and Joris Lammers, "Does Influence Beget Autonomy? Clarifying the Relationship between Social and Personal Power," *Journal of Theoretical Social Psychology* 1, no. 1 (2017): 5-14.

53 Jon K. Maner, "Dominance and Prestige: A Tale of Two Hierarchies," *Current Directions in Psychological Science* 26, no. 6 (2017): 526-31.

54 Edward O. Wilson, *On Human Nature* (Cambridge, MA: Harvard University Press, 1978), 107-9.

55 R. Todd Jewell, Afsheen Moti, and Dennis Coates, "A Brief History of Violence and Aggression in Spectator Sports," in *Violence and Aggression in Sporting Contests: Economics, History and Policy*, ed. R. Todd Jewell (New York: Springer, 2012), 15.

56 Minda Zetlin, "New Zealand Prime Minister Won't Say Christchurch Mosque Shooter's Name," *Inc.*, March 20, 2019, https://www.inc.com/minda-zetlin/jacinda-arden-dont-say-christchurch-mosque-killers-name.html.

57 Jamil Zaki, *The War for Kindness: Building Empathy in a Fractured World* (New York: Crown, 2019), 52-9.

58 Émile Durkheim, *Sociology and Philosophy* (Glencoe, IL: Free Press, 1953); Émile Durkheim, "Social Facts," in *Readings in the Philosophy of Social Science*, ed. Michael Martin and Lee C. McIntyre (Boston: MIT Press, 1994), 433-40.

59 Thomas Hobbes, *De Cive: The English Version Entitled, in the First Edition, Philosophicall Rudiments concerning Government and Society*, ed. Howard Warrender (Oxfordshire: Clarendon Press, 1983), 49.

60 Judith M. Burkart, Rahel K. Brügger, and Carel P. Van Schaik, "Evolutionary

Origins of Morality: Insights From Non-human Primates," *Frontiers in Sociology* 3 (2018). For further exploration of the relationship between morality and evolution, see Todd K. Shackelford and Ranald D. Hansen, eds., *The Evolution of Morality* (Cham, Switzerland: Springer International Publishing AG, 2015).

61 Wilson, *On Human Nature*, 154.

62 Michael Kernis and Brian Goldman, "Stability and Variability in SelfConcept and Self-Esteem," in *Handbook of Self and Identity*, eds. Mark R. Leary and June Price Tangney (New York: Guilford Press, 2003), 106-27.

63 Excerpted from Stephen Greenblatt, *The Swerve: How the World Became Modern* (New York: W. W. Norton, 2011), 77.

64 Aristotle, *Nicomachean Ethics* (New York: Start Publishing LLC, 2013).

65 Immanuel Kant, *Groundwork for the Metaphysics of Morals*, ed. Thomas E. Hill, trans. Arnulf Zweig (New York: Oxford University Press, 2002).

66 Yong Huang, "Confucius and Mencius on the Motivation to be Moral," *Philosophy East and West* 60, no 1. (2010): 65-87.

67 Leon Festinger, *A Theory of Cognitive Dissonance* (Stanford University Press, 1957).

68 Eliza Barclay and Brian Resnick, "How Big Was the Global Climate Strike? 4 Million People, Activists Estimate," Vox, September 22, 2019, https://www.vox.com/energy-and-environment/2019/9/20/20876143/climate-strike-2019-september-20-crowd-estimate.

69 Wilson, *On Human Nature*, 163.

70 Peter L. Jennings, Marie S. Mitchell, and Sean T. Hannah, "The Moral Self: A Review and Integration of the Literature," *Journal of Organizational Behavior* 36, no. S1 (February 2015): S104-68.

71 Katherine A. DeCelles et al., "Does Power Corrupt or Enable? When and Why Power Facilitates Self-Interested Behavior," *Journal of Applied*

Psychology 97, no. 3 (2012): 681.

72 Simon May, *Nietzsche's Ethics and His War on "Morality"* (Oxford: Oxford University Press, 1999).

73 "What Impact Has Activism Had on the Fur Industry?" *Scientific American,* June 15, 2009, https://www.scientificamerican.com/article/impact-activism-on-fur/.

74 이름과 장소는 보안상의 이유로 가명을 사용했다.

75 닝과 작가들과의 대화, 2019년 11월.

76 사회적 판단에 관한 심리학은 다양한 논란을 거치며 발전했다. 대체로 두 가지 기본 영역에 대한 존재는 동의하지만, 다른 사람을 평가하되 사람에 대한 평가 기준에 차이가 있다. 이와 관련한 내용은 다음 자료를 참고하기 바란다. Bogdan Wojciszke, "Affective Concomitants of Information on Morality and Competence," *European Psychologist* 10, no. 1 [2005]: 60-70), while social psychologists Susan Fiske, Amy Cuddy, and Peter Glick (Susan Fiske, Amy Cuddy, and Peter Glick, "Universal Dimensions of Social Cognition: Warmth and Competence," *Trends in Cognitive Sciences* 11, no. 2 [2007]: 77-83), as well as Amy Cuddy, Presence (New York: Little, Brown & Co., 2016) talk about competence and warmth. 이들 두 영역의 기본적인 의미는 비슷하다. 신뢰에 관해 심리학자들은 감정 기반의 신뢰와 인지 기반의 신뢰를 구분한다. 감정 기반의 신뢰는 개인과 개인 사이의 정서적 유대 관계로 서로에 대한 진정한 관심과 행복을 전제로 한다. 인지 기반의 신뢰는 지식과 개인 능력 및 성과에 대한 기대를 바탕으로 형성된다. Daniel J. McAllister, "Affect-and Cognition-Based Trust as Foundations for Interpersonal Cooperation in Organizations," *Academy of Management Journal* 38, no. 1 [1995]: 24-59). Similarly, Mayer, Davis, and Schoorman have identified benevolence and competence as primarily affective and cognitive dimensions of trust, respectively (see Roger C. Mayer, James H. Davis, and F. David Schoorman, "An Integrative Model of Organizational Trust: Past, Present, and Future," *Academy of Management Review* 20, no. 3 [1995]: 709-34).

77 Tiziana Casciaro and Miguel Sousa Lobo, "When Competence Is Irrelevant: The Role of Interpersonal Affect in Task-Related Ties," *Administrative Science Quarterly* 53, no. 4 (2008): 655-84; Tiziana Casciaro and Miguel Sousa Lobo, "Affective Primacy in Intraorganizational Task Networks," *Organization Science* 26, no. 2 (2015): 373-89.

78 Tiziana Casciaro and Miguel Sousa Lobo, "Competent Jerks, Lovable Fools, and the Formation of Social Networks," *Harvard Business Review* 83 (2005): 92-9.

79 Miller McPherson, Lynn Smith-Lovin, and James M. Cook, "Birds of a Feather: Homophily in Social Networks," *Annual Review of Sociology* 27, no. 1 (2001): 415-44; Robert B. Zajonc, "Attitudinal Effects of Mere Exposure," *Journal of Personality and Social Psychology* 9, no. 2, Pt. 2 (1968): 1-27.

4장. 가치 있는 자원에 대한 접근은 누가 통제하는가?

—

1 도나스텔라 베르사체와 작가들과의 대화, 2019년 11월.

2 공식 권력의 제한된 힘에 대한 사례는 다음 자료에 잘 언급돼 있다. Julie Battilana and Tiziana Casciaro, "Change Agents, Networks, and Institutions: A Contingency Theory of Organizational Change," *Academy of Management Journal* 55, no. 2 (2012): 381-98; and Julie Battilana and Tiziana Casciaro, "The Network Secrets of Great Change Agents," *Harvard Business Review* 91, no. 7-8 (2013): 62-68. See also Linda A. Hill and Kent Lineback, *Being the Boss: The 3 Imperatives for Becoming a Great Leader* (Boston, MA: Harvard Business Press, 2011).

3 Michael Morris, Joel Podolny, and Sheira Ariel, "Missing Relations: Incorporating Relational Constructs into Models of Culture," in *Innovations*

in International and Cross Cultural Management, ed. P. C. Earley and H. Singh (Thousand Oaks, CA: SAGE, 2000), 52-90.

4   Michele Gelfand, *Rule Makers, Rule Breakers: How Tight and Loose Cultures Wire Our World* (New York: Scribner, 2018). See also Erin Meyer, *The Culture Map: Decoding How People Think, Lead, and Get Things Done Across Cultures* (New York: PublicAffairs, 2016).

5   François Hollande in conversation with the authors, July 2019.

6   Michel Crozier, *The Bureaucratic Phenomenon* (London: Tavistock Publications, 1964). For Michel Crozier's in-depth study of the interaction between power relations and bureaucracy, see Michel Crozier and Erhard Friedberg, *Actors and Systems: The Politics of Collective Action* (Chicago: University of Chicago Press, 1980).

7   David Krackhardt first told the story of Manuel in "Social Networks and the Liability of Newness for Managers," *Trends in Organizational Behavior*, vol. 3 (New York: Wiley, 1996): 159-73. 회계감사팀 공식 조직도와 비공식 조직도의 모습도 위 논문에 기술돼 있다.

8   네트워크의 시작적 표현이 그것을 해석하는 우리의 시각을 어떻게 변화시키는지에 대해서는 다음 자료에 잘 나타나 있다. Cathleen McGrath, Jim Blythe, and David Krackhardt, "The Effect of Spatial Arrangement on Judgments and Errors in Interpreting Graphs," *Social Networks* 19, no. 3 (1997): 223-242.

9   공식 조직도의 조직 내 조언 관련 네트워크에 대한 공식 조직도의 제한된 영향력은 다음 자료에서 구체적으로 언급된다. Tiziana Casciaro and Miguel Sousa Lobo, "Affective Primacy in Intraorganizational Task Networks," *Organization Science* 26, no. 2 (2015): 373-89; 조직 내 공식적 구조와 네트워크 간 연구에 대한 내용은 다음 자료를 참고하기 바란다. Bill McEvily, Giuseppe Soda, and Marco Tortoriello, "More Formally: Rediscovering the Missing Link between Formal Organization and Informal Social Structure," *Academy of Management Annals* 8, no. 1 (2014): 299-345.

10 Krackhardt, "Social Networks and the Liability of Newness," 166.

11 Battilana and Casciaro, "Change Agents, Networks, and Institutions," 381-98; Battilana and Casciaro, "The Network Secrets," 62-68; and Debra Meyerson, "Radical Change, the Quiet Way," *Harvard Business Review* 79, no. 9 (2001): 92-100. For a theory of the firm as a political entity, see James G. March, "The Business Firm as a Political Coalition," *The Journal of Politics* 24, no. 4 (1962): 662-78.

12 네트워크를 통해 영향력을 얻는 방법에 관한 연구 결과는 다음 자료를 참고하기 바란다. Daniel J. Brass, "Being in the Right Place: A Structural Analysis of Individual Influence in an Organization," *Administrative Science Quarterly* 29, no. 4 (1984): 518-39.

13 권력 네트워크의 역사적인 내용은 다음 자료를 참고하기 바란다. Niall Ferguson, *The Square and the Tower: Networks and Power, from the Freemasons to Facebook* (New York: Penguin Books, 2017).

14 William Samuelson and Richard Zeckhauser, "Status Quo Bias in Decision-Making," *Journal of Risk and Uncertainty* 1, no. 1 (1988): 7-59.

15 Battilana and Casciaro, "The Network Secrets," 62-68.

16 데이비드 크랙카르트는 회사의 모든 임직원이 서로를 평가하게 함으로써 평판의 힘을 측정했다. 평가 항목은 각종 저항에도 불구하고 일을 완수하는 능력, 특유의 매력으로 다른 사람에게 영향을 끼칠 수 있는 능력이 포함됐다. 이에 관해서는 다음 자료를 참고하기 바란다. David Krackhardt, "Assessing the Political Landscape: Structure, Cognition, and Power in Organizations," *Administrative Science Quarterly* 35, no. 2 (1990): 342-69.

17 정확한 권력 지도는 또 다른 효용 가치가 있다. 영향력 있는 인물과 직접적으로 연결되지는 못해도 그 사람과 연결된 또 다른 인물을 통해 우회적으로 연결될 수 있다. 이와 관련된 구체적인 내용은 다음 자료를 참고하기 바란다. Martin Gargiulo, "Two-Step Leverage: Managing Constraint in Organizational Politics," *Administrative Science Quarterly* 38, no. 1 (1993): 1-19.

18 사람들이 점점 직접적인 관계로부터 멀리 떨어진 관계를 인식하는 데 부정확해지고 있다는 증거는 다니엘 본도니오의 다음 자료에서 확인할 수 있다. "Predictors of Accuracy in Perceiving Informal Social Networks," *Social Networks* 20, no. 4 (1998): 301-30. For how people define the social world relevant to them in an organization, see Barbara S. Lawrence, "Organizational Reference Groups: A Missing Perspective on Social Context," *Organization Science* 17, no. 1 (2006): 80-100; and Barbara S. Lawrence, "The Hughes Award: Who is They? Inquiries into How Individuals Construe Social Context," *Human Relations* 64, no. 6 (2011): 749-73.

19 Brent Simpson, Barry Markovsky, and Mike Steketee, "Power and the Perception of Social Networks," *Social Networks* 33, no. 2 (2011): 166-71.

20 Tiziana Casciaro, "Seeing Things Clearly: Social Structure, Personality, and Accuracy in Social Network Perception," *Social Networks* 20, no. 4 (1998): 331-51.

21 아래 문구는 중국의 손자가 주장한 것으로 종종 오해를 빚는데, 본래는 마키아벨리가 언급한 내용이다. "왕자는 이전 정부에 불만족했던 사람들보다 만족했던 사람들과 친구가 되기 쉽다. 그래서 이들은 왕자에게 호의적이고 정권을 잘 유지하도록 격려한다." Niccolò Machiavelli, *The Prince*, trans. W. K. Marriott (London & Toronto: E. P. Dutton & Co., 1908), 171.

22 Julie Battilana and Tiziana Casciaro, "Overcoming Resistance to Organizational Change: Strong Ties and Affective Cooptation," *Management Science* 59 (2013): 819-36.

23 Robert B. Cialdini, *Influence: The Psychology of Persuasion*, vol. 55 (New York: Collins, 2007).

24 Julie Battilana, "Agency and Institutions: The Enabling Role of Individuals' Social Position," *Organization* 13, no. 5 (2006): 653-76; Julie Battilana, Bernard Leca, and Eva Boxenbaum, "How Actors Change Institutions: Towards a Theory of Institutional Entrepreneurship," *Academy of*

Management Annals 3, no. 1 (2009): 65-107.

25   For details on centrality measures in networks, see Linton C. Freeman, "Centrality in Social Networks Conceptual Clarification," *Social Networks* 1, no. 3 (1978): 215-39. For analyses of the strengths and weaknesses of different types of networks, see Ronald S. Burt, *Brokerage and Closure: An Introduction to Social Capital* (Oxford: Oxford University Press, 2005), and Marissa King, *Social Chemistry: Decoding the Elements of Human Connection* (New York: Dutton, 2021).

26   "EPA's Budget and Spending," United States Environmental Protection Agency, accessed April 9, 2021, https://www.epa.gov/planandbudget/budget.

27   Carol Browner in discussion with the authors, October 2019.

28   Names and organizations are disguised for confidentiality.

29   Marc Bain, "Women's Labor, Ideas, and Dollars Prop Up the U.S. Fashion Industry, but Men Still Run It," *Quartz*, March 23, 2018. To understand the network constraints that women face in male-dominated organizations, see Herminia Ibarra, "Homophily and Differential Returns: Sex Differences in Network Structure and Access in an Advertising Firm," *Administrative Science Quarterly* 37, no. 3 (1992): 422-47.

30   Robin J. Ely, "The Effects of Organizational Demographics and Social Identity on Relationships among Professional Women," *Administrative Science Quarterly* 39, no. 2 (1994): 203-38.

31   "Lady Gaga Praises Céline Dion during Her Show in Las Vegas," YouTube, video, December 31, 2018, 1:28, https://www.youtube.com/watch?app=desktop&v=ZpwPhh91w2Q.

32   Juliet Eilperin, "How a White House Women's Office Strategy Went Viral," *Washington Post*, October 25, 2016, https://www.washingtonpost.com/news/powerpost/wp/2016/10/25/how-a-white-house-womens-office-

strategy-went-viral/.

33 Tiziana Casciaro, Bill McEvily, and Evelyn Zhang, "Gendered Evaluations: How Men and Women Assess Each Other in the Workplace," Working Paper, University of Toronto, 2021.

34 Yang Yang, Nitesh V. Chawla, and Brian Uzzi, "A Network's Gender Composition and Communication Pattern Predict Women's Leadership Success," *Proceedings of the National Academy of Sciences* 116, no. 6 (2019): 2033-2038.

35 Miller McPherson, Lynn Smith-Lovin, and James M. Cook, "Birds of a Feather: Homophily in Social Networks," *Annual Review of Sociology* 27, no. 1 (2001): 415-44.

36 Ronald S. Burt, "Structural Holes and Good Ideas," *American Journal of Sociology* 110, no. 2 (2004): 349-99; Lee Fleming, Santiago Mingo, and David Chen, "Collaborative Brokerage, Generative Creativity, and Creative Success," *Administrative Science Quarterly* 52, no. 3 (2007): 443-75; Jill E. Perry-Smith and Christina E. Shalley, "The Social Side of Creativity: A Static and Dynamic Social Network Perspective," *Academy of Management Review* 28, no. 1 (2003): 89-106.

37 Jan E. Stets and Peter J. Burke, "Self-Esteem and Identities," *Sociological Perspectives* 57, no. 4 (December 2014): 409-33.

38 Scott L. Feld, "The Focused Organization of Social Ties," *American Journal of Sociology* 86, no. 5 (1981): 1015-35.

39 자신과 전혀 다른 전 세계 사람들에 대한 깊은 관심과 열정으로 그들과 강력한 네트워크를 구축함으로써 고착화한 인종차별을 극복한 예는 다음 자료에 잘 소개돼 있다. Julie Battilana, Lakshmi Ramarajan, and James Weber, "Claude Grunitzky," Harvard Business School Organizational Behavior Unit Case 412-065 (2012).

5장. 좀처럼 허물어지지 않는 권력, 그러나 희망은 있다

1   Mary Douglas, *How Institutions Think*, 1st ed., The Frank W. Abrams Lectures (Syracuse, NY: Syracuse University Press, 1986).

2   Julie Battilana, Bernard Leca, and Eva Boxenbaum, "How Actors Change Institutions: Towards a Theory of Institutional Entrepreneurship," *Academy of Management Annals* 3, no. 1 (2009): 65-107.

3   Stephen G. Bloom, "Lesson of a Lifetime," *Smithsonian Magazine*, September 2005.

4   Bloom, "Lesson of a Lifetime."

5   Jean-Léon Beauvois, Didier Courbet, and Dominique Oberlé, "The Prescriptive Power of the Television Host: A Transposition of Milgram's Obedience Paradigm to the Context of TV Game Show," *European Review of Applied Psychology* 62, no. 3 (2012), 111-119.

6   Stanley Milgram, "Behavioral Study of Obedience," *Journal of Abnormal and Social Psychology* 67, no. 4 (1963): 371-78. Since the Milgram experiment was conducted, researchers have raised ethical and methodological concerns about it. See Gina Perry, *Behind the Shock Machine: The Untold Story of the Notorious Milgram Psychology Experiments* (London-Melbourne: Scribe, 2012).

7   Stanley Milgram, "Some Conditions of Obedience and Disobedience to Authority," *Human Relations* 18, no. 1 (1965): 57-76.

8   연구진은 총 4개의 시나리오를 실험했다. 첫 번째는 32명의 참가자로 구성된 밀그램 실험의 표준을 재창조하는 시나리오다. 두 번째는 '사회적 지지' 시나리오로 총 19명이 참여했다. 이때는 프로그램 조연출이 게임 방식이 너무 부도덕하다며 진행자에게 게임 중단을 요청했다. 세 번째는 'TV 방송' 시나리오로 모두 18명이 참여했다. 이때는 참가자들이 해당 게임이 정식 프로그램으로 방송되기 전 파일럿 프로그램으로 방송된다고 전달받았다. 네 번째는 '진행자 거부' 시나리오로 17명이 참여했다. 이때는 진행자가 무대를 떠났다. 끝까지 참여한

비율은 시나리오별로 다르게 나타났다. '표준 재창조' 시나리오의 경우 81% 참가자가, '사회적 지지' 참가자의 경우 74%, 'TV 방송' 참가자는 72%, '사회자 거부' 참가자는 28%로 나타났다. 전체적으로는 약 72% 참가자가 게임에 끝까지 참여했다. Beauvois, Courbet, and Oberlé, "Prescriptive Power."

9   Eleanor Beardsley, "Fake TV Game Show 'Tortures' Man, Shocks France," *NPR*, March 18, 2010, https://www.npr.org/templates/story/story.php?storyId=124838091.

10 See also Philip G. Zimbardo, *The Lucifer Effect: How Good People Turn Evil* (London: Rider, 2007).

11 Hannah Arendt, *Eichmann in Jerusalem* (East Rutherford, NJ: Penguin Publishing Group, 2006): 276.

12 Dacher Keltner, Deborah H. Gruenfeld, and Cameron Anderson, "Power, Approach, and Inhibition," *Psychological Review* 110, no. 2 (2003): 265-84; Deborah H. Gruenfeld et al., "Power and the Objectification of Social Targets," *Journal of Personality and Social Psychology* 95, no. 1 (2008): 111-27; Adam D. Galinsky et al., "Power and Perspectives Not Taken," *Psychological Science* 17, no. 12 (2006): 1068-74; Cameron Anderson and Adam D. Galinsky, "Power, Optimism, and Risk-Taking," *European Journal of Social Psychology* 36, no. 4 (2006): 511-36; Kathleen D. Vohs, Nicole L. Mead, and Miranda R. Goode, "The Psychological Consequences of Money," Science 314, no. 5802 (2006): 1154-6; Jennifer E. Stellar et al., "Class and Compassion: Socioeconomic Factors Predict Responses to Suffering," *Emotion* 12, no. 3 (2012): 449-59.

13 See also Keely A. Muscatell et al., "Social Status Modulates Neural Activity in the Mentalizing Network," *NeuroImage* 60, no. 3 (2012): 1771-7. 이 실험은 다른 사람의 생각과 감정에 집중하는 정신화(mentalizing)에 연관된 신경 활동이다. 실험 결과 자신의 지위를 낮게 여기는 참가자가 높게 여기는 참가자보다 신경 활동이 더 활발한 것으로 나타났다.

14   Adam D. Galinsky, Deborah H. Gruenfeld, and Joe C. Magee, "From Power to Action," *Journal of Personality and Social Psychology* 85, no. 3 (2003): 453-66.

15   상위계층과 이들의 불법적, 비윤리적 행태의 증가의 상관관계는 다음 자료에 구체적으로 언급돼 있다. Paul K. Piff et al., "Higher Social Class Predicts Increased Unethical Behavior," *Proceedings of the National Academy of Sciences—PNAS* 109, no. 11 (2012): 4086-91.

16   Bruce M. Boghosian, "Is Inequality Inevitable?" *Scientific American*, November 1, 2019, https://www.scientificamerican.com/article/is-inequality-inevitable/.

17   Michael W. Kraus, Paul K. Piff, and Dacher Keltner, "Social Class, Sense of Control, and Social Explanation," *Journal of Personality and Social Psychology* 97, no. 6 (2009): 992-1004. The powerful can also be willfully blind to their advantages: They justify their privilege by denying it. See L. Taylor Phillips and Brian S. Lowery, "Herd Invisibility: The Psychology of Racial Privilege," *Current Directions in Psychological Science* 27, no. 3 (2018): 156-62.

18   권력과 지위가 자존감을 높이는 것에 대한 구체적인 내용은 다음 자료를 참고하기 바란다. Joe C. Magee and Adam D. Galinsky, "Social Hierarchy: The Self-Reinforcing Nature of Power and Status," *The Academy of Management Annals* 2, no. 1 (2008): 351-98.

19   John Jost, Mahzarin Banaji, and Brian Nosek, "A Decade of System Justification Theory: Accumulated Evidence of Conscious and Unconscious Bolstering of the Status Quo," *Political Psychology* 25, no. 6 (2004): 881-919.

20   Jost, Banaji, and Nosek, "A Decade of System Justification." For an illustration of this dynamic with regard to landlords, evictions, and poverty, see Matthew Desmond, *Evicted: Poverty and Profit in the American City* (New York: Crown Publishing Group, 2016).

21   Jojanneke Van Der Toorn et al., "A Sense of Powerlessness Fosters System

Justification: Implications for the Legitimation of Authority, Hierarchy, and Government," *Political Psychology* 36, no. 1 (2015): 93-110.

22   John Jost et al., "Social Inequality and the Reduction of Ideological Dissonance on Behalf of the System: Evidence of Enhanced System Justification Among the Disadvantaged," *European Journal of Social Psychology* 33, no. 1 (2003): 13-36.

23   Dov Eden, *Pygmalion in Management: Productivity as a Self-Fulfilling Prophecy* (Lexington, MA: Lexington Books, 1990).

24   Joe C. Magee and Adam D. Galinsky, "Social Hierarchy: The SelfReinforcing Nature of Power and Status," *Academy of Management Annals* 2 (2008): 351-98.

25   For a case study detailing why disadvantaged groups may not challenge inequality, see John Gaventa, *Power and Powerlessness: Quiescence and Rebellion in an Appalachian Valley* (Urbana: University of Illinois Press, 1980).

26   Pierre Bourdieu, *Language and Symbolic Power* (Cambridge, MA: Harvard University Press, 1991); Manuel Castells, "A Sociology of Power: My Intellectual Journey," *Annual Review of Sociology* 42 (2016): 1-19. See also Jim Sidanius and Felicia Pratto, *Social Dominance: An Intergroup Theory of Social Hierarchy and Oppression* (Cambridge, UK: Cambridge University Press, 2001).

27   Chip Heath and Dan Heath, *Made to Stick: Why Some Ideas Survive and Others Die* (New York: Random House Publishing Group, 2007).

28   Etienne de La Boetie, *Discourse on Voluntary Servitude* (Indianapolis: Hackett Publishing, 2012).

29   "Code of Hammurabi," *Encyclopædia Britannica Academic*, July 2, 2020, https://academic-eb-com.eres.qnl.qa/levels/collegiate/article/Code-of-Hammurabi/39076.

30   Iselin Claire, "Work Law Code of Hammurabi, King of Babylon," Louvre Museum, Paris, accessed October 6, 2020, https://web.archive.org/

web/20201021003238/https://www.louvre.fr/en/oeuvre-notices/law-code-hammurabi-king-babylon.

31 Robert Francis Harper, *The Code of Hammurabi, King of Babylon, about2250 B.C.* (Illinois: University of Chicago Press, 1904), xii.

32 언주창(scrofula)은 림프샘의 결핵성 부종인 갑상선종이 헐어서 터지는 병으로 그 기원은 최소 영국 에드워드왕(1042-1066), 프랑스 루이 4세 시절까지 거슬러 올라간다. '치유의 손'에 관한 기원은 이보다 더 이전 시대인 프랑스 로베르 2세 (987-1031) 시대로 추정된다. 자세한 내용은 다음 자료를 참고하기 바란다. Marc Bloch, *The Royal Touch: Sacred Monarchy and Scrofula in England and France*, trans. John Anderson (Montreal: McGill-Queen's University Press, 1973).

33 David J. Sturdy, "The Royal Touch in England," in *European Monarchy: Its Evolution and Practice from Roman Antiquity to Modern Times*, eds. Heinz Duchhardt, Richard Jackson, and David Sturdy (Stuttgart: Franz Steiner Verlag, 1992), 171-84.

34 Pierre Bourdieu, *Masculine Domination* (Redwood City, CA: Stanford University Press, 2001).

35 Mary Beard, *Women & Power: A Manifesto*, 1st edition (New York: Liveright, 2017), 4-21.

36 Sir Patrick Geddes and John Arthur Thomson, *The Evolution of Sex* (London: Walter Scott, 1908), 270; see also D. A. Dewsbury, "The Darwin-Bateman Paradigm in Historical Context," *Integrative and Comparative Biology* 45, no. 5 (2005), 831-7.

37 Anne Fausto-Sterling, *Myths of Gender: Biological Theories about Women and Men* (New York: Basic Books, 1985); Cordelia Fine, *Testosterone Rex: Myths of Sex, Science, and Society* (New York: W. W. Norton & Company, 2017).

38 구체적인 예시는 다음 자료를 참고하기 바란다. Brian Pike and Adam D. Galinsky, "The Power Shield: Powerful Roles Eliminate Gender Disparities in Political Elections," *Journal of Applied Psychology* 106, no. 2 (2021): 268-80.

39 Simone de Beauvoir, *Le Deuxième Sexe* (Paris: Gallimard, 1949).

40 American Experience, *The Eugenics Crusade: What's Wrong with Perfect?* (Arlington, VA; PBS Distribution, 2018); Wendy Zukerman, "How Science Created Morons," *Gimlet*, May 25, 2018, https://gimletmedia.com/shows/science-vs/o2ho5g.

41 Felicia Pratto et al., "Social Dominance Orientation: A Personality Variable Predicting Social and Political Attitudes," *Journal of Personality and Social Psychology* 67, no. 4 (1994): 741-63.

42 The term "meritocracy" was first coined in: Michael Young, *The Rise of the Meritocracy* (London: Thames and Hudson, 1958).

43 자수성가 인물에 대한 초기 연구는 다음 자료를 참고하기 바란다. Irving Wyllie, *The Self-Made Man in America: The Myth of Rags to Riches* (New Brunswick, NJ: Rutgers University Press, 1954).

44 Abhijit Banerjee and Esther Duflo, *Poor Economics: A Radical Rethinking of the Way to Fight Global Poverty* (New York: PublicAffairs, 2012), 256. Sendhil Mullainathan and Eldar Shafir, *Scarcity: Why Having Too Little Means So Much*, (New York: Henry Holt and Co., 2013).

45 Michael Sandel, *The Tyranny of Merit: What's Become of the Common Good?* (New York: Farrar, Straus, and Giroux, 2020), 226. See also Daniel Markovits, *The Meritocracy Trap: How America's Foundational Myth Feeds Inequality, Dismantles the Middle Class, and Devours the Elite* (New York: Penguin Random House, 2019).

46 John W. Meyer and Brian Rowan, "Institutionalized Organizations: Formal Structure as Myth and Ceremony," *American Journal of Sociology* 83, no. 2 (1977): 340-63; Paul J. DiMaggio and Walter W. Powell, "The Iron Cage Revisited: Institutional Isomorphism and Collective Rationality in Organizational Fields," *American Sociological Review* 48, no. 2 (1983): 147-60; Cecilia L. Ridgeway, "Status Construction Theory," *The Blackwell Encyclopedia*

of Sociology, 2007; Richard W. Scott, *Institutions and Organizations: Ideas, Interests, and Identities*, 4th edition (London: SAGE, 2013).

47 John Rajchman used the expression "politics as usual" in the foreword of Noam Chomsky and Michel Foucault, *The Chomsky-Foucault Debate on Human Nature* (New York: The New Press, 2006), 6.

48 Anthony G. Greenwald and Mahzarin R. Banaji, "Implicit Social Cognition: Attitudes, Self-Esteem, and Stereotypes," *Psychological Review* 102, no. 1 (1995): 4-27; Anthony G. Greenwald, Debbie E. McGhee, and Jordan L.K. Schwartz, "Measuring Individual Differences in Implicit Cognition: The Implicit Association Test," *Journal of Personality and Social Psychology* 74, no. 6 (1998): 1464.

49 For the Implicit Association Test, see https://implicit.harvard.edu/implicit/ takeatest.html. For a dive into how to fight bias proactively, see Dolly Chugh, *The Person You Mean to Be* (New York: HarperCollins, 2018); Ibram X. Kendi, *How to Be an Anti-Racist* (New York: Penguin Random House, 2019).

50 Laurie A. Rudman and Peter Glick, "Prescriptive Gender Stereotypes and Backlash Toward Agentic Women," *Journal of Social Issues* 57, no. 4 (2001): 743-62; Madeline E. Heilman and Tyler G. Okimoto, "Why Are Women Penalized for Success at Male Tasks?: The Implied Communality Deficit," *Journal of Applied Psychology* 92, no. 1 (2007): 81-92; Alice H. Eagly and Steven J. Karau, "Role Congruity Theory of Prejudice toward Female Leaders," *Psychological Review* 109, no. 3 (2002): 573-98; Hannah R. Bowles et al., "Social Incentives for Gender Differences in the Propensity to Initiate Negotiations: Sometimes It Does Hurt to Ask," *Organizational Behavior and Human Decision Processes* 103, no. 1 (2007): 84-103.

51 Victoria L. Brescoll and Eric Luis Uhlmann, "Can an Angry Woman Get Ahead? Status Conferral, Gender, and Expression of Emotion in the Workplace," *Psychological Science* 19, no. 3 (2008): 268-75.

52   Deborah Gray White, *Ar'n't I a Woman?: Female Slaves in the Plantation South* (New York: W.W. Norton & Company, 1999); Melissa V. Harris-Perry, *Sister Citizen: Shame, Stereotypes, and Black Women in America* (New Haven: Yale University Press, 2011); Ashleigh Shelby Rosette et al., "Race Matters for Women Leaders: Intersectional Effects on Agentic Deficiencies and Penalties," *The Leadership Quarterly* 27, no. 3 (2016): 429-45. Michelle Obama also recalls this stereotype being used against her in *Becoming* (New York: Crown Publishing Group, 2018), x.

53   Robert W. Livingston and Nicholas A. Pearce, "The Teddy-Bear Effect: Does Having a Baby Face Benefit Black Chief Executive Officers?" *Psychological Science* 20, no. 10 (2009): 1229-36. 또 다른 연구에서는 남성 참가자가 지원자의 인종과 성적 취향이 표시된 이력서를 검토했다. 그러자 대부분 참가자의 반응은 비슷했다. 흑인 게이 남성이 덜 위협적인 존재로 보이기 때문에 이들은 백인 게이 남성과 게이가 아닌 흑인 남성보다 더 높은 연봉을 받고 있다고 추측했다. 자세한 내용은 다음 자료를 참고하기 바란다. David S. Pedulla, "The Positive Consequences of Negative Stereotypes: Race, Sexual Orientation, and the Job Application Process," *Social Psychology Quarterly* 77, no. 1 (2014): 75-94; John Paul Wilson, Jessica D. Remedios, and Nicholas O. Rule, "Interactive Effects of Obvious and Ambiguous Social Categories on Perceptions of Leadership: When Double-Minority Status May Be Beneficial," *Personality & Social Psychology Bulletin* 43, no. 6 (2017): 888-900.

54   Jennifer L. Berdahl and Ji-A Min, "Prescriptive Stereotypes and Workplace Consequences for East Asians in North America," *Cultural Diversity and Ethnic Minority Psychology* 18, no. 2 (2012): 141-52.

55   Claude M. Steele, Steven J. Spencer, and Joshua Aronson, "Contending with Group Image: The Psychology of Stereotype and Social Identity Threat," in *Advances in Experimental Social Psychology*, vol. 34 (Cambridge, MA: Academic Press, 2002): 379-440.

56 Steven J. Spencer, Claude M. Steele, and Diane M. Quinn, "Stereotype Threat and Women's Math Performance," *Journal of Experimental Social Psychology* 35, no. 1 (1999): 4-28.

57 Claude M. Steele and Joshua Aronson, "Stereotype Threat and the Intellectual Test Performance of African Americans," *Journal of Personality and Social Psychology* 69, no. 5 (1995): 797-811.

58 Patricia Gonzales, Hart Blanton, and Kevin Williams, "The Effects of Stereotype Threat and Double-Minority Status on the Test Performance of Latino Women," *Personality and Social Psychology Bulletin* 28, no. 5 (2002): 659-70.

59 Zoe Kinias and Jessica Sim, "Facilitating Women's Success in Business: Interrupting the Process of Stereotype Threat through Affirmation of Personal Values," *Journal of Applied Psychology* 101, no. 11 (2016): 1585-97. See also Claude M. Steele, "The Psychology of Self-Affirmation: Sustaining the Integrity of the Self," *Advances in Experimental Social Psychology* 21, no. 2 (1988): 261-302.

60 Isabel Wilkerson, *Caste: The Origins of Our Discontents* (New York: Penguin Random House, 2020).

61 Julie Battilana and Tiziana Casciaro, "Overcoming Resistance to Organizational Change: Strong Ties and Affective Cooptation," *Management Science* 59 (2013): 819-36; Julie Battilana and Tiziana Casciaro, "Change Agents, Networks, and Institutions: A Contingency Theory of Organizational Change," *Academy of Management Journal* 55, no. 2 (2012): 381-98; Julie Battilana, Bernard Leca, and Eva Boxenbaum, "How Actors Change Institutions: Toward a Theory of Institutional Entrepreneurship," *Academy of Management Annals* 3, no. 1 (2009): 65-107.

62 Marc Schneiberg and Michael Lounsbury, "Social Movements and the Dynamics of Institutions and Organizations," in *The Sage Handbook of*

Organizational Institutionalism, eds. Royston Greenwood, Christine Oliver, Thomas B. Lawrence, and Renate E. Meyer (London: SAGE, 2017), 281-310; Paul Osterman, *Gathering Power: The Future of Progressive Politics in America* (Boston: Beacon Press, 2002). See also *Crip Camp: A Disability Revolution*, n.d., accessed February 28, 2021, https://cripcamp.com/.

63 Neil Fligstein, "Social Skill and the Theory of Fields," *Sociological Theory* 19, no. 2 (2001): 105-25; Royston Greenwood, Roy Suddaby, and C. R. Hinings, "Theorizing Change: The Role of Professional Associations in the Transformation of Institutionalized Fields," *Academy of Management Journal* 45, no. 1 (2002): 58-80; Elisabeth S. Clemens and James M. Cook, "Politics and Institutionalism: Explaining Durability and Change," *Annual Review of Sociology* 25 (1999): 441-66; Petter Holm, "The Dynamics of Institutionalization: Transformation Processes in Norwegian Fisheries," *Administrative Science Quarterly* 40, no. 3 (1995): 392-422; Neil Fligstein, *The Transformation of Corporate Control* (Cambridge, MA: Harvard University Press, 1993).

64 Paul J. DiMaggio, "Interest and Agency in Institutional Theory," *Institutional Patterns and Organizations*, ed. Lynne Zucker (Cambridge, MA: Ballinger, 1988), 3-22; Neil Fligstein, "Social Skill and Institutional Theory," *American Behavioral Scientist* 40, no. 4 (1997): 397-405; Nelson Phillips, Thomas B. Lawrence, and Cynthia Hardy, "Inter-Organizational Collaboration and the Dynamics of Institutional Fields," *Journal of Management Studies* 37, no. 1 (2000); Pamela S. Tolbert and L. G. Zucker, "Institutionalization of Institutional Theory," *Handbook of Organizational Studies*, eds. S. Clegg, C. Hardy, and W. Nord (London: SAGE, 1996), 175-90.

65 Elisabeth S. Clemens and James M. Cook, "Politics and Institutionalism: Explaining Durability and Change," *Annual Review of Sociology* 25, no. 1 (1999): 441-66; Mustafa Emirbayer and Ann Mische, "What Is Agency?"

American Journal of Sociology 103, no. 4 (1998): 962-1023; Myeong-Gu Seo and W. E. Douglas Creed, "Institutional Contradictions, Praxis, and Institutional Change: A Dialectical Perspective," *Academy of Management Review* 27, no. 2 (2002): 222-47; William H. Sewell, "A Theory of Structure: Duality, Agency, and Transformation," *American Journal of Sociology* 98, no. 1 (1992): 1-29; Patricia H. Thornton, William Ocasio, and Michael Lounsbury, *The Institutional Logics Perspective: A New Approach to Culture, Structure, and Process* (Oxford: Oxford University Press, 2012).

66 For details on the distinction between motivation and opportunity to rebalance power and its implication for how power relationships change, see Mikołaj Jan Piskorski and Tiziana Casciaro, "When More Power Makes Actors Worse Off: Turning a Profit in the American Economy," *Social Forces* 85, no. 2 (2006): 1011-36; Tiziana Casciaro and Mikołaj Jan Piskorski, "Power Imbalance, Mutual Dependence, and Constraint Absorption: A Closer Look at Resource Dependence Theory," *Administrative Science Quarterly* 50, no. 2 (2005): 167-99. For a complementary view of the distinction between power imbalance and mutual dependence, see Ranjay Gulati and Maxim Sytch, "Dependence Asymmetry and Joint Dependence in Interorganizational Relationships: Effects of Embeddedness on a Manufacturer's Performance in Procurement Relationships," *Administrative Science Quarterly* 52, no. 1 (2007): 32-69. An essential source on measuring such dependence is Ronald S. Burt, *Toward a Structural Theory of Action: Network Models of Social Structure, Perception, and Action.* (New York: Academic Press, 1982).

67 For a memorable account of the lives of the European immigrants to Pittsburgh in the late 1800s and early 1900s, see the historical novel: Thomas Bell, *Out of This Furnace* (Pittsburgh: University of Pittsburgh Press, 1976).

68 Karl Marx, *Capital: A Critique of Political Economy* (London: S. Sonnenschein, Lowrey, & Co., 1887).

69   오늘날 미국 기업은 대체로 유혈 사태가 아닌 다른 방법으로 노조 결성을 억
      제한다. Jay Greene, "Amazon's Anti-Union Blitz Stalks Alabama Warehouse
      Workers Everywhere, Even the Bathroom," *Washington Post*, February 2,
      2021, https://www.washingtonpost.com/technology/2021/02/02/amazon-
      union-warehouse-workers/.

70   Magee and Galinsky, "Social Hierarchy." For more on the relationship
      between (il)legitimacy and systems change, see Paul V. Martorana, Adam
      D. Galinsky, and Hayagreeva Rao, "From System Justification to System
      Condemnation: Antecedents of Attempts to Change Power Hierarchies,"
      Research on Managing Groups and Teams 7 (2005): 283-313.

71   For anger as a response to injustice, see Robert C. Solomon, *The Passions:
      Emotions and the Meaning of Life* (Indianapolis, IN: Hackett, 1993); and C.
      Daniel Batson et al., "Anger at Unfairness: Is It Moral Outrage?" *European
      Journal of Social Psychology* 37, no. 6 (November 2007): 1272-85, on anger
      motivating action against injustice. 슬픔과 무력감과 분노, 개인적 통제의 관
      계에 대한 연구 내용은 다음 자료를 참고하기 바란다. Dacher Keltner, Phoebe
      C. Ellsworth, and Kari Edwards, "Beyond Simple Pessimism: Effects of
      Sadness and Anger on Social Perception," *Journal of Personality and Social
      Psychology* 64, no. 5 (1993): 740; and on emotions that lead to action or risk-
      taking, see Jennifer Lerner and Dacher Keltner, "Fear, Anger, and Risk,"
      Journal of Personality and Social Psychology 81, no. 1 (2001): 146-59; Nico
      H. Frijda, "Emotions and Action," in *Feelings and Emotions*, eds. Antony S. R.
      Manstead, Nico Frijda, and Agneta Fischer (Cambridge, UK: Cambridge University
      Press, 2004), 158-73; James Jasper, *The Emotions of Protest* (Chicago: University
      of Chicago Press, 2018).

72   See, for example, Michele Masterfano, "Unions: The Good, the Bad, the
      Ugly," *HuffPost*, September 17, 2013, https://www.huffpost.com/entry/
      unions-the-good-the-bad-t_b_3880878.

73   Joseph Stiglitz, *The Price of Inequality: How Today's Divided Society Endangers Our Future* (New York: W. W. Norton, 2012).

74   "Amazon Empire: The Rise and Reign of Jeff Bezos," *Frontline*, February 18, 2020, https://www.pbs.org/wgbh/frontline/film/amazon-empire/; Jay Greene, "Amazon Sellers Say Online Retail Giant Is Trying to Help Itself, Not Consumers," *Washington Post*, October 19, 2019, https://www.washingtonpost.com/technology/2019/10/01/amazon-sellers-say-online-retail-giant-is-trying-help-itself-not-consumers/.

75   Erin Griffith, "To Fight Apple and Google's Grip, Fortnite Creator Mounts a Crusade," *New York Times*, August 25, 2020, sec. Technology, https://www.nytimes.com/2020/08/25/technology/fortnite-creator-tim-sweeney-apple-google.html.

76   Piskorski and Casciaro, "When More Power Makes Actors Worse Off," 1011-36.

77   Adam Taylor, "The Global Wave of Populism That Turned 2016 Upside Down," *Washington Post*, December 19, 2016, https://www.washingtonpost.com/news/worldviews/wp/2016/12/19/the-global-wave-of-populism-that-turned-2016-upside-down/.

78   Arlie Russell Hochschild, *Strangers in Their Own Land: Anger and Mourning on the American Right* (New York: The New Press, 2018).

79   Stiglitz, *The Price of Inequality*; Torsten Persson and Guido Tabellini, "Is Inequality Harmful for Growth? Theory and Evidence," *American Economic Review* 84, no. 3 (1994): 600-21. 경제적 효율성 및 불평등, 민주적 자본주의에 대한 위협의 관계에 대한 분석 내용은 다음 자료를 참고하기 바란다. Roger L. Martin, *When More Is Not Better: Overcoming America's Obsession with Economic Efficiency* (Boston: Harvard Business School Press, 2020).

80   Abhijit Banerjee and Esther Duflo, *Good Economics for Hard Times* (New York: PublicAffairs, 2019), 256.

81 Emmie Martin, "Warren Buffett and Bill Gates Agree That the Rich Should Pay Higher Taxes—Here's What They Suggest," *CNBC*, February 26, 2019, https://www.cnbc.com/2019/02/25/warren-buffett-and-bill-gates-the-rich-should-pay-higher-taxes.html; Sheelah Kolhatkar, "The UltraWealthy Who Argue That They Should Be Paying Higher Taxes," *The New Yorker*, January 6, 2020, https://www.newyorker.com/magazine/2020/01/06/the-ultra-wealthy-who-argue-that-they-should-be-paying-higher-taxes.

82 Anand Giridharadas, "The New Elite's Phoney Crusade to Save the World—Without Changing Anything," *The Guardian*, January 22, 2019, http://www.theguardian.com/news/2019/jan/22/the-new-elites-phoney-crusade-to-save-the-world-without-changing-anything; Anand Giridharadas, *Winners Take All: The Elite Charade of Changing the World* (New York: Knopf, 2018).

83 Chad Stone et al., *A Guide to Statistics on Historical Trends in Income Inequality* (Center on Budget and Policy Priorities, 2020), https://www.cbpp.org/sites/default/files/atoms/files/11-28-11pov_0.pdf.

84 For detailed discussions of the neoliberal turn, see Thomas Piketty, *Capital and Ideology*, trans. Arthur Goldhammer (Cambridge, MA: Belknap, 2020); Paul Adler, *The 99% Economy* (Oxford: Oxford University Press, 2019); Luc Boltanski and Eve Chiapello, *The New Spirit of Capitalism* (London: Verso, 2006); and, for an account of its impact on the lives of Americans, see Nicholas Kristof and Sheryl WuDunn, *Tightrope: Americans Reaching for Hope* (New York: Penguin Random House, 2020).

6장. 선동과 혁신 그리고 통합

—

1 Charles Tilly, *Social Movements 1768–2004* (London: Paradigm Publishers, 2004). For a review of the literature on social movements, see David A. Snow,

Sarah A. Soule, and Hanspeter Kriesi, eds., *The Blackwell Companion to Social Movements* (Hoboken, NJ: John Wiley & Sons, 2008); David A. Snow and Sarah A. Soule, *A Primer on Social Movements* (New York: W. W. Norton, 2010).

2 커뮤니케이션 기술이 사회운동에 미치는 영향에 대한 심층 분석은 다음 자료를 참고하기 바란다. Manuel Castells, *Networks of Outrage and Hope: Social Movements in the Internet Age*, 2nd ed. (Malden, MA: Polity Press, 2015).

3 Gene Sharp, *From Dictatorship to Democracy: A Conceptual Framework for Liberation* (Boston: Albert Einstein Institution, 2003).

4 Micah White in discussion with the authors, January and March 2020.

5 Micah White, *The End of Protest: A New Playbook for Revolution* (Toronto: Knopf Canada, 2016).

6 Julie Battilana, "Power and Influence in Society," Harvard Business School note 415-055 (2015); Julie Battilana and Marissa Kimsey, "Should You Agitate, Innovate, or Orchestrate?" *Stanford Social Innovation Review* (online), 2017, https://ssir.org/articles/entry/should_you_agitate_innovate_or_orchestrate.

7. 각종 연구는 온건한 그룹의 교섭 위치가 급진적 그룹에 의해 약화되기보다는 오히려 강화되는 '급진적 측면 효과'를 잘 설명한다. 보다 자세한 내용은 다음 자료를 참고하기 바란다. Herbert H. Haines, "Black Radicalization and the Funding of Civil Rights: 1957-1970," *Social Problems* 32, no. 1 [1984]: 31-43).

8 Battilana and Kimsey, "Should You Agitate?"

9 IPCC, *Global Warming of 1.5°C: An IPCC Special Report on the Impacts of Global Warming of 1.5°C above Pre-industrial Levels and Related Global Greenhouse Gas Emission Pathways, in the Context of Strengthening the Global Response to the Threat of Climate Change, Sustainable Development, and Efforts to Eradicate Poverty*, Valerie MassonDelmotte et al., (eds.) (2018), https://www.ipcc.ch/sr15/.

10 Xiye Bastida in discussion with the authors, September 2019.

11   다음 자료는 기후변화에 적극적으로 행동하지 않는 인간의 심리 상태를 설명한다. George Marshall, *Don't Even Think About It: Why Our Brains Are Wired to Ignore Climate Change* (New York: Bloomsbury, 2015).

12   Niall McCarthy, "The Countries Shutting Down the Internet the Most," *Forbes*, August 28, 2018; Zeynep Tufekci, *Twitter and Tear Gas: The Power and Fragility of Networked Protest* (New Haven: Yale University Press, 2017).

13   Marshall Ganz, "What Is Public Narrative: Self, Us & Now," working paper, Harvard University (2009).

14   각종 연구는 사회운동에 의미를 부여하는 과정이 얼마나 중요한지 보여 준다. 이 과정에서 적극적인 문제 해석을 통해 대중이 해당 사안을 제대로 이해하고 인식하게 된다. 이에 관한 구체적인 내용은 다음 자료를 참고하기 바란다. Robert D. Benford and David A. Snow, "Framing Processes and Social Movements: An Overview and Assessment," *Annual Review of Sociology* 26 (2000): 611-39; David A. Snow et al., "Frame Alignment Processes, Micromobilization, and Movement Participation," *American Sociological Review* 51, no. 4 (1986): 464-81; Paul Almeida, *Social Movements: The Structure of Collective Mobilization* (Oakland, CA: University of California Press, 2019).

15   Paul V. Martorana, Adam D. Galinsky, and Hayagreeva Rao, "From System Justification to System Condemnation: Antecedents of Attempts to Change Power Hierarchies," in *Status and Groups* (Bingley: Emerald Group Publishing Ltd., 2005), 283-313; Ernesto Laclau and Chantal Mouffe, *Hegemony and Socialist Strategy: Towards a Radical Democratic Politics* (New York: Verso, 2001).

16   Erika Summers-Effler, "The Micro Potential for Social Change: Emotion, Consciousness, and Social Movement Formation," *Sociological Theory* 20, no. 1 (2002): 41-60; Michal Reifen Tagar, Christopher M. Federico, and Eran Halperin, "The Positive Effect of Negative Emotions in Protracted Conflict:

The Case of Anger," *Journal of Experimental Social Psychology* 47, no. 1 (2011): 157-64; Marshall Ganz, "Leading Change: Leadership, Organization, and Social Movements," in *Handbook of Leadership Theory and Practice*, ed. Nitin Nohria and Rakesh Khurana (Boston: Harvard Business Press, 2010). See also Paul Slovic, "'If I Look at the Mass I Will Never Act': Psychic Numbing and Genocide," *Judgment and Decision-Making* 2, no. 2 (2007): 79-95.

17 Eliza Barclay and Brian Resnick, "How Big Was the Global Climate Strike? 4 Million People, Activists Estimate," *Vox*, September 22, 2019, https://www. vox.com/energy-and-environment/2019/9/20/20876143/climate-strike-2019-september-20-crowd-estimate.

18 Greta Thunberg, 24th Conference of the Parties to the United Nations Framework Convention on Climate Change (COP 24), Katowice, Poland, 2018.

19 Henry David Thoreau, *A Yankee in Canada, with Anti-Slavery and Reform Papers*, eds. Sophie Thoreau, William Ellery Channing, and Ralph Waldo Emerson (Ticknor and Fields, 1866).

20 George Hendrick, "The Influence of Thoreau's 'Civil Disobedience' on Gandhi's Satyagraha," *The New England Quarterly* 29, no. 4 (1956): 462-71; Mark Engler and Paul Engler, *This Is an Uprising* (New York: Nation, 2017); Gene Sharp, *The Politics of Nonviolent Action* (New York: Porter Sargent Publishers, 1973).

21 Erica Chenoweth and Maria J. Stephan, *Why Civil Resistance Works: The Strategic Logic of Nonviolent Conflict* (New York: Columbia University Press, 2011).

22 Chenoweth and Stephan, *Why Civil Resistance Works*.

23 "Google Trends Interest in 'Climate Change' and 'Climate Crisis' 2004-2020," Google Trends, 2020; Barclay, "How Big Was the Global Climate Strike?"

24 Hahrie Han, *How Organizations Develop Activists: Civic Associations and Leadership in the 21st Century* (Oxford: Oxford University Press, 2014); Engler

and Engler, *This Is an Uprising*; Jane McAlevey, *A Collective Bargain: Unions, Organizing, and the Fight for Democracy* (New York: HarperCollins, 2020).

25   Julie Battilana et al., "Problem, Person, and Pathway: A Framework for Social Innovators," in *Handbook of Inclusive Innovation*, ed. Gerard George et al. (Cheltenham, UK: Edward Elgar Publishing, 2019), 61-74.

26   Cynthia Rayner and François Bonnici, *The Systems Work of Social Change* (forthcoming); Christian Seelos and Johanna Mair, *Innovation and Scaling for Impact: How Effective Social Enterprises Do It* (Palo Alto, CA: Stanford University Press, 2017).

27   Steve Lydenberg, Jean Rogers, and David Wood, "From Transparency to Performance: Industry-Based Sustainability Reporting on Key Issues," Initiative for Responsible Investment, Hauser Center for Nonprofit Organizations, Harvard University, 2010.

28   Julie Battilana and Michael Norris, "The Sustainability Accounting Standards Board," Harvard Business School Case 414-078, 2015.

29   Jean Rogers in discussion with the authors, December 2018, December 2020, and January 2021.

30   María Rachid, in discussion with the authors, August 2020.

31   Hector Tobar and Chris Kraul, "Millions of Bank Accounts Are Frozen in Beleaguered Argentina," *Los Angeles Times*, January 11, 2002, https://www.latimes.com/archives/la-xpm-2002-jan-11-mn-21962-story.html.

32   For more on political opportunity, see William A. Gamson and David Meyer "Framing Political Opportunity," in Doug McAdam, J. McCarthy, and M. Zald, eds., *Comparative Perspectives on Social Movements: Political Opportunities, Mobilizing Structures, and Cultural Framings* (Cambridge, UK: Cambridge University Press, 1996): 275-90; Hanspeter Kriesi, "Political Context and Opportunity," in David Snow, Sarah Soule, and Hanspeter Kriesi, eds.,

Blackwell Companion to Social Movements (Oxford: Blackwell, 2004): 67-90; Doug McAdam, *Political Process and the Development of Black Insurgency, 1930–1970* (Chicago: University of Chicago Press, 2010); David S. Meyer, "Protest and Political Opportunities," *Annual Review of Sociology* 30 (2004): 125-45; Sidney Tarrow, "States and Opportunities: The Political Structuring of Social Movements," in *Comparative Perspectives on Social Movements*, eds. Doug McAdam, Joseph McCarthy, and Meyer Zald, (Cambridge, UK: Cambridge University Press, 1996): 41-61; Charles Tilly, *From Mobilization to Revolution* (Reading, MA: Addison-Wesley, 1978).

33 Han, *How Organizations Develop Activists*.

34 아르헨티나는 '세계인권선언'과 함께 기타 인권 관련의 국제적 합의를 수용한 몇 안 되는 국가 중 하나다. 이와 함께 국가 헌법으로 국민의 권리를 보장한다.

35 Omar G. Encarnación, *Out in the Periphery: Latin America's Gay Rights Revolution* (New York: Oxford University Press, 2016).

36 Melanie C. Green and Timothy C. Brock, "The Role of Transportation in the Persuasiveness of Public Narratives," *Journal of Personality and Social Psychology* 79, no. 5 (2000): 701-21.

37 Ryann Manning, Julie Battilana, and Lakshmi Ramarajan, "Up for Interpretation: How Audiences' Unexpected Responses Threaten Social Movement Identities," *Academy of Management Annual Meeting Proceedings* (October 2014).

38 Manning, Battilana, and Ramarajan, "Up for Interpretation."

39 Encarnación, *Out in the Periphery*, 146.

40 Monica Anderson and Skye Toor, "How Social Media Users Have Discussed Sexual Harassment since #MeToo Went Viral," *Pew Research Center*, October 11, 2018; Benedetta Faedi Duramy, "#MeToo and the Pursuit of Women's International Human Rights," *University of San Francisco Law Review* 54, no. 2 (2020): 215-68.

41 Tarana Burke in discussion with the authors, February 2020.

42 로널드 A. 하이페츠는 좀 더 나은 관리와 전문성으로 해결될 수 있는 '기술적 문제'와 신념과 가치 변화가 필요한 '적응적 문제'를 구분한다. '적응 리더십'에 관한 하이페츠의 선구적 연구 내용은 다음 자료를 참고하기 바란다. *Leadership Without Easy Answers* (Cambridge, MA: Belknap Press, 1994).

43 디지털 시대의 정치 참여의 변혁에 대해서는 다음 자료를 참고하기 바란다. Danielle Allen and Jennifer S. Light, *From Voice to Influence: Understanding Citizenship in a Digital Age* (Chicago: University of Chicago Press, 2015).

44 Tufekci, *Twitter and Tear Gas*, 70-1.

45 Alicia Garza, *The Purpose of Power: How We Come Together When We Fall Apart* (New York: One World, 2020), xi.

46 Marshall Ganz, *Why David Sometimes Wins: Leadership, Organization, and Strategy in the California Farm Worker Movement* (Oxford: Oxford University Press, 2009); Tufekci, *Twitter and Tear Gas*.

47 John D. McCarthy and Mayer N. Zald, "Resource Mobilization and Social Movements: A Partial Theory," *American Journal of Sociology* 82, no. 6 (1977): 1212-41.

48 Ganz, *Why David Sometimes Wins*, 252.

7장. 권력은 변하지 않는다. 다만 주인을 바꿀 뿐이다

—

1 Moisés Naím, *The End of Power: From Boardrooms to Battlefields and Churches to States, Why Being in Charge Isn't What It Used to Be* (New York: Basic Books, 2014), 12.

2 Jeremy Heimans and Henry Timms, *New Power: How Power Works in Our Hyperconnected World—and How to Make It Work for You* (New York: Doubleday, 2018).

3   "The Development of Agriculture," *National Geographic Society*, August 19, 2019, http://www.nationalgeographic.org/article/development-agriculture/; Yuval N. Harari, *Sapiens: A Brief History of Humankind* (London: Harvill Secker, 2014).

4   Jared Diamond, *Guns, Germs, and Steel: The Fates of Human Societies* (New York: W. W. Norton, 1999).

5   David I. Howie, "Benedictine Monks, Manuscripts Copying, and the Renaissance: Johannes Trithemius' ≪De Laude Scriptorum≫" *Revue Bénédictine* 86, no. 1-2 (1976): 129-54.

6   Elizabeth L. Einstein, *The Printing Press as an Agent of Change* (Cambridge, UK: Cambridge University Press, 1980).

7   L. B. Larsen et al., "New Ice Core Evidence for a Volcanic Cause of the A.D. 536 Dust Veil," *Geophysical Research Letters* 35, no. 4 (2008).

8   Greg Williams, "Disrupting Poverty: How Barefoot College Is Empowering Women through Peer-to-Peer Learning and Technology," *Wired UK*, March 7, 2011, https://www.wired.co.uk/article/disrupting-poverty.

9   Meagan Fallone, in discussion with the authors, December 2020.

10 René Descartes, *A Discourse on Method*, trans. John Veitch (London: J. M. Dent, 1912), 49.

11 과학적 방법은 반증 가능한 가설에 대한 관찰 및 엄격한 테스트를 이용한다.

12 Meghan Bartels, "How Do You Stop a Hypothetical Asteroid From Hitting Earth? NASA's On It," *Space.com*, May 2, 2019, https://www.space.com/asteroid-threat-simulation-nasa-deflection-idea.html.

13 Keenan Mayo and Peter Newcomb, "The Birth of the World Wide Web: An Oral History of the Internet," *Vanity Fair*, July 2008, https://www.vanityfair.com/news/2008/07/internet200807.

14 Naím, *The End of Power*; Heimans and Timms, *New Power*.

15 Joshua Gans and Andrew Leigh, *Innovation + Equality: How to Create a*

Future that is More Star Trek Than Terminator (Cambridge, MA: The MIT Press, 2019): 7.

16 Jean Luc Chabert, *A History of Algorithms: From the Pebble to the Microchip* (Berlin: Springer, 1999): 7.

17 "Coding," *Explained*, Vox Media (Netflix, 2019).

18 Pedro Domingos, *The Master Algorithm: How the Quest for the Ultimate Learning Machine Will Remake Our World* (New York: Basic Books, 2015), 1.

19 "Coding," Vox Media; Ajay Agrawal, Joshua Gans, and Avi Goldfarb, *Prediction Machines: The Simple Economics of Artificial Intelligence* (Boston, MA: *Harvard Business Review Press*, 2018).

20 Sara Reardon, "Rise of Robot Radiologists," *Nature (London)* 576, no. 7787 (2019): S54-58.

21 For an analysis of the opportunities and challenges in this domain, see Miriam Mutebi et al., "Innovative Use of MHealth and Clinical Technology for Oncology Clinical Trials in Africa," *JCO Global Oncology*, no. 6 (2020): 948-53.

22 Susan Wharton Gates, Vanessa Gail Perry, and Peter M. Zorn, "Automated Underwriting in Mortgage Lending: Good News for the Underserved?" *Housing Policy Debate* 13, no. 2 (2002): 369-91. 편향 제거 가능성에 대한 선형 모델의 구체적인 내용은 다음 자료를 참고하기 바란다. Robyn M. Dawes, "The Robust Beauty of Improper Linear Models in Decision-Making," *American Psychologist* 34, no. 7 (1979): 571-82.

23 Batya Friedman and Helen Nissenbaum, "Bias in Computer Systems," *ACM Transactions on Information Systems* 14, no. 3 (1996): 330-47; also discussed in Agrawal, Gans, and Goldfarb, *Prediction Machines*, and in Marco Ianstiti and Karim Lakhani, *Competing in the Age of AI: Strategy and Leadership When Algorithms and Networks Run the World* (Boston: Harvard Business Review Press, 2020).

24 Tom Simonite, "The Best Algorithms Still Struggle to Recognize Black Faces," *Wired*, Conde Nast, July 22, 2019, https://www.wired.com/story/best-algorithms-struggle-recognize-black-faces-equally/. For more on algorithmic recognition bias see Joy Buolamwini and Timnit Gebru, "Gender Shades: Intersectional Accuracy Disparities in Commercial Gender Classification," in *Conference on Fairness, Accountability and Transparency*, PMLR (2018): 77-91; Yui Man Lui et al., "A Meta-Analysis of Face Recognition Covariates," in *2009 IEEE 3rd International Conference on Biometrics: Theory, Applications, and Systems* (2009): 1-8.

25 Joy Buolamwini, "How I'm Fighting Bias in Algorithms," TEDxBeaconStreet, November 2016, https://www.ted.com/talks/joy_buolamwini_how_i_m_fighting_bias_in_algorithms.

26 Virginia Eubanks, *Automating Inequality: How High-Tech Tools Profile, Police, and Punish the Poor* (New York: Picador, 2019); Ruha Benjamin, *Race After Technology: Abolitionist Tools for the New Jim Code* (Cambridge, MA: Polity, 2019).

27 Cathy O'Neil, *Weapons of Math Destruction: How Big Data Increases Inequality and Threatens Democracy* (Westminster, UK: Penguin Books, 2017); Safiya Umoja Noble, *Algorithms of Oppression: How Search Engines Reinforce Racism* (New York: New York University Press, 2018).

28 Cathy O'Neil, "The Era of Blind Faith in Big Data Must End," TED, April 2017, https://www.ted.com/talks/cathy_o_neil_the_era_of_blind_faith_in_big_data_must_end.

29 Emily Chang, *Brotopia: Breaking up the Boys' Club of Silicon Valley* (New York: Portfolio/Penguin, 2019).

30 18세기 영국 철학자 제레미 벤담은 '원형감옥'이라는 이름의 효과적인 감옥 시스템을 고안했다. 원형감옥은 고리 모양으로 교도관이 상주하는 중앙 타워를 감옥들이 빙 둘러 감싸도록 설계되었다. 그래서 교도관은 늘 모든 방을 한눈

에 볼 수 있었지만, 죄수들은 교도관을 볼 수 없었다. 이후 프랑스 철학자 미셸 푸코는 원형감옥을 죄수뿐 아니라 전 국민을 감시하는 사회 통제의 상징으로 보았다. 이에 관한 구체적인 내용은 다음 자료를 참고하기 바란다. Michel Foucault, *Discipline and Punish: The Birth of the Prison* (New York: Vintage Books, 1995).

31 Yuval Noah Harari, "Why Technology Favors Tyranny," *The Atlantic*, September 13, 2018, https://www.theatlantic.com/magazine/archive/2018/10/yuval-noah-harari-technology-tyranny/568330/.

32 Adam Satariano, "How My Boss Monitors Me While I Work From Home," *New York Times*, May 6, 2020, https://www.nytimes.com/2020/05/06/technology/employee-monitoring-work-from-home-virus.html.

33 Amy Webb, *The Big Nine: How the Tech Titans and Their Thinking Machines Could Warp Humanity* (New York: PublicAffairs, 2020).

34 Shoshana Zuboff, *The Age of Surveillance Capitalism: The Fight for a Human Future at the New Frontier of Power* (New York: PublicAffairs, 2020).

35 Tobias Rose-Stockwell, "This Is How Your Fear and Outrage Are Being Sold for Profit," *Medium*, August 12, 2019, https://medium.com/@tobiasrose/the-enemy-in-our-feeds-e86511488de. See also Tim Wu, *The Attention Merchants: The Epic Scramble to Get inside Our Heads* (Vancouver, B.C.: Langara College, 2020).

36 Agrawal, Gans, and Goldfarb, *Prediction Machines*, 43.

37 *Open Hearing on Foreign Influence Operations' Use of Social Media Platforms (Company Witnesses), Before the Select Committee on Intelligence of the United States Senate*, 115th Cong. (2018) (statement of Jack Dorsey, CEO of Twitter).

38 Jerrold Nadler and David N. Cicilline, *Investigation of Competition in Digital Markets: Majority Staff Report and Recommendations*, United States House of Representatives Subcommittee on Antitrust, Commercial and

Administrative Law of the Committee of the Judiciary, 2020.

39   Fernando Belinchón and Moynihan Qayyah, "25 Giant Companies That Are Bigger than Entire Countries," *Business Insider*, July 25, 2018, https://www.businessinsider.com/25-giant-companies-that-earn-more-than-entire-countries-2018-7.

40   Jenny Odell, *How to Do Nothing: Resisting the Attention Economy* (New York: Melville House, 2021).

41   Dell Cameron and Kate Conger, "Google Is Helping the Pentagon Build AI for Drones," *Gizmodo*, June 1, 2018, https://gizmodo.com/google-is-helping-the-pentagon-build-ai-for-drones-1823464533.

42   메러디스 휘태커와 작가들과의 대화, 2020년 9월.

43   Scott Shane and Daisuke Wakabayashi, "'The Business of War': Google Employees Protest Work for the Pentagon," *New York Times*, April 4, 2018, https://www.nytimes.com/2018/04/04/technology/google-letter-ceo-pentagon-project.html.

44   Reuters, "Google to Halt Controversial Project Aiding Pentagon Drones," *NBC News*, June 2, 2018, https://www.nbcnews.com/news/military/google-halt-controversial-project-aiding-pentagon-drones-n879471.

45   Lulu Chang, "As Google Continues Its Work on a Military Project, a Dozen Employees Resign," *Digital Trends*, June 2, 2018, https://www.digitaltrends.com/business/google-employees-letter-to-ceo-war/.

46   Davey Alba, "Google Backs Away from Controversial Military Drone Project," *BuzzFeed*, June 1, 2018, https://www.buzzfeednews.com/article/daveyalba/google-says-it-will-not-follow-through-on-pentagon-drone-ai.

47   Sundar Pichai, "AI at Google: Our Principles," Google, June 7, 2018, https://blog.google/technology/ai/ai-principles/.

48   Ryan Gallagher, "Google Plans to Launch Censored Search Engine in China, Leaked Documents Reveal," *The Intercept*, August 1, 2018, https://

theintercept.com/2018/08/01/google-china-search-engine-censorship/.

49 Find a copy of the open letter in the *New York Times* archive here: https://int.nyt.com/data/documenthelper/166-dragonfly-letter/ae6267f0128f4facd183/optimized/full.pdf#page=1.

50 "Open Letter: Google Must Not Capitulate on Human Rights to Gain Access to China," Amnesty International, August 28, 2018, https://www.amnesty.org/en/latest/news/2018/08/open-letter-to-google-on-reported-plans-to-launch-a-censored-search-engine-in-china/.

51 Taylor Telford and Elizabeth Dwoskin, "Google Employees Worldwide Walk Out over Allegations of Sexual Harassment, Inequality within Company," *Washington Post*, November 1, 2018, https://www.washingtonpost.com/business/2018/11/01/google-employees-worldwide-begin-walkout-over-allegations-sexual-harassment-inequality-within-company; Ryan Mac, "Disgraced Google Exec Andy Rubin Quietly Left His Venture Firm Earlier This Year," *BuzzFeed*, October 13, 2019, https://www.buzzfeednews.com/article/ryanmac/andy-rubin-playground-global-google-quiet-departure.

52 Sam Byford, "Google Employees Worldwide are Walking Out Today to Protest Handling of Sexual Misconduct," *The Verge*, November 1, 2018, https://www.theverge.com/2018/11/1/18051026/google-walkout-sexual-harassment-protest.

53 Telford and Dwoskin, "Google Employees Worldwide Walk Out."

54 Daisuke Wakabayashi, "Google Ends Forced Arbitration for All Employee Disputes," *New York Times*, February 21, 2019, https://www.nytimes.com/2019/02/21/technology/google-forced-arbitration.html.

55 "Google's Project Dragonfly 'Terminated' in China," *BBC News*, July 17, 2019, https://www.bbc.com/news/technology-49015516.

56 Johana Bhuiyan, "How the Google Walkout Transformed Tech Workers into Activists," *Los Angeles Times*, November 6, 2019, https://www.latimes.

com/business/technology/story/2019-11-06/google-employee-walkout-tech-industry-activism. 직원들의 반란에 주목해야 할 중요성에 관해서는 다음 자료를 참고하기 바란다. David Courpasson and Jean-Claude Thoenig, *When Managers Rebel*, 1st ed. (London: Palgrave Macmillan UK, 2010).

57 Beth Kowitt, "Inside Google's Civil War," *Fortune*, January 29, 2020, https://fortune.com/longform/inside-googles-civil-war/.

58 Kate Conger, "Hundreds of Google Employees Unionize, Culminating Years of Activism," *New York Times*, January 4, 2021, https://www.nytimes.com/2021/01/04/technology/google-employees-union.html.

59 "Home," Alphabet Workers Union, December 15, 2020, https://alphabetworkersunion.org/.

60 "LIVE: Apple CEO Tim Cook speaks at Brussels' International Data Privacy Day," *Reuters* (video), January 28, 2021, https://www.youtube.com/watch?v=ug6tA6fhhdQ.

61 Sundar Pichai, "Why Google Thinks We Need to Regulate AI," *Financial Times*, January 20, 2020, https://www.ft.com/content/3467659a-386d-11ea-ac3c-f68c10993b04.

62 "What is GDRP, the EU's New Data Protection Law?," gdrp.eu, accessed April 7, 2021, https://gdpr.eu/what-is-gdpr/.

63 "GDPR: Noyb.eu Filed Four Complaints over 'Forced Consent' against Google, Instagram, WhatsApp and Facebook," noyb.eu, May 25, 2018, https://noyb.eu/en/gdpr-noybeu-filed-four-complaints-over-forced-consent-against-google-instagram-whatsapp-and.

64 "Austrian Privacy Activist Schrems Files Complaint against Amazon," Reuters, February 19, 2020, https://www.reuters.com/article/europe-privacy-amazoncom/austrian-privacy-activist-schrems-files-complaint-against-amazon-idUSL8N2AJ4ZJ.

65 Kara Swisher, "She's Bursting Big Tech's Bubble," *New York Times*, October

29, 2020, https://www.nytimes.com/2020/10/29/opinion/sway-kara-swisher-lina-khan.html.

66 Lina M. Khan, "The Separation of Platforms and Commerce," *Columbia Law Review* 119, no. 4 (2019): 973-1098; Kari Paul, "'This Is Big': U.S. Lawmakers Take Aim at Once-Untouchable Big Tech," *The Guardian*, December 19, 2020, https://www.theguardian.com/technology/2020/dec/18/google-facebook-antitrust-lawsuits-big-tech.

67 예를 들어, 유럽 규제 당국은 7년간 구글을 조사해 자체 쇼핑 서비스를 우대하여 경쟁을 억제한 혐의로 27억 달러의 벌금을 부과했다. 2019년에는 독일이 시장 권력 남용을 이유로 페이스북을 단속했다. 당시 독일은 법을 제정해 페이스북은 물론 페이스북이 소유한 인스타그램, 왓츠앱에 대해서도 사용자 동의 없이 고객 정보를 공유하지 못하도록 했다. 이에 관한 구체적인 내용은 다음 자료를 참고하기 바란다. Michael A. Corrier, "Big Tech, Antitrust, and Breakup," *Georgetown Journal of International Affairs*, 2020.

68 Sheelah Kolhatkar, "How Elizabeth Warren Came Up with a Plan to Break Up Big Tech," *The New Yorker*, August 20, 2019, https://www.newyorker.com/business/currency/how-elizabeth-warren-came-up-with-a-plan-to-break-up-big-tech; Lina M. Khan, "Amazon's Paradox," *The Yale Law Journal* 126, no. 3 (2017): 710-805.

69 Rod McGuirk, "Australia Passes Law to Make Google, Facebook Pay for News," *AP News*, February 25, 2021, https://apnews.com/article/australia-law-google-facebook-pay-news-959ffb44307da22cdeebdd85290c0cde.

70 Gabriel Gieger, "Court Rules Deliveroo Used 'Discriminatory' Algorithm," *Vice*, January 5, 2021, https://www.vice.com/en/article/7k9e4e/court-rules-deliveroo-used-discriminatory-algorithm.

71 Shirin Ghaffary, "After 20,000 Workers Walked out, Google Said It Got the Message. The Workers Disagree," *Vox*, November 21, 2018, https://www.vox.com/2018/11/21/18105719/google-walkout-real-change-organizersprotest-discrimination-kara-swisher-recode-decode-podcast.

72 *Artificial Intelligence, Societal and Ethical Implications, Before the United States House of Representatives Committee on Science, Space, and Technology*, 116th Cong. (2019) (statement of Meredith Whittaker, cofounder and codirector of AI Now Institute).

73 For example, Genie Barton, Nicol Turner-Lee, and Paul Resnick, "Algorithmic Bias Detection and Mitigation: Best Practices and Policies to Reduce Consumer Harms," *Brookings*, May 22, 2019, https://www. brookings.edu/research/algorithmic-bias-detection-and-mitigation-best-practices-and-policies-to-reduce-consumer-harms/; Sorelle A. Friedler et al., "A Comparative Study of Fairness Enhancing Interventions in Machine Learning," in *Proceedings of the Conference on Fairness, Accountability, and Transparency* (2019): 329-38; Solon Barocas, Moritz Hardt, and Arvind Narayanan, *Fairness and Machine Learning* (fairmlbook.org, 2019).

74 Cynthia Dwork, "Skewed or Rescued? The Emerging Theory of Algorithmic Fairness," Berkman Klein Center, November 29, 2018, https://cyber.harvard.edu/events/skewed-or-rescued-emerging-theory-algorithmic-fairness.

75 Brendan F. Klare et al., "Face Recognition Performance: Role of Demographic Information," *IEEE Transactions on Information Forensics and Security* 7, no. 6 (December 2012): 1789-1801.

76 Jerry Kaplan, *Humans Need Not Apply: A Guide to Wealth and Work in the Age of Artificial Intelligence* (New Haven: Yale University Press, 2015); Morgan R. Frank et al., "Toward Understanding the Impact of Artificial Intelligence on Labor," *Proceedings of the National Academy of Sciences* 116, no.14 (2019): 6531-9.

77 John Hawksworth, Richard Berriman, and Saloni Goel, *Will Robots Really Steal Our Jobs? An International Analysis of the Potential Long Term Impact of Automation* (PwC, February 2018).

78   For key works in the sprawling literature on the future of work, see Erik
      Brynjolfsson and Andrew McAfee, *Race Against the Machine* (Lexington,
      MA: Digital Frontier Press, 2011); Erik Brynjolfsson and Andrew McAfee, *The*
      Second Machine Age (New York: W. W. Norton, 2014); Kaplan, *Humans Need*
      Not Apply (2015); Alec Ross, *The Industries of the Future* (New York: Simon &
      Schuster, 2016); and Richard Susskind and Daniel Susskind, *The Future of the*
      Professions (Oxford: Oxford University Press, 2017).

79   David Autor, David Mindell, and Elisabeth Reynolds, "The Work of the
      Future: Shaping Technology and Institutions," MIT Work of the Future,
      November 17, 2020, https://workofthefuture.mit.edu/research-post/the-
      work-of-the-future-shaping-technology-and-institutions/.

80   CRISPR(크리스퍼)는 'clustered regularly interspaced short palindromic repeats'
      의 머리글자를 따서 만든 용어로 유전자 가위 기능을 하는 DNA의 특정 영역
      을 일컫는다. 크리스퍼로 DNA나 RNA를 매우 정확하게 편집할 수 있다. 이
      에 관한 구체적인 내용은 다음 자료를 참고하기 바란다. Jennifer A. Doudna
      and Emmanuelle Charpentier, "The New Frontier of Genome Editing with
      CRISPR-Cas9," *Science* 346, no. 6213 (2013).

81   Megan Rose Dickey, "Human Capital: 'People Were Afraid of Being
      Critical with Me,'" *TechCrunch*, August 28, 2020, https://social.techcrunch.
      com/2020/08/28/human-capital-it-doesnt-have-to-be-this-way/.

82   Ottmar Edenhofer et al., "Summary for Policymakers," in *Climate Change*
      2014: Mitigation of Climate Change, Contribution of Working Group III
      to the Fifth Assessment Report of the Intergovernmental Panel on Climate
      Change (Cambridge, UK: Cambridge University Press, 2014).

83   Ronald Segal, *The Black Diaspora: Five Centuries of the Black Experience*
      Outside Africa (New York: Farrar, Straus, and Giroux, 1995), 4.

84   François Rabelais and Andrew Brown, *Pantagruel: King of the Dipsodes*
      Restored to His Natural State with His Dreadful Deeds and Exploits (London:

Hesperus, 2003), 34.

85 Yuval N. Harari, *Homo Deus: A Brief History of Tomorrow* (New York: Harper, 2017); Derek Thompson, "Can Science Cure Aging?" *The Atlantic*, September 13, 2018, https://www.theatlantic.com/ideas/archive/2018/09/can-science-cure-aging/570121/.

86 For just two examples, John Koetsier, "Elon Musk's 42,000 Star-Link Satellites Could Just Save the World," *Forbes*, January 9, 2020, https://www.forbes.com/sites/johnkoetsier/2020/01/09/elon-musks-42000-starlink-satellites-could-just-save-the-world/; and Navneet Alang, "As the Robots Arrive, We Have to Remember: Another Future is Possible," *Toronto Star*, February 27, 2021, https://www.thestar.com/business/opinion/2021/02/27/as-the-robots-arrive-we-have-to-remember-another-future-is-possible.html.

8장. 권력 통제
—

1 Simonetta Adorni Braccesi and Mario Ascheri, eds., *Politica e Cultura nelle Repubbliche Italiane dal Medioevo all'Età Moderna: Firenze, Genova, Lucca, Siena, Venezia,* (Rome: Istituto storico italiano per l'Età Moderna e Contemporanea, 2001); William Marvin Bowsky, *A Medieval Italian Commune: Siena Under the Nine, 1287–1355* (Berkeley: University of California Press, 1981).

2 1287~1355년 시에나 9인의 정부에서 근무한 공무원 숫자는 2000에서 3000명으로 추산된다. 흑사병 창궐 전 당시 인구는 6만 2000에서 10만 명 정도였다. 9인의 정부는 모두 남자로 구성되었고(여자는 정치 활동에서 배제) 특정 사회계층 및 가족이 더 자주 선출되었다. 하지만 귀족층을 포함한 다른 특권층은 정치 참여 자체가 불가하였고, 2년의 임기 제한과 더불어 재임명을 위해서는 20개월을 기다려야 한다는 규칙을 엄격히 제한함으로써 시에나 국민들에게 정치적 대표성을 부여했다. Mario Ascheri, "La Siena del 'Buon Governo' (1287-

1355)," in Adorni Braccesi and Ascheri, *Politica e Cultura nelle Repubbliche Italiane*, 81-107.

3   Cameron Anderson and Sebastien Brion, "Perspectives on Power in Organizations," *Annual Review of Organizational Psychology and Organizational Behavior* 1, no. 1 (2014): 67-97; Peter Fleming and André Spicer, "Power in Management and Organization Science," *Academy of Management Annals* 8, no. 1 (2014): 237-98.

4   엘렌 오초아와 작가들과의 대화, 2019년 4월, 2020년 10월.

5   Raj Chetty et al., "Race and Economic Opportunity in the United States," *NBER* working paper 24441 (2018); Cecilia L. Ridgeway, *Framed by Gender: How Gender Inequality Persists in the Modern World* (Oxford: Oxford University Press, 2011).

6   John Matthew Amis, Johanna Mair, and Kamal Munir, "The Organizational Reproduction of Inequality," *Academy of Management Annals* 14, no. 1 (2020): 195-230.

7   Michael L. Coats, "Michael L. Coats—NASA, Johnson Space Center," *Diversity Journal*, March 12, 2012, https://diversityjournal.com/7663-michael-l-coats-nasa-johnson-space-center/.

8   David Thomas and Robin Ely, "Making Differences Matter: A New Paradigm for Managing Diversity," *Harvard Business Review* 74, no. 5 (1996): 79-90.

9   Robin J. Ely and David A. Thomas, "Getting Serious About Diversity: Enough Already with the Business Case," *Harvard Business Review* 98, no. 6 (2020): 114-22.

10   Sheryl Sandberg, *Lean In: Women, Work, and the Will to Lead* (New York: Knopf, 2013).

11   Rosabeth Moss Kanter, *Men and Women of the Corporation* (New York: Basic Books, 2010).

12   For more on the cultural contingency of tokenism, see Catherine J. Turco,

"Cultural Foundations of Tokenism: Evidence from the Leveraged Buyout Industry," *American Sociological Review* 75, no. 6 (2010): 894-913.

13 Alicia DeSantola, Lakshmi Ramarajan, and Julie Battilana, "New Venture Milestones and the First Female Board Member," A*cademy of Management Best Paper Proceedings* (2017).

14 Carolyn Wiley and Mireia Monllor-Tormos, "Board Gender Diversity in the STEM&F Sectors: The Critical Mass Required to Drive Firm Performance," *Journal of Leadership & Organizational Studies* 25, no. 3 (2018): 290-308.

15 Alexandra Kalev, Frank Dobbin, and Erin Kelly, "Best Practices or Best Guesses? Assessing the Efficacy of Corporate Affirmative Action and Diversity Policies," *American Sociological Review* 71, no. 4 (2006): 589-617.

16 Emilio J. Castilla and Stephen Benard, "The Paradox of Meritocracy in Organizations," *Administrative Science Quarterly* 55, no. 4 (2010): 543-76. For more on how diversity programs, when misused, can undermine racial justice, see Ellen Berrey, *The Enigma of Diversity: The Language of Race and the Limits of Racial Justice* (Chicago: University of Chicago Press, 2015).

17 Frank Dobbin and Alexandra Kalev, "Why Doesn't Diversity Training Work? The Challenge for Industry and Academia," *Anthropology Now* 10, no. 2 (2018): 48-55; Alexandra Kalev and Frank Dobbin, "Companies Need to Think Bigger Than Diversity Training," *Harvard Business Review* (October 20, 2020), https://hbr.org/2020/10/companies-need-to-think-bigger-than-diversity-training.

18 Iris Bohnet, *What Works: Gender Equality by Design* (Cambridge, MA: Belknap Press of Harvard University Press, 2018); Colleen Ammerman and Boris Groysberg, *Glass Half-Broken: Shattering the Barriers That Still Hold Women Back at Work* (Harvard Business Review Press, 2021).

19 Frank Dobbin and Alexandra Kalev, "Why Diversity Programs Fail," *Harvard Business Review* (2016), https://hbr.org/2016/07/why-diversity-programs-fail;

see also Kalev and Dobbin, "Companies Need to Think Bigger."

20   Robert Livingston, "How to Promote Racial Equity in the Workplace," *Harvard Business Review* 98, no. 5 (2020): 64-72; see also Robert Livingston, *The Conversation: How Seeking and Speaking the Truth About Racism Can Radically Transform Individuals and Organizations* (New York: Currency, 2021).

21   Tina Opie and Laura Morgan Roberts, "Do Black Lives Really Matter in the Workplace? Restorative Justice as a Means to Reclaim Humanity," *Equality, Diversity and Inclusion: An International Journal* 36, no. 8 (2017): 707-19.

22   노동 시장의 인종차별에 관해서는 다음 자료를 참고하기 바란다. Marianne Bertrand and Sendhil Mullainathan, "Are Emily and Greg More Employable than Lakisha and Jamal: A Field Experiment on Labor Market Discrimination," *The American Economic Review* 94, no. 4 (2004): 991-1013; Devah Pager, Bart Bonikowski, and Bruce Western, "Discrimination in a LowWage Labor Market," *American Sociological Review* 74, no. 5 (2009): 777-99.

23   Lauren A. Rivera, "Go with Your Gut: Emotion and Evaluation in Job Interviews," *American Journal of Sociology* 120, no. 5 (2015): 1139-89; and *Pedigree: How Elite Students Get Elite Jobs* (Princeton: Princeton University Press, 2015). See also Gardiner Morse, "Designing a Bias-Free Organization," Harvard Business Review 94, no. 7-8 (2016): 62-7.

24   Laura Morgan Roberts and Anthony J. Mayo, "Toward a Racially Just Workplace," *Harvard Business Review*, November 14, 2019, https://hbr.org/2019/11/toward-a-racially-just-workplace. See also Laura Morgan Roberts, Anthony J. Mayo, and David A. Thomas, *Race, Work, and Leadership* (La Vergne: Harvard Business Review Press, 2019).

25   Colleen Sheppard, *Inclusive Equality: The Relational Dimensions of Systemic Discrimination in Canada* (Montreal: McGill Queen's University Press,

2010).

26   Livingston, "How to Promote Racial Equity in the Workplace"; Livingston, *The Conversation*.

27   Franklin A. Gevurtz, "The Historical and Political Origins of the Corporate Board of Directors," *Hofstra Law Review* 33, no. 1 (2004); Cyril O'Donnell, "Origins of the Corporate Executive," *Bulletin of the Business Historical Society* 26, no. 2 (1952): 55-72.

28   Richard Mulgan, *Holding Power to Account: Accountability in Modern Democracies* (New York: Palgrave Macmillan, 2014).

29   Steven Boivie et al., "Are Boards Designed to Fail? The Implausibility of Effective Board Monitoring," *Academy of Management Annals* 10, no. 1 (2016): 319-407.

30   Michael Useem, *The Inner Circle: Large Corporations and the Rise of Business Political Activity in the U.S. and U.K.* (Oxford: Oxford University Press, 1992); Mark Mizruchi, *The American Corporate Network* (Beverly Hills, CA: SAGE, 1982).

31   Gerald F. Davis, Mina Yoo, and Wayne E. Baker, "The Small World of the American Corporate Elite, 1982-2001," *Strategic Organization* 1, no. 3 (2003): 301-26.

32   Johan S. G. Chu and Gerald F. Davis, "Who Killed the Inner Circle? The Decline of the American Corporate Interlock Network," *American Journal of Sociology* 122, no. 3 (2016): 714-54.

33   전통적으로 이사회의 이사는 주주의 이익을 극대화하기 위해 노력할 의무가 있다. 이와 관련해 보다 구체적인 내용은 다음 자료를 참고하기 바란다. Leo Strine, "The Dangers of Denial: The Need for a Clear-Eyed Understanding of the Power and Accountability Structure Established by the Delaware General Corporation Law," SSRN Scholarly Paper ID 2576389, Rochester, NY: Social Science Research Network, https://papers.ssrn.com/abstract=2576389.

34 Lawrence Mishel and Jori Kandra, "CEO Compensation Surged 14% in 2019 to $21.3 Million: CEOs Now Earn 320 Times as Much as a Typical Worker," *Economic Policy Institute* (blog), August 18, 2020, https://www.epi.org/publication/ceo-compensation-surged-14-in-2019-to-21-3-million-ceos-now-earn-320-times-as-much-as-a-typical-worker/.

35 Rebecca Henderson, *Reimagining Capitalism in a World on Fire* (New York: PublicAffairs, 2020); Naomi Klein, *This Changes Everything: Capitalism vs. the Climate* (New York: Simon & Schuster, 2014).

36 Sarah Kaplan, *The 360° Corporation: From Stakeholder Trade-Offs to Transformation* (Stanford, CA: Stanford Business Books, 2019); R. Edward Freeman, Kristen Martin, and Bidhan L. Parmar, *The Power of And: Responsible Business Without Trade-Offs* (New York: Columbia Business School Publishing, 2020). See also Mariana Mazzucato, *Mission Economy: A Moonshot Guide to Changing Capitalism* (Harper Business, 2021).

37 Tyler Wry, Kevin Chuah, and Michael Useem, *Rigidity and Reversion: Why the Business Roundtable Faltered in the Face of COVID* (Wharton School Working Paper, 2021).

38 Alnoor Ebrahim, Julie Battilana, and Johanna Mair, "The Governance of Social Enterprises: Mission Drift and Accountability Challenges in Hybrid Organizations," *Research in Organizational Behavior* 34 (2014): 81-100; Julie Battilana et al., "Beyond Shareholder Value Maximization: Accounting for Financial/Social Tradeoffs in Dual Purpose Companies," *The Academy of Management Review*, in press; Alnoor Ebrahim, *Measuring Social Change: Performance and Accountability in a Complex World* (Redwood City: Stanford Business Books, 2019).

39 Julie Battilana, Anne-Claire Pache, Metin Sengul, and Marissa Kimsey, "The Dual-Purpose Playbook," *Harvard Business Review* 97, no. 4 (2019): 124-33; Julie Battilana, "Cracking the Organizational Challenge of Pursuing Joint

Social and Financial Goals: Social Enterprise as a Laboratory to Understand Hybrid Organizing," *M@n@gment* 21, no. 4 (2018): 1278-305; Ebrahim, Battilana, and Mair, "The Governance of Social Enterprises."

40 Chris Marquis, *Better Business: How the B Corp Movement is Remaking Capitalism* (New Haven: Yale University Press, 2020).

41 Cornelia Caseau and Gilles Grolleau, "Impact Investing: Killing Two Birds with One Stone?" *Financial Analysts Journal* 76, no. 4 (2020): 40-52; Abhilash Mudaliar and Hannah Dithrich, "Sizing the Impact Investing Market," *Global Impact Investing Network*, April 2019, https://thegiin.org/assets/Sizing%20the%20Impact%20Investing%20Market_webfile.pdf; Global Impact Investing Network, "Annual Impact Investor Survey 2020," 10th ed., June 2020, https://thegiin.org/assets/GIIN%20Annual%20Impact%20Investor%20Survey%202020.pdf.

42 Isabelle Ferreras, *Firms as Political Entities: Saving Democracy through Economic Bicameralism* (Cambridge, UK: Cambridge University Press, 2017).

43 Elizabeth Anderson, "How Bosses Are (Literally) like Dictators," Vox, July 17, 2017, https://www.vox.com/the-big-idea/2017/7/17/15973478/bosses-dictators-workplace-rights-free-markets-unions; see also Elizabeth Anderson, *Private Government: How Employers Rule Our Lives (and Why We Don't Talk about It)* (Princeton, NJ: Princeton University Press, 2017), 39.

44 Isabelle Ferreras, Julie Battilana, and Dominique Méda, *Le Manifeste Travail: Démocratiser, Démarchandiser, Dépolluer* (Paris: Le Seuil, Paris; forthcoming in English, University of Chicago Press, 2022); Gerald Davis, "Corporate Purpose Needs Democracy," *Journal of Management Studies* (2020).

45 International Labor Organization, "Who Are Domestic Workers," International Labour Organization, accessed April 7, 2021, https://www.ilo.org/global/topics/domestic-workers/who/lang—en/index.htm.

46 Palak Shah in discussion with the authors, April and September 2019.

47 Robert Reich, "Almost 80% of U.S. Workers Live from Paycheck to Paycheck. Here's Why," *The Guardian*, July 29, 2018, http://www.theguardian.com/commentisfree/2018/jul/29/us-economy-workers-paycheck-robert-reich.

48 "Union Membership (Annual) News Release," January 22, 2021, https://www.bls.gov/news.release/union2.htm#; Matthew Walters and Lawrence Mishel, "How Unions Help All Workers," *Economic Policy Institute*, August 26, 2003, https://www.epi.org/publication/briefingpapers_bp143/. 노조의 경제적 영향에 관해 전 세계에서 진행된 300여 개의 연구 결과는 다음 자료를 참고하기 바란다. Hristos Doucouliagos, Richard B. Freeman, and Patrice Laroche, *The Economics of Trade Unions: A Study of a Research Field and Its Findings* (Abingdon-on-Thames: Taylor & Francis, 2017).

49 ILO, *Domestic Workers across the World: Global and Regional Statistics and the Extent of Legal Protection* (Geneva: ILO, 2013).

50 Joseph E. Stiglitz, *The Price of Inequality*, 1st ed. (New York: W. W. Norton, 2012); Torsten Persson and Guido Tabellini, "Is Inequality Harmful for Growth? Theory and Evidence," *American Economic Review* 84, no. 3 (1994): 600-21.

51 Ai-jen Poo in discussion with the authors, October 2019.

52 Lauren Hilgers, "The New Labor Movement Fighting for Domestic Workers' Rights," *New York Times*, February 21, 2019, https://www.nytimes.com/interactive/2019/02/21/magazine/national-domestic-workers-alliance.html.

53 Alexia Fernández Campbell, "The Worldwide Uber Strike Is a Key Test for the Gig Economy," *Vox*, May 8, 2019, https://www.vox.com/2019/5/8/18535367/uber-drivers-strike-2019-cities.

54 미국 에너지협동조합에 대한 더 많은 내용은 다음 자료를 참고하기 바란다. the National Rural Electric Cooperative Association's fact sheet at: https://www.electric.coop/wp-content/uploads/2021/01/Co-op-Facts-and-Figures.

pdf.

55   Juliet Shor, *After the Gig: How the Sharing Economy Got Hijacked and How To Win It Back* (Berkeley: University of California Press, 2020).

56   "What's American for Mitbestimmung?: Most of the World Has Yet to Embrace Co-determination," *The Economist*, February 1, 2020, https://www.economist.com/business/2020/02/01/most-of-the-world-has-yet-to-embrace-co-determination.

57   John Addison, *The Economics of Codetermination: Lessons from the German Experience* (New York: Palgrave Macmillan US, 2009).

58   Isabelle Ferreras, *Firms as Political Entities.*

59   Isabelle Ferreras, Julie Battilana, and Dominique Méda, "Let's Democratize and Decommodify Work," *The Boston Globe*, May 2020. The publication was reprinted in more than forty other newspapers in thirtysix countries across the world. It led to the launching of an initiative (www.democratizingwork.org) and to the writing of a book, Ferreras, Battilana, and Méda, *Le Manifeste Travail.*

60   Julie Battilana et al., "Harnessing Productive Tensions in Hybrid Organizations: The Case of Work Integration Social Enterprises," *Academy of Management Journal* 58, no. 6 (2015): 1658-85; Battilana et al., "The Dual-Purpose Playbook"; Sophie Bacq, Julie Battilana, and Hélène Bovais, "The Role of Collegial Governance in Sustaining the Organizational Pursuit of Hybrid Goals," Working Paper, 2020; Battilana, "Cracking the Organizational Challenge."

61   Julie Battilana, Michael Fuerstein, and Mike Lee, "New Prospects for Organizational Democracy? How the Joint Pursuit of Social and Financial Goals Challenges Traditional Organizational Designs," in *Capitalism Beyond Mutuality?: Perspectives Integrating Philosophy and Social Science*, ed. Subramanian Rangan (Oxford, UK: Oxford University Press, 2018).

62   Battilana, Fuerstein, and Lee, "New Prospects for Organizational

Democracy?"

63 Sviatoslav Dmitriev, *The Birth of the Athenian Community: From Solon to Cleisthenes* (Abingdon-on-Thames: Routledge, 2018). 클레이스테네스가 데모크라티 아라는 용어를 자신이 고안한 시스템을 묘사하는 데 사용했는지에 대해서는 논 란이 있다. 따라서 일부 학자는 해당 시스템을 설명하는 용어로 법 앞의 평등이 라는 뜻의 '인소모니아(insomonia)'를 사용한다. Raphael Sealey, "The Origins of 'Demokratia,'" *California Studies in Classical Antiquity* 6 (1974): 253.

64 David Stockton, *The Classical Athenian Democracy* (Oxford University Press, 1990); George Tridimas, "A Political Economy Perspective of Direct Democracy in Ancient Athens?" *Constitutional Political Economy* 22, no. 1 (2011): 58-82.

65 Ian Worthington, *Demosthenes of Athens and the Fall of Classical Greece* (Oxford University Press, 2012).

66 Charles de Secondat Montesquieu, *The Spirit of the Laws*, Anne Cohler, Basia Carolyn Miller, and Harold Stone (Cambridge, UK: Cambridge University Press, 1989), 155.

67 Hilary Bok, "Baron de Montesquieu, Charles-Louis de Secondat," in *The Stanford Encyclopedia of Philosophy*, ed. Edward N. Zalta (Stanford University, 2018).

68 For the full report, see Sarah Repucci and Amy Slipowitz, *Freedom in the World 2021: Democracy Under Siege* (Washington, DC: Freedom House, 2021).

69 The many sources on this topic include: Steven Levitsky and Daniel Ziblatt, *How Democracies Die* (New York: Crown, 2018); Timothy Snyder, *On Tyranny: Twenty Lessons from the Twentieth Century* (New York: Tim Duggan Books, 2017); Benjamin Carter Hett, *The Death of Democracy: Hitler's Rise to Power and the Downfall of the Weimar Republic* (New York: Henry Holt & Co., 2018).

70 Snyder, *On Tyranny*, 24.

71 Tope Ogundipe in discussion with the authors, July 2019.

72 PEN International et al., *Open Letter to the Nigerian Senate on the Matter of the Frivolous Petitions Prohibition Bill (aka "Social Media" Bill)*, accessed February 26, 2021, https://pen-international.org/print/3985.

73 Segun Olaniyi, "Senate Throws Out Frivolous Petitions Bill," *The Guardian Nigeria*, May 18, 2016, https://guardian.ng/news/senate-throws-out-frivolous-petitions-bill/.

74 프랑스 역사학자 겸 사회학자 피에르 로장발롱은 투표보다 시민의 선호와 대표자의 행동을 연결하는 시민 대항력의 중요성을 지적했다. 이에 관해서는 다음 자료를 참고하기 바란다. Pierre Rosanvallon, *Counter-Democracy: Politics in an Age of Distrust*, trans. Arthur Goldhammer (Cambridge, UK: Cambridge University Press, 2008).

75 Joshua Cohen, "Deliberation and Democratic Legitimacy," in D. Estlund, ed., *Democracy* (Malden, MA: Blackwell Publishers, 2002); Jürgen Habermas, *Between Facts and Norms: Contributions to a Discourse Theory of Law and Democracy* (Cambridge, MA: MIT Press, 1996).

76 Cornel West, *Democracy Matters: Winning the Fight Against Imperialism* (New York: Penguin, 2005): 41.

77 Edward S. Herman and Noam Chomsky, *Manufacturing Consent: The Political Economy of the Mass Media* (New York: Pantheon Books, 1988).

78 Tawakkol Karman in discussion with the authors, April 2020.

79 Daron Acemoglu and James Robinson say: "Without society's vigilance, constitutions and guarantees are not worth much more than the parchment they are written on." See Daron Acemoglu and James A. Robinson, *The Narrow Corridor: States, Societies, and the Fate of Liberty* (New York: Penguin Books, 2019), xvi.

80 Danielle Allen, *Education and Equality* (Chicago: University of Chicago Press, 2016), 27.

81 Danielle Allen, Stephen B. Heintz, and Eric P. Liu, *Our Common Purpose:*

Reinventing American Democracy for the 21st Century (Cambridge, MA: American Academy of Arts and Sciences, 2020).

82   Antonio Gramsci, *Selections from the Prison Notebooks* (London: Lawrence and Wishart, 1971), 40. See also Paolo Freire, *Pedagogy of the Oppressed* (1970), trans. Myra B. Ramos (New York: Bloomsbury Academic, 2012).

83   Lene Rachel Andersen and Tomas Björkman, *The Nordic Secret* (Stockholm: Fri Tanke, 2017).

84   앤더슨과 브조르크만이 《*The Nordic Secret*》에서 설명했듯 '교양'은 키에르케고르의 미학적 표현에 대한 실존주의 철학과 페스탈로치의 자아 발달 교육학의 낭만주의에 뿌리를 두고 있다. 후속 모델은 개인 및 도덕성의 발달을 정신적 복잡성이 증가하는 단계로 간주한다. 이에 관해서는 발달 심리학자 로버트 케간의 이론이 유명하다. (Robert Kegan, *The Evolving Self: Problem and Process in Human Development* [Cambridge, MA: Harvard University Press, 1982]).

85   Lars Skov Henriksen, Kristin Strømsnes, and Lars Svedberg, eds., *Civic Engagement in Scandinavia: Volunteering, Informal Help and Giving in Denmark, Norway and Sweden* (Cham, Switzerland: Springer, 2018).

86   Elizabeth Anderson, "The Epistemology of Democracy," *Episteme* 3, no. 1-2 (2006): 8-22.

87   James Surowiecki, *The Wisdom of Crowds* (New York: Anchor Books, 2005); Hélène Landemore, *Democratic Reason: Politics, Collective Intelligence, and the Rule of the Many* (Princeton, NJ: Princeton University Press, 2017).

88   Jean-Jacques Rousseau, *Du contrat social ou Principes du droit politique* (Paris: P. Pourrat Frères, 1839), 93. Translation our own.

89   Julia Cagé, *The Price of Democracy: How Money Shapes Politics and What to Do About It* (Cambridge, MA: Harvard University Press, 2020).

90   Alexander Hertel-Fernandez, *State Capture: How Conservative Activists, Big Businesses, and Wealthy Donors Reshaped the American States—and the Nation* (Oxford: Oxford University Press, 2019).

91 Emmanuel Saez and Gabriel Zucman, "Wealth Inequality in the United States since 1913: Evidence from Capitalized Income Tax Data," *The Quarterly Journal of Economics* 131, no. 2 (2016): 519-78.

92 Wendy Brown, *In the Ruins of Neoliberalism: The Rise of Antidemocratic Politics in the West* (New York: Columbia University Press, 2019).

93 Point made by David Eaves in Janna Anderson and Lee Rainie, "Many Tech Experts Say Digital Disruption Will Hurt Democracy," Pew Research Center, 2020, https://www.pewresearch.org/internet/2020/02/21/many-tech-experts-say-digital-disruption-will-hurt-democracy/.

94 Jeffrey M. Berry and Sarah Sobieraj, *The Outrage Industry: Political Opinion Media and the New Incivility* (Oxford: Oxford University Press, 2013).

95 Cass R. Sunstein, *#Republic: Divided Democracy in the Age of Social Media* (Princeton, NJ: Princeton University Press, 2017); Jacob L. Nelson and Harsh Taneja, "The Small, Disloyal Fake News Audience: The Role of Audience Availability in Fake News Consumption," *New Media & Society* 20, no. 10 (2018): 3720-37; and for a review of the nuanced literature on social media and democracy: Joshua A. Tucker et al., "Social Media, Political Polarization, and Political Disinformation: A Review of the Scientific Literature," Hewlett Foundation, March 2018, https://hewlett.org/wp-content/uploads/2018/03/Social-Media-Political-Polarization-and-Political-Disinformation-Literature-Review.pdf.

96 이 같은 한계를 극복한 더 민주적인 디지털 공론화를 위한 방법은 다음 자료를 참고하기 바란다. Joshua Cohen and Archon Fung, "Democracy and the Digital Public Sphere," in *Digital Technology and Democratic Theory*, ed. Lucy Bernholz, Hélène Landemore, and Robert Reich (Chicago: University of Chicago Press, 2021).

97 완전한 참여의 잠재적 어려움과 이를 줄이기 위한 방법에 대해서는 다음 자료를 참고하기 바란다. Céline Braconnier, Jean-Yves Dormagen, and Vincent

Pons, "Voter Registration Costs and Disenfranchisement: Experimental Evidence from France," *The American Political Science Review* 111, no. 3 (2017): 584-604.

98 완전한 민주주의의 실행에 관한 어려움은 다음 자료를 참고하기 바란다. Robert Dahl, "Procedural Democracy," in *Philosophy, Politics and Society,* ed. Peter Laslett and Jim Fishkin (New Haven: Yale University Press, 1979), 97-133.

99 라토샤 브라운과 작가들과의 대화, 2019년 12월, 2021년 2월.

100 Theda Skocpol and Morris P. Fiorina, *Civic Engagement in American Democracy* (Washington, DC: Brookings Institution Press, 1999); Theda Skocpol, *Diminished Democracy: From Membership to Management in American Civic Life* (Norman, OK: University of Oklahoma Press, 2003).

101 프랑스 사례는 다음 자료를 참고하기 바란다. the Citizen's Convention on Climate, https://www.conventioncitoyennepourleclimat.fr/en/; For Vancouver, Canada see Edana Beauvais and Mark E. Warren, "What Can Deliberative Mini-Publics Contribute to Democratic Systems?" *European Journal of Political Research* 58, no. 3 (2019): 893-914; and for Ireland, see "Lessons from Ireland's Recent Referendums: How Deliberation Helps Inform Voters," *British Politics and Policy at LSE,* September 9, 2018.

102 Carl Miller, "Taiwan Is Making Democracy Work Again. It's Time We Paid Attention," *Wired UK,* November 26, 2019, https://www.wired.co.uk/article/taiwan-democracy-social-media; Anne Applebaum and Peter Pomerantsev, "How to Put Out Democracy's Dumpster Fire." *The Atlantic,* March 8, 2021, https://www.theatlantic.com/magazine/archive/2021/04/the-internet-doesnt-have-to-be-awful/618079/.

103 For details of every case, see vTaiwan's website: https://info.vtaiwan.tw/#three.

104 Hélène Landemore, *Open Democracy: Reinventing Popular Rule for the Twenty-First Century* (Princeton, NJ: Princeton University Press, 2020).

결론. 모든 건 우리에게 달려 있다

—

1   John Rawls, *A Theory of Justice* (Cambridge, MA: Harvard University Press, 1971).

2   정의 관련 이론 및 설명은 다음 자료를 참고하기 바란다. Iris Marion Young, *Justice and the Politics of Difference* (Princeton, NJ: Princeton University Press, 1990); Michael J. Sandel, Justice: *What's the Right Thing to Do?* (New York: Farrar, Straus and Giroux, 2009); Amartya Kumar Sen, *The Idea of Justice* (Cambridge, MA: Harvard University Press, 2009); Mathias Risse, *On Global Justice* (Princeton, NJ: Princeton University Press, 2012).

3   Karl Polanyi, *The Great Transformation: The Political and Economic Origins of Our Time*, 2nd Beacon Paperback ed. (Boston, MA: Beacon Press, 2001).

4   Michèle Lamont, "Addressing Recognition Gaps: Destigmatization and the Reduction of Inequality," *American Sociological Review* 83, no. 3 (2018): 419-44.

5   Michèle Lamont, *The Dignity of Working Men: Morality and the Boundaries of Race, Class, and Immigration*, Revised edition (New York: Harvard University Press, 2002); Mark Carney, Value(s): Building a Better World for All (Penguin Random House of Canada, 2021).

6   Lakshmi Ramarajan, "Past, Present and Future Research on Multiple Identities: Toward an Intrapersonal Network Approach," *Academy of Management Annals* 8, no. 1 (2014): 589-659.

7   Fabrizio Ferraro, Jeffrey Pfeffer, and Robert I. Sutton, "Economics Language and Assumptions: How Theories Can Become Self-Fulfilling," *Academy of Management Review* 30, no. 1 (2005): 8-24; Michèle Lamont, "From 'Having' to 'Being': Self-Worth and the Current Crisis of American Society," *The British Journal of Sociology* 70, no. 3: 660-707 and *American Sociological Review* 83, no. 3 (2018): 419-44.

8   Elizabeth Anderson, *Value in Ethics and Economics* (Cambridge, MA: Harvard
     University Press, 1993).

부록
—

1   Max Weber, *Economy and Society*, eds. Guenther Roth and Claus Wittich
     (Berkeley: University of California Press, 1978).

2   Robert A. Dahl, "The Concept of Power," *Behavioral Science* 2, no. 3 (1957):
     201-15.

3   Peter Bachrach and Morton S. Baratz, "Two Faces of Power," *American
     Political Science Review* 56, no. 4 (1962): 47-952.

4   Peter M. Blau, *Exchange and Power in Social Life* (New York: Wiley, 1964).

5   Steven Lukes, *Power: A Radical View* (Houndmills: Macmillan, 1974).

6   Gerald Salancik and Jeffrey Pfeffer, "Who Gets Power—And How They
     Hold on to It," in *The Management of Organizations: Strategies, Tactics,
     and Analyses*, eds. M. Tushman, C. O'Reilly, and D. Nadler (New York: Harper
     & Row, 1989), 268-284.

7   Bertrand Russell, *Power: A New Social Analysis* (London: Allen and Unwin, 1938);
     Dennis Wrong, *Power: Its Forms, Bases, and Uses* (New York: Harper & Row,
     1979).

8   See, for example, John R. P. French and Bertram Raven, "The Bases of Social
     Power," in *Studies in Social Power*, ed. D. Cartwright (Ann Arbor: University of
     Michigan, 1959), 150-167.

9   Manuel Castells, "A Sociology of Power: My Intellectual Journey," *Annual
     Review of Sociology* 42 (2016): 1-19.

10   Richard M. Emerson, "Power-Dependence Relations," *American Sociological
     Review* 27, no. 1 (1962): 32.

11   Edna B. Foa and Uriel G. Foa, "Resource Theory: Inter-personal Behavior as Social Exchange," in *Social Exchange: Advances in Theory and Research*, eds. K. J. Gergen, M. S. Greenberg, and R. H. Willis (New York: Plenum Press, 1980): 78-79.

12   Peter Morris, *Power: A Philosophical Analysis*, 2nd ed. (Manchester, UK: Manchester University Press, 2002).

13   See, for example, Jeffrey Pfeffer and Gerald Salancik who applied Emerson's exchange theory of power-dependence relations to organizations in their book, *The External Control of Organizations: A Resource Dependence Perspective* (New York: Harper & Row, 1978).

14   See, for example, Robert Keohane and Joseph Nye, *Power and Interdependence* (Boston, MA: Little, Brown & Co., 1977); Joseph Nye, The Future of Power (New York: PublicAffairs, 2011).

15   Wrong, *Power*, xxii.

16   Michel Foucault, *The History of Sexuality: The Will to Knowledge* (London: Penguin, 1998), 63.

17   Talcott Parsons, "On the Concept of Political Power," in *Sociological Theory and Modern Society*, ed. T. Parsons (New York: The Free Press, 1967).

18   Mary Parker Follett, *Dynamic Administration: The Collected Papers of Mary Parker Follett*, eds. H. C. Metcalf and L. Ur-wick (New York-London: Harper & Brothers, 1942).

19   Hannah Arendt, *On Violence* (New York: Harcourt, Inc., 1970).

20   Hanna Fenichel Pitkin, *Wittgenstein and Justice: On the Significance of Ludwig Wittgenstein for Social and Political Thought* (Berkeley: University of California Press, 1972): 276-77.

21   Pamela Pansardi, "Power to and Power over: Two Distinct Concepts of Power?" *Journal of Political Power 5*, no. 1 (2012): 73-89.

22   심리학, 경영학, 정치학, 과학, 사회학, 철학 분야의 권력에 관한 연구는 다

음 자료를 참고하기 바란다. Adam D. Galinsky, Derek D. Rucker, and Joe C. Magee, "Power: Past Findings, Present Considerations, and Future Directions," in *APA Handbook of Personality and Social Psychology: Interpersonal Relationships*, eds. Mario Mikulincer and Philip R. Shaver, vol. 3 (Washington, DC: American Psychological Association, 2015): 421-60; Peter Fleming and André Spicer, "Power in Management and Organization Science," *Academy of Management Annals* 8, no. 1 (2014): 237-98; William Ocasio, Jo-Ellen Pozner, and Daniel Milner, "Varieties of Political Capital and Power in Organizations: A Review and Integrative Framework," *Academy of Management Annals* 14, no. 1 (2020): 303-38; Marshall Ganz, "Speaking of Power" (Gettysburg Project, 2014); Archon Fung, "Four levels of Power: A Conception to Enable Liberation," *The Journal of Political Philosophy* 28, no. 2 (2020): 131-157; Roderick Kramer and Margaret Neale, *Power and Influence in Organizations*, 1st ed. (Thousand Oaks, CA: SAGE, 1998); Amy Allen, "Rethinking Power," *Hypatia* 13, no. 1 (2020): 21-40; Stewart Clegg, David Courpasson, and Nelson Phillips, *Power and Organizations* (London: SAGE, 2006); Gerhard Göhler, "'Power to' and 'Power over,'" in *Sage Handbook of Power*, eds. S. R. Clegg and M. Haugaard (London: SAGE, 2009) 27-40; Rachel E. Sturm and John Antonakis, "Interpersonal Power: A Review, Critique, and Research Agenda," *Journal of Management* 41, no. 1 (January 1, 2015): 136-63